高等教育应用型本科人才培养法律专业系列教材

企业与公司法学

主　编　李海娟　曲珊珊
副主编　张诺诺　王天琪　曹　聪
汪伟辉　武　浩

哈爾濱工程大學出版社
Harbin Engineering University Press

内 容 简 介

本书以清晰易懂的方式呈现法律知识，使读者能够深刻理解企业与公司法律，有效规避公司运营风险，提高企业的经营管理水平和法律风险防范意识。通过本书，读者将全面了解企业与公司法律的原则、理论和实践问题，以及在重大决策、产权保护、合同管理、公司治理等方面的具体操作方法。

本书可作为高校培养应用型人才的教材，也可供对企业与公司法学感兴趣的读者参考。

图书在版编目(CIP)数据

企业与公司法学 / 李海娟，曲珊珊主编. — 哈尔滨：哈尔滨工程大学出版社，2023. 5

ISBN 978-7-5661-3935-1

Ⅰ. ①企… Ⅱ. ①李… ②曲… Ⅲ. ①企业法-法的理论-中国-教材②公司法-法的理论-中国-教材 Ⅳ. ①D922. 291. 911

中国国家版本馆 CIP 数据核字(2023)第 085221 号

企业与公司法学

QIYE YU GONGSIFA XUE

选题策划 夏飞洋
责任编辑 夏飞洋
封面设计 李海波

出版发行 哈尔滨工程大学出版社
社　　址 哈尔滨市南岗区南通大街 145 号
邮政编码 150001
发行电话 0451-82519328
传　　真 0451-82519699
经　　销 新华书店
印　　刷 哈尔滨午阳印刷有限公司
开　　本 787 mm×1 092 mm　1/16
印　　张 13. 75
字　　数 295 千字
版　　次 2023 年 5 月第 1 版
印　　次 2023 年 5 月第 1 次印刷
定　　价 48. 00 元
http://www. hrbeupress. com
E-mail:heupress@ hrbeu. edu. cn

前　言

本书的编写基于编者长期从事企业与公司法学教育教学、实践研究这一基础。当前，随着我国经济社会的快速发展，企业与公司法学作为一门重要的法律学科，越来越受到人们的关注与重视。现代公司法的完善和发展对于企业的健康发展和法律风险的防范具有重要意义。

本书主要针对自学考试法律相关科目，旨在为自学考试的法学专业学生提供一本全面系统、易于理解的企业与公司法学专业教材和参考书。本书结合自学考试需求，尽可能从读者学习自学考试的实际出发，引导读者深入理解企业与公司法学的核心概念和基本原则，掌握企业与公司法律实践操作方法，提高自学考试的成绩。

编写本书时，编者特别受益于国内外优秀教材和专家著作的影响和启示，为此向这些作者表示由衷的感谢。同时，感谢出版社对本书的肯定和支持，在出版和推广过程中，编者愿与出版社紧密合作，共同提高读者的学习效果和阅读体验。

在此向所有参与本书编写、出版和推广的人员、组织和机构表示感谢，并希望本书能为自学考试法学专业学生提供理论与实践并重的独特视角与参考价值。

编　者

2022 年 10 月

目　　录

第一章　企业与企业法

第一节　企 业 概 述

一、企业的概念

在汉语中本来没有“企业”(enterprise)一词,现在我们通常所称的“企业”,是从日本语中翻译过来的词语,而日本语中的词汇又来源于英语语系。

“企业”作为在现代社会中人类使用频率最高的词语之一,从严格的学术角度讲,是一个经济学领域的概念,而非法学领域概念。企业包容和渗透了人类生存的大部分价值和追求,它在不同的领域以不同的形式构建了人们活动的基本空间。企业是人类社会中除家庭以外所能结合的最多的组织体,它占有资源,雇用员工,物化劳动,生产或提供人类生活所必需的产品与服务,收益并分配财富,日复一日、年复一年地支撑起全球经济发展的每一步进程;它诱导和鼓励人类对未知的世界进行探索,进而把任何一个可能的创造引入谋利的商业轨道;它承载着投资人、债权人、管理者、政府、消费者甚至社会公众的不同期待,产生并通过法律规制的途径链接种种社会关系。学者在对“企业”一词下定义时,往往是从不同的角度表述其研究的结果,众说纷纭,莫衷一是。下面我们列举几种中外学者对企业所下的定义,以便进行分析和讨论。

(1)企业是统一的社会和经济体制中独立的、基本的劳动组织。

(2)企业是以获得利润为目的而进行活动的个别经济组织。

(3)企业是一种把土地、资本、劳力、管理、技术等生产要素集合起来的组织,它对某种事业做有计划、有组织、讲求效率地经营,并在经营中承担一定的风险,其目的在于创造利润。

(4)企业是现代社会中人们进行生产活动的一种组织形式和经营方式。

(5)企业是从事生产、流通和服务性经营活动的营利性经济组织,企业又是一个独立或相对独立的商品生产者和经营者,具有经济上的独立性和自主权,具有自己独立的经济权利、经济责任和经济利益。因此,企业必须实行独立的经济核算和自负盈亏,对外是一个经济法人。

(6)企业的概念,有其实实在在的内容,主要包括:企业是从事生产和经营活动的单位;企业是独立核算盈亏的单位;企业必须具有一定的权利和义务,具有法人资格。

以上内容构成了一个从事生产和经营活动的经济实体,列举出以上一些关于企业的定义,实际上具有两个意义:一是有利于我们从不同的侧面了解企业所具有的社会、经济方面的属性,把握企业的经济和法律特征,从而能加深对企业制度的理解;二是我们可以对一些不恰当的甚至是错误的表述进行辨析,以使我们能形成正确的认识。前述定义中第四、第五、第六种说法在我国理论界和实践部门有广泛的影响,但确有不当之处。第四种定义把企业描述成"现代社会中人们进行生产活动的一种组织形式和经营方式",虽然强调了企业的法律结构特征,但忽略了企业作为一种经济实体的本质特征,且把企业与企业的法律形式(即组织形式)相混淆。第五种定义在概括语中提出"企业必须实行独立的经济核算和自负盈亏,对外是一个经济法人",第六种定义提出"企业是独立核算盈亏的单位""具有法人资格",这两种说法从表面上看,确实强调了企业在社会生活中的独立性,但是把企业与有法人资格的企业混同为一体、不加区别,是不严谨和不符合实际的,其实,有大量的企业并不能自负盈亏,也并不具备法人资格;至于"经济法人"这种提法在法学上是不严肃和不科学的。

从逻辑学的视角看,每一个词语只是代表某一事物或现象的表象符号,定义是对该词语所代表的事物或现象的本质属性的揭示,因此,定义要简练和准确,从而形成一个科学的概念。从这一认识出发,我们认为:企业是指依法成立并具备一定的组织形式,以营利为目的,专门从事商业生产经营活动和商业服务的经济组织。

二、企业的特征

企业是现代社会中人类为了进行有规模的生产经营活动而组织起来的一种经济性实体。它具有与其他社会组织所不同的社会属性。这些社会属性直接表现为企业的特征。企业的特征主要包括以下三个方面。

(1)从企业存在的社会性质和功能的角度看,企业是专门从事商品生产经营活动和商业服务的经济组织。这一特征我们称之为企业的第一经济特征。

由于企业所从事的活动主要是经济活动,因而它是一种经济组织。企业需要集中资金、劳力、技术、原材料、管理甚至土地等生产要素,根据市场需要进行专门商品的生产、销售以及提供其他的商业服务,从而满足人类社会在物质生活和精神生活方面的某种需求。这同国家机关、军队、医院、社会团体等部门的职能相区别。社会是一个集合的概念,它的多元化的构造体系不仅包容了千千万万的个人以及由个人组合形成的组织作为主体,包容了他们之间的纷繁的关系,而且还通过自然的和人为的两种途径赋予各种组织有差别的社会功能,企业存在的社会功能就是商业性的产品生产和服务。

从企业活动的方式上来讲，企业的行为具有连续性、专门性、住所和字号，以及服务标识品牌识别性、独立性的特点。所谓连续性，是指在特定的以年为单位的时间内，企业的活动处于持续状态，任何由企业以外的主体进行的一次性的或季节性的短期商业活动则不认为是企业的行为。所谓专门性，是指企业以商业活动为常业，任何企业以外的组织或个人偶尔为之的业余的制作贩售，个人在跳蚤市场上出售多余物资的行为，农民参加农村的集市贸易时销售农副产品的行为，均不被认为是企业的行为。所谓住所和字号及服务标识品牌识别性，是指企业的常设管理机构所在的方位地址应当保持稳定并在企业登记机关予以记载，企业的名称中应当包含区别于同行业、同地区（知名企业以全国范围甚至全世界为同地区）其他企业的特殊文字组合为其字号，以该字号或者商标形成的服务标识或者品牌与其他的企业主体形成区别。这是法律对企业的要求，目的是便于政府对企业的行为实施监管，方便交易和维护交易的安全，维护消费者的合法权益。一般的流动摊贩原本无固定住所，其活动自然不属企业的行为。所谓独立性，从普遍意义上来讲，是指企业对外的活动是以企业名义发生的，企业内部的分支机构对外活动时一般要取得企业的授权或认可，除非该分支机构已获得单独的营业资格。此外，独立性还表现在企业决策方面。对法人企业来讲，企业的决策权集中在法人的管理机关，非法人企业的决策权则集中在投资人手中。显然，这里所讲的独立性，是就企业的生产经营活动和企业与其他企业的交易关系而言的，它以商业交往的名义身份，商业决策的形成环境与规范、交易主体的利益切分为标准确立，与投资人对企业的责任承担形式有区别。在我国，法律规定法人企业以其经营管理的财产或所有的财产对外承担民事经济责任，体现了企业对外债务承担的完全的独立性；而非法人企业的债务要由投资者承担无限的或连带的责任，表现为不完全的独立性。

由上可见，企业从事商业活动，必须具备下述基本条件：第一，应有自己的名称和固定的办公地点；第二，有独立支配或相对独立支配的经营性资产；第三，有经营管理的自主权；第四，实行经营核算制度，对外可独立或不完全独立地承担民事责任；第五，取得合法营业的资格，通常是指领取到营业执照，特殊行业的企业依法还应持有政府主管机构的特别许可批准文件；第六，有相应的组织机构，法人企业还应有章程。

（2）从企业生存和发展的目的看，企业以营利为其活动宗旨，这一特征我们称之为企业的第二经济特征。企业通过具体的业务活动求得利润的实现，这种目的性植根于投资者的投资欲望和动机，投资者无论是机构还是个人，在把消费资金转为生产资金时一般都期望资本的增值，这种期望通过企业去实现，就表现为企业活动的营利性。凡为企业者，必以营利为宗旨，正如中国民间的谚语所说的“无利不起早”，在现代社会中，各国都存在一些为城市运转或为居民日常生活服务的公用企业，诸如自来水供应公司、天然气供应公司、公共交通企业和邮政企业等，它们虽然主要以社会服务为宗旨，并且多是由政府投资建立，形成了自然垄断，但也会考虑合理的经济利益，政府对其提供财政补贴时也强调它们应通过自身努力去实现收支平衡或者商业利润。例如，日本于2006年对邮政企业实行私有化改造，就在客观上突出了传统公用企业对营利性属性的依归，我国的一些城市公用企业近年来有私人资本和国外资本加入，企业营利的社会属性日益明显。

在现实社会生活中，有一些社会组织或公民个人也通过自己对社会的服务去实现经济上的利益，如私立学校、私立医院、个人创办诊所执业行医、个人创办会计师事务所、个人创办律师事务所等，由于这些私人机构为人类提供服务时具有很强的道德性标准要求，其服务活动凸显个人的品格和技能，接受服务的公众往往从朴素的、传统的信赖意识出发把他们视为社会公信和良心的代表，而淡化了对这类服务的商业属性的认知，尽管在接受服务时支付了昂贵的代价。在现今的世贸组织框架下，这类服务业被直接称为服务贸易，这对我国过去奉行的由私塾办学、郎中行医演绎出的传统理念带来了较大的冲击。现在，我国的实务部门已将这些实体注册为企业，体现出与时俱进的革新态度。

(3)从企业存在的法律条件看，企业必须依法成立和运行并要具备一定的法律形式，这一特征即为企业的法律特征，现今世界各国对各类企业的设立都制定了法律上的审查和注册制度，其程序繁简、管辖机关各不相同。对企业设立的制度性要求，在市场经济国家和非市场经济国家存在一定的差别，但这并不影响各国对企业设立在法律上的规制。国内外历史上在公司制企业出现以前曾长期存在企业自由设立的原则和事实，随着人类社会步入资本主义阶段，企业的数量和规模急剧膨胀，企业在社会生活中的重要性以及企业在运行中牵连引动的种种社会关系的复杂性需要政府重视并制定专门的法律给予规范和指引，企业自由设立的状况随之改变。目前世界各国通行的企业设立制度有特许设立、许可设立和准则设立几种。在发达资本主义国家，主要实行准则设立制度，实践中也将这种设立制度称“注册制”，我国目前已经确立了准则设立制度，企业经营的业务中如有法律规定必须报政府有关机关批准的，要求在企业注册前或注册后办理政府机关的批准手续，特定行业企业由国家特许设立，如造币局或者国有资产经营管理公司。此外，企业在法律上有公司企业、合伙企业和独资企业三种形式，不仅各种形式的企业在设立时有不同的法律要求，且在企业的法律地位、权利义务、管理制度以及对外债务的承担上均有实质性的差别。对企业的上述关系都要由法律加以规定并调整。如有限公司这种企业形态，不同的国家根据本国的实际情况规定了不同的资本制度、不同的投资人人数标准，设立这种类型的企业的门槛高低条件就不同。有的国家有规定，有的国家没有规定，在没有规定的国家当事人是不可能设立这类企业的，由此可见，企业依法设立，就包含了依法选择法律形式这一题中应有之义。政府把商人长期经营所形成的某些规则以及政府对社会公共秩序和公共利益的维持和维护的具体要求熔于一炉,经冶炼锻造而提升成不同法律形式的企业在经营中所必须贯彻的规则,企业法律制度由此诞生。凡企业,于设立,于经营,均得遵守法律之规定。

三、企业沿革

人类社会的历史充满了探索、冒险和开拓精神,企业的产生和发展把这种冒险和开拓的精神品格延伸并定位于无限广阔的工商领域。英语中的"企业"一词,往往被确切地理解为冒险干一番事业的情景。"企业"一词固然是英国工业革命后人们对进行连续的工商业活动的组织的概括称谓,但它的雏形却产生并存在于农业文明时代。石器时代的工具简单到人人都可以磨制的程度,那时以狩猎为生,社会尚不需要专门的工具制造业,人类为了满足低级的道德生活需要,其遮羞物和装饰物主要采自兽类和植物类。到了原始的畜牧业与农业的第一次分工时期,家庭开始出现,即使是刀耕火种也需要有简单的工具,以家庭为主体的手工业(主要用于家庭消费的需要)和冶炼、制陶等手工工场开始出现,许多产品用来交换,交换的形式出现了通用的财富存在方式——货币,专门进行商业交换的店铺也产生了。家庭手工业逐步发展为家族手工业,手工工场的规模越来越大,各种器具的专门的制造业为适应人类社会的需要而产生,交换在更广泛的区域内进行并最终发展成海上贸易,独家进行的工商业活动或是合伙型的商业机构纷纷出现在东方和西方的文明社会中。生产不是为了自身的消费,而是在简单的专业化基础上进行交换,生产的规模性、有序性、连续性造就了创造企业的运动,企业中独资形式和合伙形式的企业比公司形式的企业形成得要早。完整的独资、合伙的经营形态在欧洲可追溯到罗马时代。在罗马法律中,已经有普通合伙与简易合伙之分别。

到了中世纪,合伙制度有了较大发展,地中海沿岸的意大利各商业城市中出现了家族经营团体,家族经营团体是从独资经营中演变出来的,它是后来的无限公司及有限公司的胚胎形式。到了地理大发现时代,西方殖民主义者开始向海外掠夺,积累资本。当时在海上贸易方面出现了两种组织形式,一种是共同筹集资金、共担风险、共享利益的船舶公有制;另一种是有产者出资,将资产交船舶所有人或其他人在海外贩售货物,盈利按出资额分配,亏损时有产者负有限责任,贩售人负无限责任,例如康孟达(Commenda)组织。这两种形式的贸易发展对公司的形成具有重要作用,特别是康孟达组织的出现,意味着家族经营团体的亲情因素日益淡化。商人之间约定投资和利益分配及风险负担的结合体则占有重要位置。康孟达组织后来在欧洲演变为隐名合伙和两合公司。

在中世纪的英国,有一种经皇家颁发特许状设立的贸易团体,成为独立的法人。这种团体被称为合伙团体(Societas),商人可以自由入股参加,按入股份额分配利润。16 世纪时,这种团体在英国具有了所有合伙人的共同责任和共同免责的特征。这种英国式的合伙团体,到 17 世纪初即发展成特许设立的公司,并影响了后来的合伙法和公司法。在中世纪，欧洲商业最繁荣的地区是地中海沿岸的城邦国家，如米兰、佛罗伦萨、威尼斯、热那亚等地，那里不仅有许许多多的独资、合伙性商业团体，而且还出现了大量的同业公会（类似于现代的商会组织），公会可以制定商业交易规则，处理债权人与债务人间的纠纷，处罚一些行为不轨的商人以及保护入会商人的利益，世界上第一家银行也是在这一时期产生于热那亚。银行可以借钱给政府，并监督政府的税收，银行家的责任也初步形成为有限责任，这对后来公司股东的责任形式有很大影响。

最早出现的公司是无限公司（无限公司实际上与合伙团体无本质区别），之后出现的公司是两合公司（两合公司与康孟达组织也无本质区别），无限公司与两合公司的出现，对公司制度的深化和发展并没有产生历史性的推进作用，而股份有限公司的产生则奠定了现代公司制企业的伟大工程的基础结构。1600 年 12 月 31 日，英国将皇家特许权授予与东印度进行贸易的伦敦贸易公司（the Company of Merchants of London），史称东印度公司。该公司有独立的章程，开设时的总资本为 68 372 英镑，总资本划分为若干股份，成立时有 198 名负有限责任的股东（另一说为 218 名股东）。1602 年，荷兰也成立了东印度公司，这两大股份公司的成立，真正揭开了公司制度的篇章。到 18 世纪末，欧洲曾出现许多股份两合公司，它是将两合公司与股份公司合为一体，但这种公司形式随着工业化的进一步发展逐渐消亡了。19 世纪中叶，美国横贯东西的铁路建设开始，股份公司制度起了巨大作用，股份公司在美国得到了相当规模的发展，资本空前地得到积累并集中使用，许多大的工程建设得以进行，公司的资产日益膨胀。到了 20 世纪，尤其是两次世界大战（第一次世界大战和第二次世界大战）后，股份公司迅速繁衍，母公司、子公司、孙公司等形成了多层次的公司系统网络，在国际上形成了跨国公司体系。许多美国公司的资产比世界上某些地区一国的资产还多，如通用汽车公司 1979 年的总资产达 322.2 亿美元，埃克森石油公司 1982 年总资产达 623 亿美元。1996 年，美国美林证券集团的总资产已达 2 130 亿美元，而同期中国 450 多家证券公司的资产总和仅为 1 600 亿人民币，尚不足其 1/10。21 世纪初，有国际组织在统计世界上拥有财富最多的前 100 个组织体时发现，一半左右的机构是跨国公司，而另一半是国家。到了 21 世纪初，由于我国成功加入世贸组织，国内企业赢得了空前发展的历史机遇，两次金融危机（亚洲金融危机和全球金融危机）在国家的整体防护措施得力的前提下，中国企业不仅少受损失，而且发展空间扩大，其中一些企业迅速成长，资本积累速度急剧加快，成为全球大型跨国公司，如中国石油化工集团有限公司、中国石油天然气集团有限公司、中国工商银行股份有限公司、中国中信集团有限公司（原中国国际信托投资公司）、中国平安保险（集团）股份有限公司、中国银河证券股份有限公司等。

在现代资本主义市场经济条件下，小企业（包括独资企业、合伙企业、有限公司）

和大企业处于并存状态，虽然许多大的股份公司在一些集约化程度高的行业中形成了垄断性的局面，但小企业经营灵活，且能方便顾客及社区居民，仍有较大的发展趋势。以美国为例，许多人认为美国大公司多，实际上根据联邦政府小企业管理局的报告，97%的美国企业都是小企业，总数超过1 000万个；根据联邦财政部税务机构国内税务局的报告，合伙企业数量占全体企业数的一半。当然大公司尽管数量少，但占有的资产额及雇用人员却是最多的。1978年，美国500家最大公司资产总额达8 985亿美元，雇用员工超过1 587万人，其资产额占全部非金融公司资产的40%，拥有全部银行资产的33%以及全部人寿保险公司资产的85%以上，所获利润占所有公司利润的75%以上，有5家公司处理的金钱数目超过全美国50个州中的任何一个州。

在中国的古代社会，士农工商的社会分工早已有之，以技艺立世的工匠以及以某种便利资源谋生的商贾人士兴办了个人的或家族的手工工场，各式店铺、镖局、砖窑、货栈、摆渡码头、绣坊、商行、渔行、酒肆、药铺、饭馆、当铺、旅店、茶社、青楼等林林总总，绵延数千年，某些特殊行业由政府专营或在政府的严格监管下经营，如盐业以及冷兵器的冶炼锻造等，一些适宜流动经营的行业如刀剪器具的修磨，测字、看相、算命，江湖郎中的行医，街头卖艺，市井卖唱，货郎兜售等，业者并无固定的经营处所，行走江湖，风雨无阻，但是由于一个接替另一个的帝王政府纷纷奉行重农抑商的国策，工商业的发展长期依附于农业经济，整个社会经济的商品化程度很低，封建割据限制的资源和产品的流通企业形态中，又仅有独资企业和合伙企业两种受自然人生命限制而难以长期独立存在和发展的类型，企业的发展规模不大，并且在兵荒马乱的岁月，朝代更迭，自然灾害常常阻断了企业的经年延续。由于企业不具有独立人格，其生命的周期一般和业主的寿限连接企业立世的诀窍，秘方也许会代代相传，甚至一些老字号能够逾百年而辉煌灿烂，但“富不过三代”终究把大部分企业作为家业败落的殉葬品而掩埋。到了清朝晚期，伴随着对外通商和洋务运动的进程，中国首先出现了由华商附股的中外合资公司，后来在买办商务活动中学习了西方开办公司经验的中国商人们开始创办自己的公司，所经营的行业有机械制造、纺纱、丝绸印染、冶炼、采矿、铁路建设、建筑、河道运输、商业零售、火柴制造、报业、银行等。同一时期在传统上适宜由业主个人制和合伙制企业经营的行业自晚清政府推行“新政”后也有所繁荣。1898年清政府推行“新政”前，在洋务派官员的督导下，中国曾出现过官督商办的公司和官商合办的公司。民国时期，企业的发展开始摆脱封建的重农抑商政策的压制，商事法律相继公布实施，官办、商办企业空前发展，20世纪30年代公司股票进入有序的交易市场。中华人民共和国成立后，在稳定发展的数年内，私营企业尚能与官办企业和平并存，在法律类型上也因承继了民国时期的制度构造而较为全面。但由于当时恣意推行极端的社会主义改造政策，私人企业迅速土崩瓦解、消弭殆尽，取而代之的是法律形式无据、资产关系不清的国营企业和城乡集体企业。20世纪70年代末期,中国领导人发动了以企业改革为中心的经济体制改革,个人投资的活力释放和原有企业的改制同时并举;20世纪80年代末期私营企业重新合法存在;20世纪90年代股市重建,全球数百家超大型跨国公司到中国投资。21世纪初,中国成功加入世界贸易组织。中国的企业在中国经济融入一体化的全球经济的平台上审视和校正自己的定位,无论是投资方向的确定、经营决策的出台,还是公司管治结构的选择,甚至国际局部战争的发生、石油价格的走向都引起企业家们的特别关注。自此,中国企业闭关发展、自生自灭的时代一去不复返了。进入21世纪后,全球公司合并与收购的规模有增无减,波音公司与麦道公司的合并案、时代华纳与美国在线的合并案,充分显示了公司向超大型化方向发展的趋势,这一时期,正值我国申请加入世贸组织成功在即,国内某些大型企业未雨绸缪,为巩固业界的龙头位置,准备与跨国公司在中国市场展开竞争较量,通过资产置换、收购重组等方式,频频合并其他企业,打造"航空母舰",这方面的佼佼者如北京的东安市场股份有限公司、山东的青岛啤酒股份有限公司等。此外,国外的许多大企业,为了发展其产品市场,也纷纷入资国内,其中不少是通过购并中国内资企业完成其战略计划的。目前,我国推行市场经济体制,多种经济成分的并存将是必然的和长期的现象。企业形式中仍然存在独资、普通合伙、有限合伙、有限责任公司、股份有限公司等几种形式。与此同时,我国的一些企业在政府的鼓励引导和各种中介机构的辅助下,开始将目光转向海外,在其他国家和地区投资设厂,步入了全球化的发展征途。

第二节　企业的分类

分类研究是社会科学与自然科学共用的一种传统的研究方法,对企业进行分类,即从不同的角度依不同的标准对企业进行类型化处理,要从各个层面理解和把握企业的特质与属性。

一、单一企业和联合企业

单一企业和联合企业是以企业的主体性以及组织连接方式为标准划分的结果,单一企业是指一个实行自主经营、独立核算的经济组织,如单厂工业企业。单一企业的划分,仅仅是针对企业的组织结构而言,并不反映投资关系,投资人可能是多元的,也可能是一元的;单一企业在生产经营上一般会形成一个纵向的内部管理系统,虽然它也可以设立一些分支机构;单一企业规模往往较小,产品或服务的专业性强,经营管理集中灵活,一般来讲,中小型企业多为单一企业。联合企业是由两个或两个以上的投资来源相同或在生产经营上存在经济联系的企业彼此联合组成的经济组织,形成总厂与分厂、总公司与分公司、母公司与子公司的群体联合企业。这类企业一般有两种类型:一种是加入联合体的企业丧失其独立性,成为联合企业中的一个组成部分,如托拉斯以及我国企业集团中的核心层结构就是这种情况;另一种是加入联合体的企业并不丧失其独立性,只是根据共同协议相互协作,在相关联的生产经营中采取共同行动,其他业务则各自独立进行,如卡特尔、辛迪加以及我国大量的企业集团外围层就是以这种契约联合的形式形成的。在企业法学界,也有一种观点不承认企业集团为企业,理由是它只是企业的联合体,而非企业本身。

二、工业企业、农业企业、金融企业等

工业企业、农业企业、金融企业等划分是以企业主要经营的业务性质为标准进行的分类。通常工业企业除以工业加工制造业为主外,还包括矿山采掘业、勘探业、电力业等;农业企业有农场、畜牧业、家禽家畜饲养业等;金融企业主要指各种从事存款、贷款、汇兑、转账结算、信托投资、证券交易、保险等的各类商业银行、投资银行、钱庄、城乡信用社、财务公司、证券公司、信托投资公司、保险公司等。此外,还有商业零售企业、交通运输企业、旅游企业、餐饮企业、电信企业、传媒企业、高新技术企业等。

三、大型企业和中小型企业

大型企业和中小型企业主要是以企业生产经营的规模为标准来划分的,世界各国划分大型企业和中小型企业的标准不尽相同,有的看生产规模,有的看生产总值和利润,还有的参考就业人员的多少。美国《幸福》杂志每年在全球范围内确定500家大型企业,主要是以销售额为标准,企业规模不同,经营条件也不同,雇用职工的多寡有别,对社会经济生活的影响有大小轻重的区别。划分大型企业与中小型企业,方便国家实行区别的产业政策,以使经济结构合理,资源得以有效配置,促进经济的有序发展。在我国,前些年对大型企业实行一定的政策优惠,把企业改制的重点放在大型企业方面。2002年,我国颁布了《中华人民共和国中小企业促进法》(简称《中小企业促进法》),对中小企业的发展采取全面的保护和鼓励措施,为贯彻落实我国《中小企业促进法》和国务院《关于进一步促进中小企业发展的若干意见》,工业和信息化部、国家统计局、发展改革委、财政部于2011年6月18日制定了《中小企业划型标准规定》,将中小企业划分为中型、小型、微型三种类型,具体标准根据企业从业人员、营业收入、资产总额等指标,结合行业特点制定。

优化分类与制定标准有利于明确重点,出台更有针对性、时效性的优惠政策,加大对小型、微型企业的扶持力度。此外,世界上许多发达国家或接近于发达国家标准的次发达国家,一般对大型企业实施破产保护制度,而对小企业则不实行。

四、公用企业和非公用企业

公用企业和非公用企业主要是以企业的存在与社会公共利益的关系亲疏度来划分的，各国确定公用企业的标准和范围是不同的。随着人类社会的现代化发展进程加快，越来越多的人口集中生活在大中型城市，迫使政府对某类支持城市运转和供应重要消费资源的产业予以特别关注，必要时施以财政援助，有些国家干脆由政府设立官办企业经营。在我国，城市的公共交通运输企业（包括地铁和城市轻轨），煤气、天然气、电力、水资源供应企业，机场、市政建设管理企业，邮政企业、公共电信服务企业，政府开办的医院等应属于公共企业范畴，虽然随着我国经济体制改革的深化，这类企业经营的行业也会逐渐区分不同情况向社会开放，或是引入民间资本对原企业进行股权结构的改造，或是通过招标方式直接选择并允许其他企业参与竞争，以打破官办企业独家垄断经营的局面，但都不会完全改变这些行业中的企业的公共服务性质。2001 年，美国发生了“9・11”恐怖袭击事件，此后联邦政府和各州政府为防止新的恐怖袭击，把某些重要的公用企业的核心资产如水库、发电厂、电站、天然气与石油输送管道、机场、地铁等置于政府的特别保护视线之内，足以说明公用企业的安全运行对现代社会的极端重要性。其他企业虽然与人们的日常生活也有一定程度的关系，但其营利性比服务性更强，在某种情况下缺少其服务也不致引起人们基本生活的不便或社会的恐慌，故为非公用企业。一般来说，各国的地方政府和城市政府对公用企业在税收上实行优惠，亏损时予以财政补贴，有些国家法律禁止公用企业破产。

五、多元投资企业和单元投资企业

依照企业投资资金来源的不同，可将企业划分为多元投资企业和单元投资企业。所谓多元投资企业是指一个企业有两个以上的投资主体，一般有合伙企业、联营企业、有限公司、股份有限公司、两合公司和股份两合公司等。当有限公司和股份有限公司的股份全部集中于一个投资主体时则为单元投资企业，如一人公司或全资子公司。所谓单元投资企业是指投资主体为单一的个人或社团组织以及政府独立投资举办的企业，企业的全部资产仅归一个自然人或一个单位（包括法人和非法人经济组织）所有，我国的独资企业、全民所有制企业、国有独资公司、一人公司、部分全外资企业以及部分集体所有制企业就是这种情况。划分多元投资企业与单元投资企业的意义并不在于企业是否享有独立的人格，而是要明确投资人与企业、投资人与投资人之间的关系，确立不同企业的内部管理体制、利益分配方式以及纳税的方式。

一般来说，单元投资企业的收益和亏损由单元投资主体享有和承担，多元投资企业则依企业章程或联营协议中的约定确定利润分配和亏损负担的方式与比例。

六、外商投资企业和内资企业

外商投资企业与内资企业的区别主要是根据企业资本金中是否含有外国的企业、经济组织和个人的直接投资来划分的。外国投资者购买本国企业发行的股票达到一定比例时,也认为该企业为外商投资企业,内资企业则不存在外方资金的投入。在我国,外商投资企业有中外合资经营企业、中外合作经营企业、外资企业、外商投资合伙企业等形式,并且来自中国香港地区、澳门地区、台湾地区的资金在政策法律上也被认为是外商资金。发展中国家甚至发达国家一般为了吸引国际资本流向本国市场,在本国形成生产经营能力,大都规定了对外商直接投资的各种优惠措施,我国也有此类规定。

七、国有企业、集体所有制企业、混合所有制企业和私营企业

国有企业、集体所有制企业、混合所有制企业和私营企业主要是以企业财产的归属关系为标准来划分的。国有企业包括纯粹的国有企业和国家控股的国有企业两大类。纯粹的国有企业是国家出全资兴办的企业,企业整体资产的终极支配权归国家,国家与企业的关系在传统制度上规定为所有权与经营权的分离体制。按照现代企业制度改革的观念理解,国家是这类企业单一的投资主体,拥有全部股权,企业有法人资格,拥有并经营其合法占有的实物形态的资产,国有独资公司虽然依据公司法设立和运行,但其投资者仅有国家授权投资的机构一方,因此属于纯粹的国有企业。国家控股的国有企业实际上是依据公司法设立的公司,公司中存在其他非国有投资主体的资本,国家作为控股股东,其行为受公司法约束和规制。国有企业在我国国民经济体系中占重要的地位。集体所有制企业是公有制经济中的重要组成部分,财产归集体性质的单位所有或是劳动者集体所有。混合所有制企业主要是指跨所有制界限组成的联营企业、中外合资经营企业、中外合作经营企业以及股份制企业。私营(有)企业主要是指私营独资企业、私营合伙企业、私营有限公司等。从我国企业体制改革的方向来看,集体所有制企业和私营企业会逐步淡出企业群体,其立法也会失去存在价值。

八、独资企业、合伙企业和公司企业

独资企业、合伙企业和公司企业是以企业法律形式为标准所做的划分,也是企业分类中最重要的一种。关于企业法律形式,我们将在本书第二章中集中讨论,此处不赘述。

第三节 企 业 法

世界上只有少数国家制定颁布了企业组织形式，包括独资企业、合伙企业、公司企业的统一的企业法，如越南社会主义共和国于1999年6月将1990年施行的《公司法》和《私人企业法》合并为一部法律，称为《越南社会主义共和国企业法》，但多数市场经济国家的企业立法是依据法律形式的不同而分别立法的，因此，在全球范围内，我们不可能像对刑法、民法、宪法、行政法那样对企业法界定其一般适用的标准含义，我们所能完成的定义性概括有可能仅适用于一个国家或一个地区，任何试图对其做扩大的、延伸的理解，都可能会导致学术上的谬误。

在现代社会，每一个国家都会支持企业的生存和发展，否则经济就不会繁荣发达，国民经济结构就会失去合理性；每一个国家都会制定、颁布关于企业的立法，否则因企业的行为而发生的社会关系就无法调整，经济秩序就会遭到毁坏。但是受社会性质、经济制度以及立法传统的影响，各国的企业立法也存在差别，法律规定的企业组织形式彼此不同，公法与私法的归属关系不同，法律渊源上有成文法与判例法的不同，企业法律调整的社会关系的范围也不尽一致。既然如此，无论怎样概括企业法的概念都不可能具有一一对应的适用意义。在我国，经济体制的总体结构是转轨时期的市场经济体制，它强调经济资源的分配需要通过政府和市场两种力量去实现，而经济资源的合理分配和流动往往依赖千千万万个企业去实现。政府投资的企业不仅控制了与国计民生密切相关的资源分配与利用，如铁路、民航、电信、金融、新闻出版、石化、货币制造、机场等，而且在纯粹竞争性的行业中也因历史的原因无所不在；在传统企业公司化改制的过程中，某些必须承担国家政策性、战略性任务的企业将作为特殊企业保留，如国家开发银行、国家货币制造公司、宇航事业开发公司等，它们的存在和经营不能以公司法为法律根据；在集体所有制企业未完全完成公司化改制以前，仍以传统的形式和某种不规范的变通形式（这里指各种股份合作制企业）存在；规制外商投资企业的法律与公司法的完全并轨必须以经济体制改革的纵深发展为条件，并且还取决于社会普遍的价值认同，包括立法机关的理念转变，因而这类企业在我国依然以独立的企业类型存在，独资企业、合伙企业已有专门的法律规定。法律虽然不能被解释成现实社会存在的制度性影像规则，但是它所固有的预见性、创造性和指引力还应植根于社会环境本身，我国的企业法是市场经济条件下的市场主体立法，它吸收了传统商法的合理内容，包容国家对各类市场主体特别是对特殊企业制定的公共政策规范，确立企业组织结构关系并调整企业行为。刘清景在其《公司法》（台湾学知出版社1995年版）一书中表述道："企业法即以企业的维持与发展为其内容之立法之谓。商事法上之企业，系指市场上以财货或劳务提供第三人。得其对价而谋求资本之增值的营利事业。"就经营商事形态的发展历程而言,从最初的个人独资到集资的合伙经营,再到大众投资的公司形态,商事的范围日益扩大,其立法的重心亦因而随之转移,初为规范商业主体的商人法,进而为规范商行为的商事法,时至今日,则已跨入商业和企业法的阶段。笔者认为,企业法是规定企业的法律地位、企业设立与组织形式、管理与运行等方面的法律规范的总称。

一、企业法的历史溯源

资本主义社会中,对于企业的立法实际上是事关商事主体的立法,而商法的产生和发展是在商业活动的过程中逐步确立的。商事活动产生了企业形式,进而产生了企业法。

企业形式中,最古老的形式是独资企业和合伙企业。独资企业形成前的家族、家庭的手工业,以及联合形式的工厂制造业,并没有专门的法律实施调控,相关的法律责任是按民事法律、刑事法律来处理的。在罗马帝国时期,商人的地位、商人之间的关系已通过罗马法加以规范,在罗马法中,合伙被区分为简易合伙和普通合伙。简易合伙也称为单种交易合伙,即短期一次性实施某种法律行为的合伙,如合伙贩运货物、合伙打猎等。这种合伙的特点是不形成长期而稳定的经营性组织。普通合伙是以营利为目的而互约出资以共同经营某种事业,通常会形成为一种企业组织。罗马法之后,中世纪欧洲各国的商事活动得到了相当规模的发展,最有代表性的是地中海沿岸的城市国家,那里的商业已处于相当繁荣的地步。中世纪的商事立法是以贸易为中心的,有关独资商人、合伙商人的地位、相互关系、债权债务纠纷、破产等问题均在一般的商事法律中加以规定。到了资本主义阶段,虽然这种立法格局并未发生明显变化,但资本主义商业的迅猛发展,使得原先的商事法律中对于企业形式的规定明显滞后和不足,随着公司形式企业的出现和发展,公司法律制度也开始产生,法国在路易十四时的商事敕令中已有关于公司的规定以及商人破产的规定,1807 年《法国商法典》中的第三章首次从法律上规定了股份有限公司,并明确了股东的有限责任,该法典对 18 世纪末出现的股份两合公司也做了规定。1867 年法国制定了单行的公司立法,1925 年又制定了单行的有限公司法,之后又做了种种修改,1966 年又制定了全面的公司法,内容达到 509 条。英国于 1856 年制定了第一部现代公司法,以后不断修改,且每 20 年修订一次。1890 年,英国制定了《合伙法》,1907 年制定了《有限合伙法》。有限责任公司制度是由德国于 1892 年首先颁行法律予以规定的,它展示了有限责任制度由贵族社会向市民社会的普及适用,对经济的发展起到了积极的促进作用,之后,葡萄牙、奥地利、法国、日本等国纷纷效仿德国颁行法律。美国的企业立法权在各州,纽约州早在 1807 年就颁布了第一个关于公司的法律,允许私人组建公司。1950 年,美国律师协会等机构制定了《标准商事公司法》,供各州议会采用,现已被多数州采用;有关合伙类型的企业的法律也由各州制定。进入21世纪后,西方各国的企业法律制度如同火山爆发般进入“活跃期”,每年都有小的修订,过几年就会进行大的修订,法国、美国、日本均是如此。

二、当代资本主义国家企业立法概况

自由企业制度是当今资本主义制度的一个集中体现,政府对于各种投资者在本国本地区的投资一般采取鼓励的态度,资本主义国家普遍强调法制,企业方面的立法透明度高,政策性调节的成分较少,即使有,也往往与贸易管制和保障国家安全有关。资本主义各国由于立法传统及本国国情不同,在企业立法的形式上、范围上也有不同,我们仅就其中几个国家做简要介绍。

(一)英国的企业立法

英国法律以判例法为主,但自进入资本主义社会以来,判例法浩繁不迭,议会也注意制定一些成文法。1855年英国曾制定了有限责任法,第二年便产生了涉及有限责任的公司法例,即《合股公司法》。后来几经修改,于1908年制定了《统一公司条例》,1929年重新制定了《公司法》,1945年又颁布了新《公司法》。1985年、1989年、1996年多次修订《公司法》。以前,英国公司按法律要求有倒闭清算程序,英国破产法只适用于自然人。1986年修订后的《破产法》统一适用于公司和个人,在英国,合伙关系由《合伙法》和《有限合伙法》调整。2001年4月,经英国8 000多家会计师行的长期推动,英国颁行了《有限责任合伙法》,其规定的有限责任合伙企业形式主要适用于会计师行、律师行,个别银行也有选用。在英国公司法的内容中,还包括重整程序以及证券发行管理,这与其他各国存在区别。

(二)美国的企业立法

美国的企业立法秉承英国传统,但也有相当大的不同之处。美国的立法权是在州与联邦之间分权进行的。企业立法权依据联邦宪法由各州行使,各州独立制定本州的公司法、合伙法及其他企业立法,但企业破产的法律则由联邦政府制定,证券发行与交易方面的立法,传统上由州政府制定。从20世纪30年代开始,联邦政府直接介入立法,如1933年的《证券法》、1934年的《证券交易法》等。1950年,美国律师协会制定了《标准商事公司法》,现已被多数州采用。一些州在采用时还做了修改,各州对公司法、合伙法的规定有差异。为了吸引资金,州法在方便投资者方面竞相采用灵活规定,如特拉华州的公司法规定相当灵活,程序简便,税收费用较低,许多投资者去该州注册,然后到别的地方营业,在纽约证券交易所上市的许多大公司都是在特拉华州注册的,如20世纪末该州对公司法所做的修订中,允许持有一个公司95%以上股份的股东可以强制收购其余5%的股份,就是一个大的突破。1991 年,美国的一些州实行了有限责任合伙法,对有限责任合伙公司做了规定。在美国,企业法法律渊源的另一形式是判例法。2002 年,美国律师协会重新修订了《标准商事公司法》,美国国会在安然公司、世界通讯公司、安达信会计师事务所财务崩溃案发生后,为应对对公众公司管治的需要,制定了 2002 年《公众公司会计改革和投资者保护法》(Sarbanes-Oxley Act. 中文译为《萨班斯-奥克斯莱法》)。2010 年,美国颁布了严厉监管金融市场的《华尔街改革与消费者保护法》(Dodd-Frank Act,中文译为《多德-弗兰克法》),对全球资本市场的法治环境产生了重大影响。

1914 年,美国统一州法全国委员会制定了示范性质的《统一合伙法》,1916 年,该委员会又制定了《统一有限合伙法》,推荐给各州采用,《统一合伙法》和《统一有限合伙法》被大多数州采用,推进了合伙企业的发展。到 20 世纪中叶后,合伙企业的规模日益扩大,成千上万的有限合伙人加入其中,复杂的融资活动、跨州经营、从事风险事业等使得原来的法律安排捉襟见肘,于是统一州法。全国委员会于 1976 年推出了修订的《统一有限合伙法》,1985 年又做了重大修订,目前,许多州的《统一有限合伙法》采用的都是 1985 年的版本。《统一合伙法》在 1997 年也经历了重大修订。

(三)法国的企业立法

法国是典型的实行民商分立的国家。商法的内容中包括了商事主体,即商自然人、商事合伙和商事公司。对于商法不完善的地方,法国以单行法规予以补充,按商法典规定,商事合伙除隐名合伙外,自登记之日起就具有法人资格。1966 年,法国制定了新的内容详尽的《公司法》,各种公司都有规定,该《公司法》以其内容详尽、结构严谨而闻名于世,为其他国家的公司法提供了样板。1985 年该《公司法》又做了修订,2001—2003 年,法国连续多次修订《公司法》并于 2004 年继续修订。合伙企业及其合伙人与独资企业业主的法律地位及其关系均在商法中做了规定。

(四)德国的企业立法

两德统一后,其法律体制沿用原联邦德国的体制。德国于 1861 年制定了《商法典》,1897 年制定了新的商法典,其中对商业公司、隐名合伙都做了规定,德国允许存在无限公司、两合公司、股份公司、股份两合公司的形式。1892 年,德国颁布了《有限责任公司法》。到了 20 世纪,又以颁布单行公司立法的方式对商法典做了较多的修改。1965 年德国制定了新的股份法。德国公司法没有规定有限责任公司成员人数的最低标准,也没有有限责任公司股东转让所持股份的限制性规定。德国公司立法中对“参与制”的规定,即公司监事会成员的 1/3 以上从职工中产生,在世界范围内有较大影响。2008 年,德国对《有限责任公司法》做了重大修订。

(五)日本的企业立法

日本的企业立法受德国法例影响较大,第二次世界大战后,由于美军占领,企业方面的立法又受美国立法的影响,当然日本的企业立法也有其自身的特点。1890 年日本颁布了《商法典》,1899 年做了较大修改。1938 年颁布了《有限公司法》,1950 年以后,对《商法典》中的股份公司连续做了几次修订,以后对《有限公司法》也做了较大修订。到了 20 世纪 90 年代日本对《公司法》的修订仍不断变化,其中之一是允许一人设立有限公司。此外,日本还有中小型企业关于扶持中小型企业的产业政策性立法。日本于 2001 年、2002 年对商法及其他公司立法进行了修改。2005 年日本彻底修改公司法,将商法典里面的公司法部分分离出来单独立为《公司法》,废止了有限责任公司组织形式,公司形式改为股份有限公司、合名公司(无限公司)、合资公司(两合公司)、合同公司四种。修订后的日本《公司法》于 2006 年 5 月 1 日正式施行,该法在近年来也经历了数次修订。

三、我国的企业立法

(一)我国企业立法的历史与现状

我国规范性的企业立法始于晚清政府的"新政"时期。19 世纪 70 年代,洋务派倡导在中国兴办官办和官督商办的民用企业,为早先设立的官办军事工业拓展完整的近代工业支持体系。纯粹官办的企业数量不多,主要有 1876 年所设的基隆煤矿、1880 年所设的兰州织呢局、1890 年所设的湖北织布官局、1891 年在山海关所设的北洋官铁路局。在李鸿章的奏办、主持下,从 1872 年开始,先后成立了"商为承办,官为维持"的多家官督商办企业,如 1873 年 1 月在上海设立轮船招商局,1878 年设立开平矿务局和上海机器织布局,1886 年设立漠河金矿,1880 年在天津设立电报总局,1886 年设立开平铁路公司(1887 年改名为中国铁路公司)。在"新政"之前,洋务派压制民营公司的设立,凡官督商办的行业,"只准华商附股搭办,不准另行设局",企业控制权尽由官府执掌,企业亏损尽由商人承担,结果造成清政府与贪官"尽取天下之利权而归一己"的恶果。19 世纪 90 年代中期,由李鸿章独创的官僚企业在整体上出现普遍颓势,李鸿章自此也转而支持发展民族资本主义工商业。自 19 世纪中叶后,我国新兴的民族资本主义工业在西方资本主义的影响下萌动,少数私营的新型工商企业在 19 世纪 60 年代即已产生,到 19 世纪 80 年代,私营的公司制企业大量出现。这些企业的产生促使清政府学习西方国家的法律以制定颁行清政府实行的企业法律。1903 年清政府制定了《公司律》,后与《商人通例》合并为《钦定大清商律》,并于 1904 年 1 月 24 日颁布。此外,清政府还陆续颁布了鼓励华商投资办厂的一些法律文件，1898年颁布《振兴工艺给奖章程》、1906年颁布《奖给商勋章程》、1907年颁行《改定奖励公司章程》和《爵赏章程及奖牌章程》，1906年还仿照西方的法律颁行了《破产律》。

1912—1928年为北洋政府时期。在此期间，我国华商企业在连年战争和政局动荡的夹缝中不断发展，第一次世界大战导致外国列强放松了对我国的经济侵略，民族资本获得了繁荣的机会。北洋政府在对清政府《公司律》修订的基础上于1914年颁行了《公司条例》，条文由原来的131条增加至251条，其中规定的公司形式有无限公司、两合公用、股份有限公司和股份两合公司四种。这一时期，许多大公司都是家族公司。南京国民政府成立后，即制定系统的公司法，于1929年4月颁布《公司法》，1931年7月1日施行。该部《公司法》规定的公司形式仍如《公司条例》一般，直到1945年修订时，才将有限责任公司一并规定于其中。此外，1949年国民政府还颁行了《国营事业管理法》，对政府的官办企业和政府控股的企业实施特别的管理。

新中国企业立法的历史可溯源到20世纪30年代。在第二次国内革命战争时期，中央苏区建立的工农民主政权即着手兴办工业企业，管理各种类型的私营企业或合作型企业，制定了一系列相关的法令。1931年11月，在江西瑞金召开的第一次全国工农兵代表大会上首先通过了《关于经济政策的决定》。其中规定，对于帝国主义开办的矿山、工厂要收归国有，但仍允许外国某些企业重新另订租借条约继续生产；“对国内资本家及中小手工业者，则允许保留在旧业主手中而不实行国有”。各类企业都要接受民主政府的管理。1932年1月，中央工农民主政府颁布了《工商业投资暂行条例》，鼓励私人资本进行投资，自主经营工商业。之后，又颁布了《工商业执照暂行条例》《工商业登记细则》和《矿山开采出租办法》等。1934年，中央工农民主政府颁布了《苏维埃国有工厂管理条例》，规定企业由厂长负责，厂长下设工厂管理委员会协助厂长工作，此外对企业与政府的关系也有规定。

解放战争时期，边区及中央人民政府制定了一系列发展工业经济的法令和法规，并确立了没收国民党各级政府开办的企业以及大官僚开办的企业，保护一般民族工商业的政策。1949年4月25日，《中国人民解放军布告》对外宣布了中央政府的政策“没收官僚资本。凡属国民党反动政府和大官僚分子所经营的工厂、商店、银行……和农场、牧场等，均由人民政府接管。”“凡属私人经营的工厂、商店、银行等，一律保护，不受侵犯。”到1949年年底，人民政府共没收了官僚买办企业2 858家，奠定了我国国有经济的发展基础。

中华人民共和国成立后，人民政府又积极兴办工商企业，建立了一批新的国有工商企业。同时，在一段时间内，人民政府发展、改造民族工商业，发展集体企业，促进了经济的发展。为确立各类企业的地位及与政府的关系，尤其是管理好国营企业，在1979年以前，国家制定了大量的法律、法令、条例、决议等近170件，例如，

1950年发布的《关于国营、公营工厂建立工厂管理委员会的指示》《私营企业暂行条例》,1954年颁布的《公私合营工业企业暂行条例》,1957年颁布的《关于改进工业管理体制的规定》,1958年颁布的《关于工业企业下放的几项决定》《关于企业实行利润留成的几项规定》。此外,1961年中共中央制定发布《国营工业企业工作条例(草案)》(即“工业七十条”),成为一部重要的企业管理文件,在当时的历史条件下,起到了一部专门规范国营工业企业的地位、行为和管理的基本法规的作用。

1978年以后,我国实现了党的工作重点向经济建设方面的战略性重点转移。同时,全面的农村和城市的经济体制改革开始进行,农村的改革自然包括了乡镇企业的发展,而城市的改革主要以企业改革为中心进行。这期间为了引导改革的方向,保障每一步改革措施的实施,巩固改革成果,国家制定、颁布了大量以企业改革为中心内容的经济法规。涉及全民所有制企业改革的主要法律文件有:《关于扩大国营工业企业经营管理自主权的若干规定》(1979年),《关于推进经济联合的暂行规定》(1980年),《关于开展和保护社会主义竞争的暂行规定》(1980年),关于实行《工业生产经济责任制的若干问题的暂行规定》和《国营工业企业职工代表大会暂行条例》(1980年),《国营工厂厂长工作暂行条例》和《企业职工奖惩条例》(1982年),《国营工业企业暂行条例》(1983年),《关于改革建筑业和基本建设管理体制若干问题的暂行规定》和《关于进一步扩大国营工业企业自主权的暂行规定》及《国营企业第二步利改税实行办法》(1984年),《关于增强大中型国营企业活力若干问题的暂行规定》和《国营企业固定资产折旧试行条例》(1985年),《关于进一步推动横向经济联合的若干问题的规定》《全民所有制工业企业厂长工作条例》,《全民所有制工业企业职工代表大会条例》《关于深化企业改革增强企业活力的若干规定》及《企业破产法(试行)》(1986年),《全民所有制工业企业承包经营责任制暂行条例》和《全民所有制小型工业企业租赁经营暂行条例》(1988年)。1988年,我国《全民所有制工业企业法》正式布并实施,这是企业立法的一个重要里程碑。1992年,国务院又发布了《全民所有制工业企业转换经营机制条例》。此外,为指导、规范全民所有制企业试行股份化改革,加强国有企业资产的监管,推行现代企业制度,国家制定了一系列规范性文件及法规,如2000年3月15日,国务院通过了《国有企业监事会暂行条例》,并废止了1994年7月24日国务院发布的《国有企业财产监督管理条例》。

涉及集体所有制企业的法律文件主要有:《关于发展社队企业的若干问题的规定(试行草案)》(1979年),《关于组织和发展农副产品就地加工若干问题的规定》(1983年),《关于轻工业集体企业若干问题的暂行规定》(1988年)。1990年,国务院颁布了《乡村集体所有制企业条例》,1991年,又颁布了《城镇集体所有制企业条例》。涉及外商投资的立法文件主要有:《中外合资经营企业法》(1979年制定,1990年和2001年分别做了修订)以及配套法规《中外合资经营企业法实施条例》(1983 年制定,1986 年、1987 年、2001 年、2011 年、2014 年分别做了 5 次修订)、《中外合资经营企业合营各方出资的若干规定》(2014 年 2 月废止)、《中外合资经营企业注册资本与投资总额比例的暂行规定》《中外合资经营企业劳动管理规定》《中外合资经营企业合营期限暂行规定》《外汇管理条例》《中外合资经营企业会计制度》《对外商投资企业贷款办法》等。1991 年,第七届全国人大第四次会议通过了《外商投资企业和外国企业所得税法》,该法因 2007 年 3 月 16 日第十届全国人大第五次会议正式通过的内外资企业所得税并轨的《企业所得税法》的出台,于 2008 年 1 月 1 日起终止施行。此外,还有《中外合作经营企业法》(1988 年制定,2000 年修订)及《中外合作经营企业法实施细则》(1995 年制定,2014 年修订)、《外资企业法》(1986 年制定,2000 年修订)及《外资企业法实施细则》(1990 年制定,2014 年修订)。涉及私营企业的立法主要是《私营企业暂行条例》(1988 年)、《个人收入调节税暂行条例》等。涉及企业登记的法律法规主要有《工商企业登记管理条例》(1982 年)、《中外合资经营企业登记管理办法》(1979 年)、《企业法人登记管理条例》(1988 年制定,2014 年修订)和《公司登记管理条例》(1994 年发布)。2000 年 1 月 13 日国家市场监督管理局颁布了《个人独资企业登记管理办法》。此外,还有一些实施细则性的规定。1993 年我国颁布了《中华人民共和国公司法》(简称《公司法》)(1999 年、2004 年做了两次修正,2005 年 10 月 27 日完成重大修订,2013 年对公司资本制度做了重大修订)。1997 年我国颁布了《合伙企业法》,该法于 2006 年 8 月 27 日由第十届全国人大常委会第二十三次会议做了重大修订,施行时间为 2007 年 6 月 1 日。1999 年颁布了《中华人民共和国个人独资企业法》。1999 年颁行了《中华人民共和国证券法》,于 2005 年 12 月 27 日做了重大修订。另外,国务院于 2009 年 11 月 25 日颁布并于 2010 年 3 月 1 日实施了《外国企业或者个人在中国境内设立合伙企业管理办法》,作为我国《合伙企业法》的配套经济法规直接允许中国公民个人与外国的企业、个人在中国境内设立合伙企业,而且取消了商务部门的审批程序。这是一项具有历史性进步意义的国家行为,体现了我国对外开放的广度和深度,表现了面向全球经济一体化局势下的国家自信和我国企业法律制度的完备。按照《外国企业或者个人在中国境内设立合伙企业管理办法》的规定,外国企业或者个人在中国境内设立合伙企业有三种形式:一是两个以上外国企业或者个人在中国境内设立合伙企业,合伙人全部为外国企业或者个人;二是外国企业或者个人与中国的自然人、法人和其他组织在中国境内设立合伙企业;三是中国的自然人、法人和其他组织在中国境内设立合伙企业后,外国企业或者个人通过入伙或者受让合伙企业财产份额的方式成为合伙人。国家工商总局于 2010 年 1 月 29 日依据我国《合伙企业法》以及国务院发布的《外国企业或者个人在中国境内设立合伙企业管理办法》和国务院发布的《中华人民共和国合伙企业登记管理办法》,制定发布了《外商投资合伙企业登记管理规定》。在企业破产方面,我国于1986年颁布了《中华人民共和国企业破产法(试行)》(简称《企业破产法》),其适用范围为全民所有制企业法人。1991年试行的《中华人民共和国民事诉讼法》中第十九章对非全民所有制的法人企业的破产做了规定。对于特殊类型的企业的终止清算,国家有关部委颁行了行政规章。数年前,有关机关曾经考虑制定统一的商业登记法,以取代公司企业、非公司法人企业、合伙企业、独资企业登记制度分立的立法结构,内容包括不设企业的各种经纪人,以及以营利为目的的私立医院、诊所、学校等机构、各类商业中介组织、个体工商户等,但目前没有进入实质性立法议程。

2006年8月27日,我国《企业破产法》正式颁布,其适用范围为所有法人企业,其他法律规定法人企业以外的企业组织适用破产法进行破产清算的,可适用该法,如合伙企业。《企业破产法》于2007年6月1日正式施行。2007年3月16日,我国的《中华人民共和国企业所得税法》由第十届全国人大第五次会议审议通过,并于2008年1月1日起施行,我国原先实行的内外资企业适用不同税率的情况彻底发生改变,为我国建立统一的公平的投资环境在制度上提供了新的保障。

我国国家工商总局作为企业登记的主管机关,发布了比较重要的一些行政规章,如1991年5月21日发布的《企业名称登记管理规定》,2000年12月1日修订发布的《企业法人登记管理条例施行细则》,2004年6月14日发布的《企业名称登记管理实施办法》,以及有关企业经营范围、法定代表人、注册资本、年检等事项所发布的专项规定等。

此外,我国最高人民法院为了规范各类企业纠纷的司法处理,根据相关法律的规定分别做出了集中统一的司法解释,形成了重要的法律制度的添附。最高人民法院的这些司法解释文件目前主要有:

(1)2006年4月28日公布并于2006年5月9日起施行的《关于适用〈中华人民共和国公司法〉若干问题的规定(一)》;

(2)2008年5月12日公布并于2008年5月19日起施行的《关于适用〈中华人民共和国公司法〉若干问题的规定(二)》;

(3)2008年8月21日公布并于2008年9月1日起施行的《关于审理民事案件适用诉讼时效制度若干问题的规定》;

(4)2010年8月5日公布并于2010年8月16日起施行的《关于审理外商投资企业纠纷案件若干问题的规定(一)》;

(5)2011年1月27日公布并于2011年2月16日起施行的《关于适用〈中华人民共和国公司法〉若干问题的规定(三)》;

(6)2011年9月25日发布并于2011年9月26日起施行的《关于适用〈中华人民共和国企业破产法〉若干问题的规定(一)》。

2013年10月25日,国务院决定对公司注册资本制度进行改革,废止了有限公司3万元、一人公司10万元、股份有限公司500万元法定最低注册资本标准，并取消了实缴要求，实行认缴制度。2013年12月28日，第十二届全国人大常委会第六次会议通过对《公司法》的修订，完成了把国务院决定上升为法律制度的必要程序。从此，我国公司法推行的法定资本制步入了除特殊行业的公司外，无法定最低资本要求和实缴要求的新模式中。

（二）我国企业立法的特征

（1）企业立法与城市经济体制改革及企业改革密切相关。以国有企业为例，从扩大企业自主权开始，进一步扩权、实行二步利改税、建立企业法人制度（体现两权分离的理论和原则）、建立破产制度、完善登记制度、实行承包经营责任制和租赁经营、完善企业经营机制和实行股份制改革等，每一步改革进程都会有重要的法律文件产生。其他如私营企业的产生、外资的进入等无不反映了对外开放、对内搞活的进程与相关立法的配套安排，一定阶段的企业立法正好反映了我们当时对社会主义经济的理性认识及改革实践。

（2）传统的企业立法与所有制关系交织在一起，难解难分，我国的经济格局处在转型阶段。新旧体制的摩擦、替换以及伴随的观念调整不可能在短时期内完成，目前的企业立法体系中仍然保留了部分旧体制下的立法模式。由于我国原来的经济体制基本上沿袭了苏联的模式，经济结构中以所有制关系来划分企业类型的做法通行，造成对不同所有制的企业由国家制定不同的立法。这种情况目前并未彻底改观。如此，使立法本身丧失了规范性和科学性，产生了大量宏观调控政策的随意性和短期性。这种做法表征了政府与企业主体的职能混淆，政府机构容易在规范企业行为过程中发生寻租行为。不同行业的产业政策性法律文件多如牛毛，致使企业立法有数不清的临时性规定，法律本身被人为地复杂化和碎片化，透明度不高。而在公布的法律文件中，又有大量的行政性指标和其他行政性内容，造成法律相互矛盾、重复，操作性差。

（3）我国的市场环境不良特别是商业主体的诚信水准较低，造成引入国外市场主体立法经验时，处处存在打折情形。一些很新的制度规范被引进，但实施效果往往并不乐观。

（三）我国企业立法的完善

我国推行社会主义市场经济体制，市场主体的立法要求规范化，能够与国际立法相对接。因此。应逐渐取缔目前以所有制关系为划分标准确立企业法律制度的做法，而以国外通行的企业法律形式搭建我国企业立法的体系。我国已经颁布并施行了《公司法》《合伙企业法》和《个人独资企业法》，而且《公司法》和《合伙企业法》已经做了重大修订。随着市场经济的逐步发展，这三部企业基本法将会不断得到完善，做到更科学、更规范和更加细化，并视商业活动的发展要求而增加新的企业组织形式，为投资者提供更多的选择机会。此外，我国原已确立的国有企业法、集体企业法、私营企业法及外商投资企业法要逐渐修正，使其变成资产管理、政策扶助方面的规范性法律文件。国家专营或者执行政府特殊政策的某些企业，不能适用《公司法》的，应通过制定国有特殊企业法或特殊法人企业法予以规制。

第二章　企业登记法律制度

第一节　企业登记概述

一、企业登记的概念与特征

企业登记，是指企业筹办人为设立、变更或终止企业主体资格，依照企业法律、法规的规定，向登记机关提出申请，经登记机关审查核准，并将登记事项登载于登记簿并予以公告的法律行为。企业登记是申请人的申请登记行为和登记机关的审核登记注册行为相结合的一种综合性行为。企业登记主要办理关于企业主体资格和营业资格的登记事务，也包括相关的权利登记，但不是单纯的权利或财产登记。

企业登记具有以下主要法律特征：

1. 企业登记的目的在于创设、变更或者终止企业资格

企业登记的主要法律效力是赋予企业取得、变更或终止其从事经营活动的权利能力和行为能力，经过登记后，企业的合法经营活动受到法律保护。

2. 企业登记在本质上是一种具有公法性质的行为

企业登记行为从本质上讲，是国家利用公权干预经济活动的行为，在性质上属于一种公法行为。企业登记机关是代表国家对企业的登记申请行为进行审查和核准的专门机构，只有它才有权受理登记申请。

3. 企业登记行为是一种要式行为

企业的经济活动涉及社会各个领域，与众多第三人的利益相关，因此，法律、法规以强行法的形式规定并具体列明企业登记注册的内容和事项，企业创办人必须严格按照规定的条件和程序办理企业登记。

4. 企业登记的结果导致企业主体资格的取得、变更和消灭

登记行为是企业设立的最后一个行为，是设立中的企业走向成立或者已经成立的企业走向消灭的转折点，也是存续的企业发生变更的一个标志。

二、企业登记的作用与意义

企业登记作为国家管理企业活动的主要手段，可以强化对企业的监督和控制，保护消费者权益，对企业、国家、消费者等均具有重大意义。

（一）企业登记是保障企业依法进行正常经营活动的必要形式

企业登记使企业得以成立和存续，通过企业登记核准企业的名称、住所、法定代表人、注册资本、企业类型、经营范围、营业期限等，使其取得合法的企业资格，并在法律规定和确认的范围内独立从事经济活动，享有法律上的权利，承担法律上的义务和责任，维护自己的合法权益。企业登记还具有赋予登记申请人对企业名称享有名称专用权，在一定的区域内具有排他性使用权。

（二）企业登记是维护企业合法地位的重要手段

企业登记制度的基本作用不仅在于通过法律程序创设或确定经营主体，而且还在于确认登记事项的法律效力，向社会公示企业的经营身份、经营状况、经营能力，确立经营信誉。

（三）企业登记是维护第三人利益的基础

企业通过登记可以为社会经济活动的所有参加人提供准确、翔实的信息资料，可以使欲与之交易的其他主体方便了解企业的经营范围、服务内容，准确地做出是否与之进行交易或接受其服务的选择。企业登记制度有利于保护相对人的合法权益及交易安全。核准登记的事项具有法律效力，登记事项如与事实有实质性差别，登记人会因构成商业欺诈而受处罚，而对于相对人来说，即便登记事项与事实不符，相对人依赖登记事项所做的交易，仍受法律保护，登记人不得以登记事项与事实不符对抗善意第三人，这些规定显然有助于保护交易相对人和社会商业秩序。

（四）企业登记是国家对企业行政管理的重要手段

由于企业的经营活动与社会公共利益、社会交易秩序休戚相关，现代社会中，国家都很重视通过法律对企业的经济生活进行必要的干预，企业登记便是国家对私法领域进行公法干预的重要表现。通过企业登记，国家不仅可以设定不同企业的准入标准、监管范围，还可以取得各项必要的统计资料，实现国家对经济的宏观调控。企业登记还是国家依法对各类企业进行税收征纳的主要依据。

三、企业登记的立法现状

（一）企业登记立法模式

在我国，目前尚无统一的企业登记法，调整企业登记关系的法律规范散见于众多的民事、商事实体法、程序法中，如《中华人民共和国民法通则》（2017 年 10 月 1 日已经失效）、《民法总则》《公司法》《中华人民共和国公司登记管理条例》（简称

《公司登记管理条例》)《企业法人登记管理条例》《中外合资经营企业法实施条例》《合伙企业法》《合伙企业登记管理办法》《私营企业暂行条例》《个人独资企业登记管理办法》《国家市场监督管理总局关于对外商投资企业违反登记管理法规的行为进行处罚的权限和程序的规定》《国家科委、国家市场监督管理总局关于加强科技开发企业登记管理的暂行规定》《企业法人登记公告管理办法》《国家市场监督管理总局、农业农村部乡村集体所有制企业审批和登记管理暂行规定》《城乡个体工商户管理暂行条例》等。

企业登记立法的现状与我国企业的发展、企业的立法有关。计划经济时期，我们的企业形态单一，一统化国营企业、集体企业，所以，相应的企业立法简单。改革开放后，随着新型企业形式的不断增加，新的企业立法也随之出现。企业立法的一个重要特征是：按照企业的类型分别立法。企业法颁布后，再制定与之对应的登记法律规范，即形成了我国企业登记立法的分别立法模式，也就是按企业类型分别制定对应的企业登记法。我国有公司法和多种非公司企业法，相应地就有各自对应的企业登记法规，如《企业法人登记管理条例》管辖企业法人登记、《合伙企业登记管理办法》管辖合伙企业的登记、《个人独资企业登记管理办法》管辖个人独资企业的登记、《城乡个体工商户管理暂行条例》管辖城乡个体工商户的登记。《合伙企业法》《个人独资企业法》中包含部分登记规则，因此，《合伙企业登记管理办法》《个人独资企业登记管理办法》中的登记规则就相对简单些。公司登记除适用《企业法人登记管理条例》外，还要遵守《公司登记管理条例》。多元的企业登记立法模式下，制定针对性较强的企业登记规则，分别管辖不同企业的登记，易于解决同一类企业的个性化问题，有助于登记机关按照具体规则办理企业登记，有助于限制登记机关的自由裁量权。但多元的企业登记规则，也存在一些弊端，这种做法僵化地回应了企业组织类型法定原则，无法反映企业的抽象性特征，容易诱发对无照经营的过度控制，亦造成立法的重叠和冲突。

（二）企业登记立法的特点

1. 企业登记立法分散，政出多门，缺乏统一立法的理念和规划

我国许多企业登记立法是伴随改革开放和市场经济的发展进程逐渐开展的，这使得不同类型的企业先后都有了对应的登记制度，由此形成了由众多法律、法规、条例、办法、通知等构建的多层次的企业登记法律制度。企业登记立法的分散性和整体的低层次性，既容易造成立法真空地带和交叉地带并存，加大了立法成本，又易造成内容上的冲突，加大适用难度，如《企业法人登记管理条例》与《公司登记管理条例》并存，公司登记需要满足其要求，则容易造成法律适用的冲突。《企业法人登记管理条例》规定，国家市场监督管理总局管辖登记的范围是经国务院或者国务院授权部门批准的全国性公司、企业集团、经营进出口业务的公司，其

登记管辖的划分标准是企业设立的批准单位和企业的规模大小;《公司登记管理条例》规定,国家市场监督管理总局管辖登记的公司为国务院国有资产监督管理机构履行出资人职责的公司以及该公司投资设立并持有50%以上股份的公司,外商投资的公司,依照法律、行政法规或者国务院决定的规定应当由国家工商行政管理总局登记的公司,国家工商行政管理总局规定应当由其登记的其他公司,其登记管辖的划分标准是批准单位和出资单位。假如某股份有限公司是经国务院批准设立的,依据《公司登记管理条例》,应由国家工商行政管理总局负责登记;而依据《企业法人登记管理条例》,国家工商行政管理总局不负责该公司登记,因为只有国务院批准的全国性公司才由国家工商行政管理总局负责登记。

2. 企业登记的多元立法,导致差别待遇现象严重且程序极不统一

在实践中,由于企业登记法的规定不统一,不同的企业被不平等对待,挫伤了企业依法履行登记义务的积极性。而实体规定与登记程序时有结合、时有分离的状况,增大了登记工作人员操作的难度,影响到登记工作的效率。如在登记程序上就有因企业类型不同,规定不一致的内容,如公告不是个体工商户、有限责任公司登记的必经程序;登记机关受理审查期限的时间,个人独资企业是15日,合伙企业是20日。

3. 企业登记制度中规定了众多的行政审批前置程序

早期以商人习惯法为渊源的企业登记法,是因商人阶层的形成而产生的,并以维护商人阶层的利益为己任,国家公权力对其影响不大,与企业活动泛化、商业社会成型的现实相适应。现代企业登记法律制度的功能不再囿于为特定阶层的利益服务,进而演绎出为社会经济秩序和社会公共利益服务的其他功能。但作为商法特别法的企业登记法,应以私法为基本条件,其公法性条款的功能应是为企业从事合法的商事交易行为保驾护航的,不应从根本上改变登记法的私法属性。而我国企业登记制度的公法价值却被人为地放大,管理法、强制法被解读为企业登记法的本质属性。

现行的众多企业登记法律、法规或规章,都有"商品经济"和"有计划的市场经济"等体制转轨时期的烙印,与自然经济制度下的中国古代重农抑商的社会现状有密切联系。中国古代,商人没有形成一个独立的阶层,没有形成自己独立的活动规则,即使少有的一些经济法规,也是以限制、管制经济为主。中华人民共和国成立后,实行计划经济,企业登记制度则更多地体现了服从国家管理和强化行政权力为主导的特点,将企业登记视为维护国家经济秩序的手段,而非增进企业活力的手段,强调的是对行政权力的服从,而非为企业服务。背负着维护国家经济秩序任务的企业登记法,必然是过分强调登记法的公法价值,使得政府主管部门、政府授权部门、行业归口主管部门具有扩张进行行政审批的冲动,如设立三资企业、设立从事特种行业的企业需要行政审批等。这些行政性的前置审批被视为我国企业登记

的必要组成部分，规定需要进行审批的企业只有持审批文件才能到登记机关申请登记。企业在变更登记、注销登记时，也要经过主管机关和审批部门的同意。企业的经营自由权、市场所追求的效率、社会公众所期望的交易安全，并没有成为企业登记法律制度关注的中心。

（三）企业登记制度的改革

1. 制定统一的企业登记法

我国应改变过去企业登记的多元立法模式，整合现有企业登记单行法规，选择单行的一元管辖的企业登记法模式。这部统一的企业登记法应管辖所有企业的登记，以统一的登记标准、同样的登记手续，规范不同企业的登记。这种模式有利于形成市场准入的均等机会和条件，有利于形成自由、公平的市场竞争秩序，有利于企业在自由、公平竞争的环境中实现自己的利益。统一的企业登记法，可以按照投资者责任形式划分为有限责任形式的企业组织和无限责任形式的企业组织，分别制定不同的登记制度。有限责任形式的企业组织包括公司法人、非公司企业法人，无限责任形式的企业组织包括个体工商户、独资企业、合伙企业等。

2. 明确企业登记法的私法规范属性

我国现行企业登记法在立法上不仅分散、重复、政出多门，而且公法性突出、私法性不足。因此，在构建一元的企业登记法时，在内容上应当凸显私法属性，让企业登记主体在进入市场参与经济活动时有更多的选择空间。在整个企业登记立法中调整好强制性法律规范和自治性、选择性法律规范的比例。

企业登记制度，既是社会公共权力对营利性主体的营利活动实施管理的基础，又是企业法对社会经济关系进行调整和规范不可缺少的必要元素。因此，企业登记制度既具有明显的私法意义上的功能，又具有较强的公法意义上的功能。私法意义上的功能表现在：在企业登记过程中当事人对营业种类、经营范围、投资方式、营业期限等登记事项，可以按照自身的意愿享有自主权选择权。考查企业登记法的历史会发现，多数国家经历过商业自由发展的阶段，最初本无企业登记，后来发展成经营者要到民间组织或行业协会办理登记，继而发展成到行政机关或法院办理登记。自由是商业和企业登记的传统基因，商业和企业登记应始终坚持自由的本性，国家管制也应符合商业及企业登记的自由精神。公法意义上的功能表现在：企业登记是登记机关代表国家，以公权力对企业营业状态、主体地位的法律确认，具有明显的组织法和程序法的特性，而按照传统法的归类，组织法和程序法多为强行法。凡是违反企业登记立法的强制性规定，不予办理企业登记。

长期以来，将企业登记法的性质仅定性为公法性质，值得我们反思。营业本是私法主体享有的、衍生于财产权的私权形式，企业登记是国家承认权利人权利的一种特殊方式。结合我国企业登记法的实践，特别是随着我国市场经济体制的深入改革，企业登记的性质应较多地凸显其私法性，应赋予企业在企业登记程序、登记事项上有更多的自主选择权。

3. 企业登记应实行宽松的市场准入制度

党的十八届三中全会决定重申，“深化投资体制改革，确立企业投资主体地位。企业投资项目，除关系国家安全和生态安全，涉及全国重大生产力布局、战略性资源开发和重大公共利益等项目外，一律由企业依法依规自主决策，政府不再审批”。在企业的设立条件、程序以及登记事项的管理方面采用宽松原则，有利于支持和鼓励更多的投资者兴办各类企业，这样，既可以增加就业机会，又可以增加税收。企业登记过程中，应减少必须登记的事项，允许企业在可选择的范围内自主决定登记什么以及如何登记等。其实，企业自主、自愿登记的事项越多、越广，表明其自愿接受社会公众监督的诚信度越高。

4. 改“先证后照”模式为“先照后证”模式

随着《中华人民共和国行政许可法》的实施，我国企业登记中行政审批的前置程序要求将会大幅度减少。党的十八届三中全会决定重申，要“推进工商注册制度便利化，削减资质认定项目，由先证后照改为先照后证”。“先证后照”，是指从事前置许可经营项目的市场主体，需要先到许可审批部门办理有关许可证明文件后，再到工商部门申请办理营业执照。“先照后证”，是指从事后置许可经营项目的市场主体，先向工商部门申请办理营业执照，再到许可审批部门办理许可审批手续。我们的企业登记立法，过去一直实行“先证后照”，此种模式下，企业设立成功率较低，不利于市场主体的快速设立。现在企业登记立法进行改革，对需要进行行政审批的部分企业实行“先照后证”，这种做法可以提升企业设立的成功率，确保企业设立人在最短时间内从登记机关取得企业法人营业执照（或企业营业执照）和企业法人主体资格（或企业营业资格），名正言顺地开展经营活动，从事获得行政许可之前的其他开业筹备工作，然后再到许可审批部门办理有关许可证明文件。即使在获得特定主管部门的行政许可之前或者企业最终未能获得行政许可，企业仍然可以开展法律、法规不禁止且不属于行政许可范围的其他经营活动，创造和积累财富。过去的“先证后照”模式是“重审批、轻监管”，企业必须要经过重重前置审批，才能办理营业执照。“先照后证”的企业登记模式下，企业先“出生”再办证，办好了营业执照后，再去走其他审批程序。在一定程度上，这种模式可以推进行政部门的审批制度改革。

随着政府职能的转变，行政审批项目也在逐年减少。2012 年 8 月 22 日，国务院决定取消和调整 314 项部门行政审批项目。2014 年 11 月 24 日，国务院决定取消和下放 58 项行政审批项目，取消 67 项职业资格许可和认定事项，取消 19 项评比达标表彰项目，将 82 项工商登记前置审批事项调整或明确为后置审批；另外还建议取消和下放 32 项依据有关法律设立的行政审批和职业资格许可认定事项，将

7项依据有关法律设立的工商登记前置审批事项改为后置审批，国务院已依照法定程序提请全国人民代表大会常务委员会修订相关法律规定。2016年2月19日，国务院决定再取消一批中央指定地方实施行政审批事项，这次取消的事项，依据法律、法规和国务院决定设定的有65项；依据部门规章、规范性文件设定的有87项，涉及部门33个。

5. 建立豁免企业登记制度

为了进一步降低个体工商户的登记门槛，规定对以自然人名义从事经营者豁免企业登记，只要办理了税务登记证，就可以经营，无须再办理营业执照。国外有很多国家也有类似的制度，如《日本商法典》规定资本金在法定额以下的商人，可以豁免登记。

第二节　企业登记管辖

一、企业登记主管机关

各国、各地区关于企业登记机关的规定不同，主要有以下四种模式。

（一）法院主管模式

法院主管模式是指法律规定由法院负责企业登记。如《德国商法典》第八条规定，企业登记簿由法院管理。早在18世纪初叶，德国为确认公司的内外关系，维护商人道德和信用，设立了公司登记簿、代表人登记簿、商号登记簿，规定在地方法院专设登记法官，并置企业登记簿办理企业登记。

（二）法院与行政机关主管模式

法院与行政机关主管模式是指法律规定法院与行政机关均为企业登记机关，办理不同的企业登记。如法国商法规定，在地方法院设置企业登记簿由书记官在院长的监督下办理一般商业登记，行政机关办理公司商事登记。

（三）行政机关主管模式

行政机关主管模式是指法律规定特定的行政主管机关负责企业登记。如日本由法务省及地方的法务局负责管理企业登记；英国由商业部负责企业登记；在美国，根据各州法律规定，企业登记在各州政府秘书处进行。我国澳门地区由企业登记局负责管理企业登记；我国香港地区的《商业登记条例》规定凡经营任何业务的人士，必须在业务开始后的1个月内向税务局下辖的商业登记署办理其业务的“商业登记证”；我国台湾地区由经济主管部门和市、县政府负责管理企业登记。

（四）民间自治模式

民间自治模式是指法律规定由非官方的专门注册中心或商会负责企业登记。如荷兰商事注册法规定，地方商会保管当地商事注册文件。这些国家认为，企业不具有特殊的地位，企业登记仅为公众提供信息来源，所以，由商会负责登记具有非官方性。

我国采用行政机关主管模式。我国的企业登记主管机关是国家市场监督管理总局和地方各级工商行政管理局。各级登记主管机关在上级登记主管机关的领导下，依法履行职责，不受非法干预。工商行政管理机关是国家为行使工商行政管理职权而设置的职能机构。

二、企业登记管辖

登记管辖，是指各级工商行政管理局之间以及不同地区的同级工商行政管理局之间在受理企业登记申请时的职权范围和具体分工。我国工商行政管理机关在其系统内实行分级登记管理的原则。《企业法人登记管理条例》与《公司登记管理条例》分别对登记管辖做了规定，并做了具体划分。

《企业法人登记管理条例》规定：经国务院或者国务院授权部门批准的全国性公司、企业集团、经营进出口业务的公司，由国家市场监督管理总局核准登记注册。中外合资经营企业、中外合作经营企业、外资企业由国家市场监督管理总局或者国家市场监督管理总局授权的地方工商行政管理局核准登记注册。全国性公司的子（分）公司，经省、自治区、直辖市人民政府或其授权部门批准设立的企业、企业集团、经营进出口业务的公司，由省、自治区、直辖市工商行政管理局核准登记注册。其他企业，由所在市、县（区）工商行政管理局核准登记注册。《企业法人登记管理条例》是依据设立企业的批准单位和企业的规模大小标准划分登记管辖的。

《公司登记管理条例》关于公司登记管辖的规定内容是：国家市场监督管理总局管辖登记的公司为：①国务院国有资产监督管理机构履行出资人职责的公司以及该公司投资设立并持有50%以上股份的公司；②外商投资的公司；③依照法律、行政法规或者国务院决定的规定，应当由国家工商行政管理总局登记的公司；④国家工商行政管理总局规定应当由其登记的其他公司。

省、自治区、直辖市工商行政管理局负责本辖区内下列公司的登记：①省、自治区、直辖市人民政府国有资产监督管理机构履行出资人职责的公司以及该公司投资设立并持有50%以上股份的公司；②省、自治区、直辖市工商行政管理局规定由其登记的自然人投资设立的公司；③依照法律、行政法规或者国务院决定的规定，应当由省、自治区、直辖市工商行政管理局登记的公司；④国家工商行政管理总局授权登记的其他公司。

设区的市(地区)工商行政管理局、县工商行政管理局,以及直辖市的工商行政管理分局、设区的市工商行政管理局的区分局,负责辖区内国家市场监督管理总局,省、自治区、直辖市工商行政管理局登记的公司以外的其他公司以及国家工商行政管理总局和省、自治区、直辖市工商行政管理局授权登记的公司。设区的市(地区)工商行政管理局、县工商行政管理局,以及直辖市的工商行政管理分局、设区的市工商行政管理局的区分局的具体登记管辖由省、自治区、直辖市工商行政管理局规定。但是,其中的股份有限公司由设区的市(地区)工商行政管理局负责登记。

《公司登记管理条例》主要参照出资单位的属性标准划分公司登记管辖。

三、企业登记的种类

企业登记的种类在各国法律上不尽相同。在我国,根据《企业法人登记管理条例》及其施行细则和《公司登记管理条例》的规定,企业法人(包括公司)的登记可以分为开业登记(设立登记)、变更登记和注销登记三类,非法人企业的登记散见于其他有关法律、法规、条例之中,其登记种类与此大体相似。

(一)设立登记

企业设立登记是指由企业的设立人自己或者全体设立人指定的代表或共同委托的代理人向企业登记主管机关提出企业设立登记申请,经登记主管机关审查后予以注册,并向登记企业颁发营业执照的行为。设立登记是登记主管机关以赋予企业合法主体资格为目的而进行的登记活动,是所有登记中最基础、最重要的登记类型。企业设立人即企业的创办人或发起人,在企业申请登记的过程中被称为申请人,企业类型不同,申请人亦有所不同。个人独资企业的申请人是独资企业的业主,合伙企业的申请人是全体合伙人,有限责任公司的申请人是全体股东,股份有限公司的申请人是董事会。

公司设立登记事项应当包括公司名称、住所、法定代表人姓名、注册资本、公司类型、经营范围、营业期限、有限责任公司股东或者股份有限公司发起人的姓名或者名称。

合伙企业设立登记事项应当包括合伙企业的名称、主要经营场所、执行事务合伙人、经营范围、合伙企业类型、合伙人姓名或者名称、合伙人住所、承担责任方式、认缴或者实际缴付的出资数额、缴付期限、出资方式和评估方式。合伙协议约定合伙期限的,登记事项还应当包括合伙期限。执行事务合伙人是法人或者其他组织的,登记事项还应当包括法人或者其他组织委派的代表。

个人独资企业设立登记事项应当包括企业名称、企业住所、投资人姓名和住所、出资额和出资方式、经营范围。

城乡个体工商户设立登记事项应当包括将经营者姓名和住所、组成形式、经营范围、经营场所。个体工商户使用名称的，将名称作为登记事项。

设立登记根据是否取得法人资格的标准，划分为企业法人登记和营业登记。根据现行立法，企业开业登记获准后，符合法人条件的企业即取得企业法人资格，领取《企业法人营业执照》，可以刻制公章，开立银行账号，在核准的经营范围内开展生产经营活动。非法人企业，根据具体情形，领取《个人独资企业营业执照》《合伙企业营业执照》。企业法人设立分支机构的，领取《分支机构营业执照》；个人独资企业、合伙企业设立分支机构，分别领取《个人独资企业分支机构营业执照》《合伙企业分支机构营业执照》。

（二）变更登记

变更登记，是指企业已经合法登记注册的事项在登记注册后发生变化而进行的登记。企业的登记注册事项构成了企业的核心要素，其中，任何一项内容变化，都可能导致该企业的主体资格发生变化，或者带来企业法律关系的变化。因此，已经登记的注册事项发生变更后，企业应当在法定期限内向原登记机关申请变更登记，以保持该企业人格的连续性，使得政府、社会公众及交易相对人不会对该企业的识别发生错误。未经核准变更登记的，企业不得擅自改变登记事项。如果擅自变更，未办理登记手续，则变更的事项不得对抗善意第三人。

以公司为例，根据《公司登记管理条例》的规定，公司变更登记事项，应当向原公司登记机关申请变更登记。未经变更登记，公司不得擅自改变登记事项。

公司变更名称、变更法定代表人、增加注册资本的，应当自变更决议或者决定做出之日起 30 日内申请变更登记。

公司减少注册资本的，应当自公告之日起 45 日后申请变更登记，并应当提交公司在报纸上登载公司减少注册资本公告的有关证明和公司债务清偿或者债务担保情况的说明。

公司变更经营范围的，应当自变更决议或者决定做出之日起 30 日内申请变更登记；变更经营范围涉及法律、行政法规或者国务院决定规定在登记前须经批准的项目的，应当自国家有关部门批准之日起 30 日内申请变更登记。公司的经营范围中属于法律、行政法规或者国务院决定规定须经批准的项目被吊销、撤销许可证或者其他批准文件，或者许可证、其他批准文件有效期届满的，应当自吊销、撤销许可证、其他批准文件，或者许可证、其他批准文件有效期届满之日起 30 日内申请变更登记，或者依照《公司登记管理条例》的规定办理注销登记。

公司变更住所的，应当在迁入新住所前申请变更登记，并提交新住所使用证明。公司变更住所跨公司登记机关辖区的，应当在迁入新住所前向迁入地公司登记机关申请变更登记；迁入地公司登记机关受理的，由原公司登记机关将公司登记档案移送迁入地公司登记机关。

公司变更登记事项涉及修改公司章程的,应当提交由公司法定代表人签署的修改后的公司章程或者公司章程修正案。变更登记事项依照法律、行政法规或者国务院决定规定在登记前须经批准的,还应当向公司登记机关提交有关批准文件。

公司章程修改未涉及登记事项的,公司应当将修改后的公司章程或者公司章程修正案送原公司登记机关备案。

(三)注销登记

注销登记,是指当出现法律规定的企业应予以终止的情形时,企业清算人应当向原登记机关申请办理注销登记手续,从而消灭企业资格而进行的登记。

《公司登记管理条例》第四十二条规定,有下列情形之一的,公司清算组应当自公司清算结束之日起30日内向原公司登记机关申请注销登记:①公司被依法宣告破产;②公司章程规定的营业期限届满或者公司章程规定的其他解散事由出现,但公司通过修改公司章程而存续的除外;③股东会、股东大会决议解散或者一人有限责任公司的股东、外商投资的公司董事会决议解散;④依法被吊销营业执照、责令关闭或者被撤销;⑤人民法院依法予以解散;⑥法律、行政法规规定的其他解散情形。国有独资公司申请注销登记,还应当提交国有资产监督管理机构的决定,其中,国务院确定的重要的国有独资公司,还应当提交本级人民政府的批准文件。有分公司的公司申请注销登记,还应当提交分公司的注销登记证明。

《企业法人登记管理条例》规定,企业法人歇业、被撤销、宣告破产或者因其他原因终止营业,应当向登记主管机关办理注销登记。[①]

企业法人领取《企业法人营业执照》后,满6个月尚未开展经营活动或者停止经营活动满1年的,视同歇业,登记主管机关应当收缴《企业法人营业执照》《企业法人营业执照(副本)》,收缴公章,并将注销登记情况告知其开户银行。[②]

企业法人办理注销登记,应当提交法定代表人签署的申请注销登记报告、主管部门或者审批机关的批准文件、清理债务完结的证明或者清算组织负责清理债权债务的文件。经登记主管机关核准后,收缴《企业法人营业执照》《企业法人营业执照(副本)》,收缴公章,并将注销登记情况告知其开户银行。[③]

实务问题

【案例2.1】甲公司欠乙公司200万元货款。乙公司向法院起诉,法院受理案件后发现,甲公司早在乙公司起诉前已经被工商部门吊销营业执照,于是以被告主

---

① 参见《企业法人登记管理条例》第二十条。

② 参见《企业法人登记管理条例》第二十二条。

③ 参见《企业法人登记管理条例》第二十一条。

体不存在为由驳回了原告的诉讼请求。乙公司不服法院的裁定提出上诉,认为甲公司营业执照虽被吊销,但未进行清算,也未注销登记,仍应具有法人资格,被告主体并非不存在。

【分析】本案涉及吊销营业执照的效力问题,即营业执照与企业主体资格之间的关系。

针对此类案件,最高人民法院给出了以下指导意见。

(1)最高人民法院法根据〔2000〕23 号函,回复某省高级人民法院的意见为:吊销企业法人营业执照,是工商行政管理局对实施违法行为的企业法人给予的一种行政处罚。根据《中华人民共和国民法典》第二百九十七条至第三百三十三条和《企业法人登记管理条例》第三十三条的规定,企业法人营业执照被吊销后,应当由其开办单位(包括股东)或者企业组织清算组依法进行清算,停止清算范围外的活动。清算期间,企业民事诉讼主体资格依然存在。人民法院不应以甲公司被吊销企业法人营业执照,丧失民事诉讼主体资格为由,裁定驳回起诉。本案债务人甲公司在诉讼中被吊销企业法人营业执照后,至今未组织清算组依法进行清算,因此,债权人乙公司以甲公司为被告,后又要求追加该公司全体股东为被告,应当准许,追加该公司的股东为共同被告参加诉讼,承担清算责任。

(2)最高人民法院在法经〔2000〕第 24 号《关于企业法人营业执照被吊销后,其民事诉讼地位如何确定的复函》中指出:吊销营业执照,是工商部门对实施违法行为的企业法人给予的一种处罚。企业法人被吊销营业执照之后,应当依法进行清算,清算程序结束并办理工商登记后,该企业法人才归于消灭。因此,企业法人被吊销营业执照后至被注销登记前,该企业法人仍应视为存续,可以自己名义进行诉讼活动。如果该企业法人的组成人员下落不明,无法参加诉讼,债权人以被吊销营业执照的开办单位为被告起诉的,法院应当允许。该开办单位对吊销营业执照的企业法人,如果不存在投资不足或者转移资产逃避债务情形的,仅应作为企业清算人参加诉讼,承担清算责任。

司法解释表明:吊销企业法人营业执照与企业法人资格的消灭是两回事,企业法人营业执照被吊销后,只有经过清算、注销登记后才能从法律上消灭其法人资格。

《中华人民共和国民法典》(简称《民法典》)对司法解释的内容从立法层面上予以肯定。《民法典》规定,法人依法被吊销营业执照、登记证书的,应解散;法人解散应依法进行清算,完成清算后办理注销登记的,法人终止。清算期间法人存续,但是不得从事与清算无关的活动。

第三节 企业登记的程序

企业登记的程序,是指申请登记的主体依法向登记机关申请登记及企业登记机关依法审查核准并办理登记注册的步骤。企业登记程序对于保证企业登记的真实性及维护社会经济秩序的稳定性具有重要意义。我国关于企业登记的程序,主要分为以下几个阶段。

一、申请企业名称预先核准

为了防止企业名称发生混淆并提高企业注册的效率,许多国家和地区实行企业名称预先核准登记制度,我国也实行名称预先核准制度。在企业设立登记过程中,实行企业名称预先核准登记制度,有利于确保企业名称的登记质量,可以使企业的名称在企业申请注册登记之前就具有合法性、确定性,避免同一登记机关所辖区域内企业名称的重复,有利于加快企业的登记进程。在企业的设立过程中,企业的许多文件都会使用企业名称,如有关主管部门的批准文件需要写明企业名称、企业章程中必须有企业名称。如果不实行名称预先核准制,在进行企业登记时如发现企业所选定的名称不恰当、不规范或者不合法,那么,企业的各种申请文件都需要进行相应更换,这样将耗费大量的时间和精力,影响企业设立的进程,造成各种资源的浪费。

我国《企业名称登记管理规定》规定,企业有特殊原因的,可以在开业登记前预先单独申请企业名称登记注册,登记主管机关应当在收到企业提交的预先单独申请企业名称登记注册的全部材料之日起 10 日内做出核准或者驳回的决定。申请设立外商投资企业的,应当在项目建议书和可行性研究报告批准后,合同、章程批准之前,预先单独申请企业名称登记注册。登记主管机关核准预先单独申请登记注册的企业名称后,核发《企业名称登记证书》。预先单独申请登记注册的企业名称经核准后,保留期为 1 年。经批准有筹建期的,企业名称保留到筹建期终止。在保留期内不得将企业名称用于从事生产经营活动。保留期届满不办理企业开业登记的,其企业名称自动失效,企业应当在期限届满之日起 10 日内将《企业名称登记证书》交回登记主管机关。①

《公司登记管理条例》规定,设立公司应当申请名称预先核准。法律、行政法规或者国务院决定规定设立公司必须报经批准,或者公司经营范围中属于法律、行政法规或者国务院决定规定在登记前须经批准的项目的,应当在报送批准前办理公司名称预先核准,并以公司登记机关核准的公司名称报送批准。申请名称预先

① 参见《企业名称登记管理规定》第十六条、第十七条、第十八条、第十九条。

核准,应当提交下列文件:①有限责任公司的全体股东或者股份有限公司的全体发起人签署的公司名称预先核准申请书;②全体股东或者发起人指定代表或者共同委托代理人的证明;③国家工商行政管理总局规定要求提交的其他文件。预先核准的公司名称保留期为6个月。预先核准的公司名称在保留期内不得用于从事经营活动,不得转让。

二、申请设立登记

申请是企业登记程序的起始阶段。申请人为企业的设立人,也可以是委托的代理人。申请人应依法律规定提交有关文件、证件。登记机关进行初步审查,所需文件、证件齐备的,主管机关应发出受理通知书。

根据法律规定,申请企业法人登记(不包括外商投资企业),应具备下列条件:①有符合规定的名称和章程;②有国家授予的企业经营管理的财产或者企业所有的财产,并能够以其财产独立承担民事责任;③有与生产经营规模相适应的经营管理机构、财务机构、劳动组织以及法律或者章程规定必须建立的其他机构;④有必要的并与生产经营范围相适应的经营场所和设施;⑤有与生产经营规模和业务相适应的从业人员,其中专职人员不得少于8人;⑥有健全的财会制度,能够实行独立核算,自负盈亏,独立编制企业资金平衡表或者资产负债表;⑦有符合规定数额并与经营范围相适应的注册资金,国家对企业注册资金数额有专项规定的按规定执行;⑧有符合国家法律、法规和政策规定的经营范围;⑨符合法律、法规规定的其他条件。

外商投资企业申请企业法人登记,应当具备下列条件:①有符合规定的名称;②有审批机关批准的合同、章程;③有固定经营场所、必要的设施和从业人员;④有符合国家规定的注册资本;⑤有符合国家法律、法规和政策规定的经营范围;⑥有健全的财会制度,能够实行独立核算,自负盈亏,独立编制资金平衡表或者资产负债表。

申请营业登记,应当具备下列条件:①有符合规定的名称;②有固定的经营场所和设施;③有相应的管理机构和负责人;④有经营活动所需要的资金和从业人员;⑤有符合规定的经营范围;⑥有相应的财务核算制度。不具备企业法人条件的联营企业,还应有联合签署的协议。外商投资企业设立的从事经营活动的分支机构应当实行非独立核算。

外商投资企业设立的办事机构申请登记,应当具备下列条件:①有符合规定的名称;②有固定的办公场所和负责人。外商投资企业设立的办事机构不得直接从事经营活动。

申请设立有限责任公司,应按照规定,提交以下文件和证件:①公司法定代表人签署的设立登记申请书;②全体股东指定代表或者共同委托代理人的证明;③公司章程;④股东的主体资格证明或者自然人身份证明;⑤载明公司董事、监事、经理的姓名、住所的文件以及有关委派、选举或者聘用的证明;⑥公司法定代表人任职文件和身份证明;⑦企业名称预先核准通知书;⑧公司住所证明;⑨国家工商行政管理总局规定要求提交的其他文件。法律、法规或者国务院决定规定设立有限责任公司必须报经批准的,还应当提交有关批准文件。

申请设立股份有限公司,应按照规定,提交以下文件和证件:①公司法定代表人签署的设立登记申请书;②董事会指定代表或者共同委托代理人的证明;③公司章程;④发起人的主体资格证明或者自然人身份证明;⑤载明公司董事、监事、经理姓名、住所的文件以及有关委派、选举或者聘用的证明;⑥公司法定代表人任职文件和身份证明;⑦企业名称预先核准通知书;⑧公司住所证明;⑨国家工商行政管理总局规定要求提交的其他文件。以募集方式设立股份有限公司的,还应当提交创立大会的会议记录以及依法设立的验资机构出具的验资证明;以募集方式设立股份有限公司公开发行股票的,还应当提交国务院证券监督管理机构的核准文件。法律、法规或者国务院决定规定设立股份有限公司必须报经批准的,还应当提交有关批准文件。

公司申请登记的经营范围中属于法律、行政法规或者国务院决定规定在登记前须经批准的项目的,应当在申请登记前报经国家有关部门批准,并向公司登记机关提交有关批准文件。

申请设立合伙企业,应当提交以下文件和证件:①全体合伙人签署的设立登记申请书;②全体合伙人的身份证明;③全体合伙人指定代表或者共同委托代理人的委托书;④合伙协议;⑤全体合伙人对各合伙人认缴或者实际缴付出资的确认书;⑥主要经营场所证明;⑦国务院工商行政管理部门规定提交的其他文件。法律、行政法规或者国务院规定设立合伙企业须经批准的,还应当提交有关批准文件。合伙企业的经营范围中有属于法律、行政法规或者国务院规定在登记前须经批准的项目的,应当向企业登记机关提交批准文件。法律、法规规定设立特殊的普通合伙企业,需要提交合伙人的职业资格证明的,应当向企业登记机关提交有关证明。

申请设立个人独资企业,应当提交以下文件和证件:①投资人签署的个人独资企业设立申请书;②投资人身份证明;③企业住所证明;④国家工商行政管理总局规定提交的其他文件。从事法律、行政法规规定须报经有关部门审批的业务的,应当提交有关部门的批准文件。委托代理人申请设立登记的,应当提交投资人的委托书和代理人的身份证明或者资格证明。

申请设立个体工商户,应当提交以下文件和证件:①申请人签署的个体工商户注册登记申请书;②申请人身份证明;③经营场所证明;④国家工商行政管理总局规定提交的其他文件。

申请设立中外合资经营企业,应当提交下列文件:①设立合营企业的申请书;

②合营各方共同编制的可行性研究报告；③由合营各方授权代表签署的合营企业协议、合同和章程；④由合营各方委派的合营企业董事长、副董事长、董事人选名单；⑤审批机构规定的其他文件。

申请设立中外合作企业，应当提交下列文件：①设立合作企业的项目建议书，并附送主管部门审查同意的文件；②合作各方共同编制的可行性研究报告，并附送主管部门审查同意的文件；③由合作各方的法定代表人或其授权的代表签署的合作企业协议、合同、章程；④合作各方的营业执照或者注册登记证明、资信证明及法定代表人的有效证明文件，外国合作者是自然人的，应当提供有关其身份、履历和资信情况的有效证明文件；⑤合作各方协商确定的合作企业董事长、副董事长、董事或者联合管理委员会主任、副主任、委员的人选名单；⑥审查批准机关要求报送的其他文件。

申请设立外资企业，应当提交下列文件：①设立外资企业申请书；②可行性研究报告；③外资企业章程；④外资企业法定代表人（或者董事会人选）名单；⑤外国投资者的法律证明文件和资信证明文件；⑥拟设立外资企业所在地的县级或者县级以上地方人民政府的书面答复；⑦需要进口的物资清单；⑧其他需要提交的文件。

外国企业或者个人在中国境内申请设立合伙企业，应当向企业登记机关提交《合伙企业登记管理办法》规定的文件以及符合外商投资产业政策的说明。

三、办理审批手续

在某些特殊行业设立公司、企业，其经营范围中属于法律、行政法规或者国务院决定规定在登记前须经批准的项目的，应当在申请登记前报经国家有关部门批准，也可以根据相关规定在公司、企业成立后申请批准。从总体发展趋势看，需要在申请登记前或登记后进行审批的项目数量在逐年减少；但从维护国家安全、国民经济安全、社会公共利益安全角度出发，基于国家产业管制政策的需求、确认特殊行业经营资格的要求以及对外商投资企业的专项控制，国家对这些行业的企业设立仍然采取审批控制手段。

四、审查

登记机关接受企业登记申请后，以企业登记法律、法规为依据，对登记申请人的申请及相关文件进行审查。公司的设立登记程序，在申请人申请和登记机关审查之间还设置了登记申请受理程序。其他的企业登记，受理程序和审查程序合并在一起进行审查。

目前，各个国家和地区对企业登记实行不同的审查原则，主要存在以下三种立法形式。

(一)形式审查主义

所谓形式审查主义,是指登记机关对于申请人提交的申请及申请文件,仅审查其形式上是否符合法律要求。日本、瑞士、英国、美国等国家主要实行形式审查。登记主管机关审查的内容主要是:申请人的适法性、申请文件形式上的适法性、申请事项是否符合法定登记事项要求、是否属于登记机关管辖、代理人手续是否齐全等。形式审查模式下,程序相对简单、效率高、成本低,登记主管机关仅承担形式审查的义务和责任,不承担实质审查的义务与责任,申请登记的事项及公示信息的真实性由申请人自行负责。因此,该立法模式下,申请人的登记事项虽然经过登记程序,但无法确保其真实性,容易产生商业欺诈行为,对交易安全有一定影响,因此,社会大众要自己对企业进行审查,判断企业的信用,决定选择是否交易。

(二)实质审查主义

所谓实质审查主义,是指登记机关不但要审查有关申请文件是否符合法律要求,而且还要审查申请文件和登记事项的真伪以及是否符合法律和政策的规定,并对登记结果负责。德国、意大利等国家采用此原则。实质审查模式下,登记机关不仅要对申请人提交的文件进行形式审查,如申报人身份适格性问题、是否属于登记管辖等,还要审查登记事项实质的正确性、合法性、真实性。实行实质审查主义,操作难度大,效率低,增大了登记的成本,加大了登记机关的责任。实行实质审查主义,虽然要求登记机关对登记内容进行实质审查,但很难追究其实质审查不当的责任。既然登记事项经登记机关实质审查,似乎登记内容皆属真实、合法,故而交易相对人较少去审查其真实性、合法性,但易造成误导。

(三)折中审查主义

所谓折中审查主义,是指以形式审查为主,在特定情况下兼采用实质审查。这种审查模式下,登记机关虽然有实质审查的职权,却无进行实质审查的义务,只有对登记事项产生疑问时,登记机关才依职权加以审查。如法国法律规定:申请人之申请,只要形式适法,主管机关就不得拒绝登记;但如有不实之事项,得依职权呈报请示制裁之。这种审查模式,有形式审查主义效率高、成本低之优势,又通过对疑义登记事项进行实质审查,可提高登记质量,在一定程度上减少了形式审查主义和实质审查主义的弊端。

我国企业登记曾长期采取实质审查主义,要求登记机关必须对申请人提交的文件、证件和填报登记注册的材料的真实性、合法性、有效性进行审查,核实有关登记事项,企业成立后,每年还必须进行年度检验。企业年度检验,又称年检,是企业登记机关依法按年度根据企业提交的年检材料,对与企业登记事项有关的情况进行定期检查的监督管理制度。通过企业年度检验,登记机关确认企业是否具有继续经营资格。凡领取企业法人营业执照、营业执照的有限责任公司、股份有限公司、非公司企业法人和其他经营单位,均须参加年检。当年设立登记的企业,自下一年起参加年检。企业未参加年检不得继续从事经营活动。登记主管机关对年检截止日期限前未参加年检的企业法人进行公告。自公告发布之日起,60 日内仍未申报年检的,吊销营业执照。①

经过对企业法律制度的多年改革,现在的企业登记制度已经由实质审查转为形式审查,根据规定,一般只要各种文件、证件齐备,形式上符合要求即可予以登记;企业成立后,通过年度报告制度等,审查和确认企业(包括公司)继续经营的资格。《公司法》第六条规定:"设立公司,应当依法向公司登记机关申请设立登记。符合本法规定的设立条件的,由公司登记机关分别登记为有限责任公司或者股份有限公司;不符合本法规定的设立条件的,不得登记为有限责任公司或者股份有限公司。法律、行政法规规定设立公司必须报经批准的,应当在公司登记前依法办理批准手续。公众可以向公司登记机关申请查询公司登记事项,公司登记机关应当提供查询服务。"《公司登记管理条例》第十条规定:"公司的登记事项应当符合法律、行政法规的规定。不符合法律、行政法规规定的,公司登记机关不予登记。"第五十一条规定:"公司登记机关应当根据下列情况分别做出是否受理的决定:①申请文件、材料齐全,符合法定形式的,或者申请人按照公司登记机关的要求提交全部补正申请文件、材料的,应当决定予以受理。②申请文件、材料齐全,符合法定形式,但公司登记机关认为申请文件、材料需要核实的,应当决定予以受理,同时书面告知申请人需要核实的事项、理由以及时间。③申请文件、材料存在可以当场更正的错误的,应当允许申请人当场予以更正,由申请人在更正处签名或者盖章,注明更正日期;经确认申请文件、材料齐全,符合法定形式的,应当决定予以受理。④申请文件、材料不齐全或者不符合法定形式的,应当当场或者在 5 日内一次告知申请人需要补正的全部内容;当场告知时,应当将申请文件、材料退回申请人;属于 5 日内告知的,应当收取申请文件、材料并出具收到申请文件、材料的凭据,逾期不告知的,自收到申请文件、材料之日起即为受理。⑤不属于公司登记范畴或者不属于本机关登记管辖范围的事项,应当及时决定不予受理,并告知申请人向有关行政机关申请。"《合伙企业法》第十条规定:"申请人提交的登记申请材料齐全、符合法定形式,企业登记机关能够当场登记的,应予当场登记,发给营业执照。除前款规定情形外,企业登记机关应当自受理申请之日起 20 日内,做出是否登记的决定。予以登记的,发给营业执照;不予登记的,应当给予书面答复,并说明理由。"《个人独资企业法》第十二条规定:"登记机关应当在收到设立申请文件之日起 15 日内,对符

---

① 参见《企业年度检验办法》第十九条。

合本法规定条件的,予以登记,发给营业执照;对不符合本法规定条件的,不予登记,并应当给予书面答复,说明理由。”由此可见,现行的企业法律、法规确认的是形式审查主义,没有赋予登记主管机关实质审查的权限。

2014 年 2 月,国务院发布《注册资本登记制度改革方案》,将企业年度检验制度改为企业年度报告公示制度。①企业应当按年度在规定的期限内,通过市场主体信用信息公示系统向工商行政管理机关报送年度报告,并向社会公示,任何单位和个人均可查询。企业年度报告的主要内容应包括公司股东(发起人)缴纳出资情况、资产状况等,企业对年度报告的真实性、合法性负责,工商行政管理机关可以对企业年度报告公示内容进行抽查。经检查发现企业年度报告隐瞒真实情况、弄虚作假的,工商行政管理机关依法予以处罚,并将企业法定代表人、负责人等信息通报公安、财政、海关、税务等有关部门。对未按规定期限公示年度报告的企业,工商行政管理机关在市场主体信用信息公示系统上将其载入经营异常名录,提醒其履行年度报告公示义务。企业在 3 年内履行年度报告公示义务的,可以向工商行政管理机关申请恢复正常记载状态;超过 3 年未履行的,工商行政管理机关将其永久载入经营异常名录,不得恢复正常记载状态,并列入严重违法企业名单(“黑名单”)。②改革个体工商户验照制度,建立符合个体工商户特点的年度报告制度。③探索实施农民专业合作社年度报告制度。

五、核准

登记机关通过审查,认为申请人申请登记的事项符合法律规定的,应在法定期限内做出予以核准登记的决定,颁发企业法人营业执照或营业执照,并及时通知申请登记的企业。

《公司登记管理条例》第五十三条规定:“公司登记机关对决定予以受理的登记申请,应当分别情况在规定的期限内做出是否准予登记的决定:①对申请人到公司登记机关提出的申请予以受理的,应当当场做出准予登记的决定。②对申请人通过信函方式提交的申请予以受理的,应当自受理之日起 15 日内做出准予登记的决定。③通过电报、电传、传真、电子数据交换和电子邮件等方式提交申请的,申请人应当自收到《受理通知书》之日起 15 日内,提交与电报、电传、传真、电子数据交换和电子邮件等内容一致并符合法定形式的申请文件、材料原件;申请人到公司登记机关提交申请文件、材料原件的,应当当场做出准予登记的决定;申请人通过信函方式提交申请文件、材料原件的,应当自受理之日起 15 日内做出准予登记的决定。④公司登记机关自发出《受理通知书》之日起 60 日内,未收到申请文件、材料原件,或者申请文件、材料原件与公司登记机关所受理的申请文件、材料不一致的,应当做出不予登记的决定。公司登记机关需要对申请文件、材料核实的,应当自受理之日起 15 日内做出是否准予登记的决定。”

《合伙企业登记管理办法》第十六条规定："申请人提交的登记申请材料齐全、符合法定形式，企业登记机关能够当场登记的，应予当场登记，发给合伙企业营业执照。除前款规定情形外，企业登记机关应当自受理申请之日起20日内，做出是否登记的决定。予以登记的，发给合伙企业营业执照；不予登记的，应当给予书面答复，并说明理由。"

《个人独资企业登记管理办法》第十一条规定："登记机关应当在收到本办法第九条规定的全部文件之日起15日内，做出核准登记或者不予登记的决定。予以核准的发给营业执照；不予核准的，发给企业登记驳回通知书。"

六、公告

企业登记事项经核准登记之后，应及时予以公告。至于公告的具体方法，各国立法例及商业习惯各有不同：有的是在专门设立的公告场所进行公告，有的是在当地的商业报纸上进行公告，有的则是将登记事项登载于政府的官方公报上。

我国《企业法人登记公告管理办法》第二条规定："企业法人登记公告，是国家授权登记主管机关发布的具有法律效力的正式文告，是健全企业法人登记管理制度的重要内容。向社会公开发布企业登记公告，宣告企业法人成立、登记事项变更、注销等情况，提供企业法人登记有关的基础信息和准确资料，以利于民事主体依法确立合法地位和调整民事法律关系。"第三条规定："企业法人登记公告，由国家市场监督管理局和省、自治区、直辖市工商行政管理局，依法统一组织发布。其他任何部门、单位和个人不得组织发布企业法人登记公告。"可见，我国登记机关被设定为"公告部门"。

2014年，我国进行企业登记制度改革，对《企业法人登记管理条例》和《公司登记管理条例》《个人独资企业登记管理办法》《合伙企业登记管理办法》就登记公示问题进行了统一的修改，规定登记机关应当将企业法人、公司、合伙企业、个人独资企业登记、备案信息通过企业信用信息公示系统向社会公示。

第四节　企业登记的效力

一、对企业登记效力的规定

企业登记的效力，各国的立法和司法实践不尽相同。为了便于讨论企业登记的效力，本节从企业设立登记视角进行分析。为了正确理解企业登记效力，我们应将其放在不同的立法模式下去讨论。综观世界各国的企业登记制度，主要有两种不同的立法模式，即强制登记主义与任意登记主义。

(一)强制登记主义

在采取强制登记主义的国家中,任何企业非依企业登记,不能取得企业主体资格,不具有相应的权利能力和行为能力,不能以企业的资格进行营利性营业活动,不能参与商事法律关系。这种登记主义对应的是登记生效主义模式。在该模式下,企业登记是企业资格取得的前提条件,经企业登记,具有创设效力。创设效力,是指企业设立人向登记机关提出登记申请,登记机关审查登记后,该登记行为所具有的创设企业资格的法律效力。

我国采取强制登记主义,即如欲创设企业,须向登记机关提交有关文件,登记机关于受理后一定期限内做出是否核准登记的决定。经核准登记的,颁发企业法人营业执照和营业执照,企业法人营业执照签发之日,即取得法人资格和经营资格,营业执照签发之日起,即获得营业资格,实现一般主体向企业的身份置换。

(二)任意登记主义

在采取任意登记主义的国家中,企业原则上亦须履行企业登记注册义务方能从事商事活动,但企业登记并非从事营利性营业活动的必需条件,从事营利性活动的当事人可以先开业,再进行企业登记,但非经企业登记而从事的营利性营业活动通常不具有对抗善意第三人的法律效力。这种登记主义对应的是登记对抗主义模式。该模式下,设立登记并非获取企业资格的必经程序,登记与否由申请人自决且不影响企业资格的取得,只是未登记,其权益受到一定限制而已。该模式下,不存在设立登记创设效力问题,但登记事项仍然具有公信效力、对抗效力。登记对抗主义,充分体现了对企业意思自治的尊重,限制了公权介入商事私域的深度与广度。

随着社会经济活动的日益复杂,为了维护商业道德及诚实信用原则,防止商人恶意利用任意登记原则虚设企业,损害第三人的合法权益,危及交易安全,许多原本采取任意登记主义的国家纷纷转向强制登记主义。

实务问题

【案例 2. 2】未经企业登记,是否认定经营者。①

1995 年 10 月,李某与华兴食品厂负责人宋某协议筹办固体饮料厂。协议称由厂方提供技术配方,许可使用其厂名、厂址,由李某投资设厂,利益共享。之后,李某从厂方购买了标有“华兴食品厂,厂址:新坪工业区”等字样的 8 种固体饮料商标标识 10 万张,后又印刷了有同样标识的包装箱 4 000 余个,租用民房一处作为生产车间,于 1995 年 11 月 24 日,在未办理营业执照、卫生许可证的情况下,雇用 6

① 2017 年 12 月 10 日访问 https://wenku.baidu.com/view/da9d42d384254b35eefd3490.html。

名员工，利用淀粉、白糖、香精等原料生产“强身大补晶”“大枣枸杞乳晶”“美国花旗参”“桂圆西洋参”“鸡蛋奶粉”“咖啡功夫茶”“必饮”“珍珠奶”8 个品种的固体饮料，但其原配方只有一个，其产品的实际配料与标识上的“配料说明”并不相符。至 1995 年 12 月 26 日被查获时，李某共生产 8 个品种的固体饮料 1 790 箱，投入市场销售 860 箱。

【分析】本案中，李某无照经营，违反了《城乡个体工商户管理暂行条例》；其在经营过程中，又在商品上伪造厂名和产地，并做引人误解的虚假标示，其行为是否构成不正当竞争行为？在查处过程中存在不同的认识，即李某是一个无照经营者，是否是《反不正当竞争法》规定的经营者，能否作为不正当竞争行为的主体予以处罚？

对此有两种截然不同的意见：一是主张不正当竞争行为的主体必须是经营者，即具有从事市场经营资格的，被工商行政管理机关核准登记的经营者，而不是没有取得市场准入证的非法经营者，故无照经营者不能作为不正当竞争行为的主体予以处罚；二是主张《中华人民共和国反不正当竞争法》（简称《反不正当竞争法》）第二条第三款并未以是否领有营业执照来界定经营者，只要实际上从事经营活动，不论是否为合法的经营者，都在《反不正当竞争法》的规范之内，对无照经营而又从事不正当竞争行为的，更应严厉查处。工商局采纳了第二种观点。

第一种观点的理论基础是登记效力具有创设主体资格的效力，只有经依法核准登记领取营业执照、具有从事经营活动的资格的单位和个人，才能成为经营者。换句话说，只有依照法律规定具有经营资格的，才可以成为经营者。按照这种说法，无照经营和伪造产地生产固体饮料的李某就不是经营者，就不能依《反不正当竞争法》对其进行处罚。显然，这样的结论不利于处罚不正当竞争行为。

【对企业登记创设效力的思考】从我国现行法律的规定来看，企业登记既是企业与经营者取得法人资格的前提条件，也是不具备法人条件的企业与经营者能够从事商业经营活动的前提，法律禁止经营者商业主体未办理登记手续无照经营。但对登记的创设效力还需从以下两个方面进行诠释：

（1）企业登记具有创设效力，但不能绝对化，不能将企业登记作为任何企业或商业组织创设的法定必要程序。财产权人有权选择以何种方式行使其财产权，如果选择以营业的方式行使财产权，则办理企业登记是财产权人应承担的一项法定义务，如不履行登记义务，则将承担不履行登记义务相应的法律后果。企业登记更多应是对公共秩序的管理、交易安全的维护。企业按照法律规定的程序进行了登记，则可享有对应程序的保护。企业设立人即使未经企业登记，其仍有权以自己名义和风险开展营业，只是其无法享受经登记后法律授予的特殊利益，享有特别待遇。例如：按有限责任规则，股东仅以投资额或认缴股份为限对公司债务承担责任，无须对公司债务承担无限或连带责任，在此意义上，有限责任是法律授予公司股东的特殊利益。财产权人在未获准以有限责任形式开展营业前，若以有限公司或股份有限公司名义开展营业,则不得享有有限责任的特权,该财产权人应对营业产生的债务承担无限责任。财产权人不享受有限责任的特殊利益,但不影响财产权人以无限责任形式开展营业。

(2)创设效力仅指依法创设特定种类公司的效力,而非创设各种商业组织的效力。财产权人若要采用有限责任组织形式开展营业,必须事先申请登记,取得特别资格。财产权人若以公司名义、企业法人名义营业却未取得公司登记、企业法人登记,不仅不能享受有限责任的特权,还应认定其无照经营违反了管理性规定。如果财产权人选择以无限责任形式开展营业,未事先进行申请登记,则不会因未进行登记而否认其经营者的主体资格,其虽不享受特别利益,但需承担违反了管理性规定的行政责任。所以,经营者营业前还应履行营业申报义务。

二、企业登记的对抗效力

企业经注册登记后,除了取得企业主体资格外,还具有哪些法律效力,已登记的事项与未登记的事项对第三人各具有何种效力,各国立法不一。企业登记及公告,一方面可以使政府通过企业登记实现调整、监督、控制和保护商业的职能;另一方面使第三人及社会公众通过企业登记了解企业的营业状况、经营状况,以期商业交易之安全。企业登记的效力不仅表现在,通过企业登记授予申请人企业法人或经营者的主体资格,同时也对第三人产生一定的效力。

(一)企业登记公信效力

企业登记公信效力也称为公信力或公信原则,是指企业登记事项一经登记,则应推定内容真实、合法、有效,即便登记事项不实,善意相对人据登记内容所为交易仍然成立且受法律保护,禁止企业以登记不实为由,进行抗辩。公信效力实质在于,通过登记事项真实性推定,维护企业和善意交易相对人间既有的信赖关系,不因实质虚假被击破。企业登记公信效力旨在维护交易相对人的登记信赖。

登记时载明登记事项,含有向他人公示企业营业信息的意思,应受“外观法理”规制。企业登记审查归属行政行为,登记事项经过了行政行为的行政确认,因而具有“行政行为公信力”。在“外观法理”与“行政行为公信力”共同作用下,企业登记当然具有公信效力。外观法理,又称外观主义、外观优越。禁反言,是指以登记外观表象即登记事项所承载的信息为标准确定其法律效果,即便外观表象与内在真实不符,亦推定其内容真实、合法、有效,他人信赖该登记与之交易,受法律保护。通过“外观法理”赋予所有登记事项,与实质真实同样的效力,有助于化解登记不实与交易相对人利益保护之间的矛盾。赋予登记事项公信效力,其目的是通过尊重行为外观表象,以形式真实代替实质真实,谋求商事交易动态安全。相反,如不依“外观法理”推定登记具有公信效力,抛却“形式真实”,盲目追求“实质真实”，商事交易就极可能被“实质真实”击破，出现商事交易不稳定结果。行政行为公定力，是指行政行为做出后，未经有权机关撤销前，应推定其为正确、适法，行政相对人应尊重和履行该行政行为的效力及相关规制，不得以其不适法为由加以拒绝。

企业法人、公司、合伙企业、个人独资企业应当于每年1月1日至6月30日，通过企业信用信息公示系统向登记机关报送上一年度年度报告，并向社会公示。年度报告公示的内容以及监督检查办法由国务院制定。[①] 现行企业的登记法律规范，虽对登记公示做了相应规定，但对登记事项的公信力没有直接进行规定。

（二）企业登记对抗效力

企业登记对抗效力，是指企业设立人依企业登记制度规定，基于诚信原则为适法登记、公告并获有企业资格后，该企业可据设立登记事项对抗交易相对人的效力。登记载明的事项对第三人具有对抗效力，应具备以下要件：

（1）登记事项已为登记。只有依法定的程序将应登记事项载于登记簿册，获准成立的企业方可据登记事项对抗交易相对人。

（2）登记事项适法登记。规定的登记事项已基于诚信原则真实、适法登记。

强调以诚信、真实、适法登记为适用要件的原因在于，与公信效力主要维护善意交易相对人权益不同，对抗效力主要用于维护企业权益。当企业不实登记侵犯公权力或他人权益时，如再以不实登记内容对抗他人，无疑构成对施诈者的不当庇护，使施诈者因违法行为获益，导致登记价值失衡，背离公平、正义，有损效率、安全。例如《日本商法典》第十四条规定：“因故意或过失登记不实事项者，不得以该事项的不实对抗善意第三人。”需要注意的是，经不实登记创设的企业虽无权据不实登记事项抗辩善意交易相对人，但相对人若信赖不实登记事项与之交易，则该设立登记事项对善意交易相对人仍具有与推定真实同样的效力。换言之，不实设立登记虽无对抗效力，但善意交易相对人仍受登记公信效力庇护，经不实登记创设的企业仍负有与登记簿册所载事项一致的责任。

（3）登记事项已为公告。登记、公告均是设立登记事项的公示方式，强调将“已为公告”作为对抗效力适用要件，目的在于通过登记、公告共同作用，使登记事项内容广而告之，方便交易相对人知悉其情事。虽然登记与公告都是公司登记的公示方式，但比较而言，登记是消极的公示方式，公司登记簿只有公众申请查阅时才予以公开。因此，仅在企业登记簿上记载而未公告，即要求善意交易相对人承担登记抗辩的不利后果，是有失公允的。鉴于此，各国企业登记法规除要求诚信、真实、适法登记外，亦要求公告设立登记事项，将登记与公告一并作为设立登记对抗

---

① 参见《企业法人登记管理条例》第二十三条、第二十四条，《公司登记管理条例》第五十五条、第五十七条，《个人独资企业登记管理办法》第二十九条、第三十条，《合伙企业登记管理办法》第三十一条、第三十二条。

效力的适用要件。例如:《日本商法典》第十二条规定:"应当登记的事项,非经登记及公告后,不得据此对抗善意第三人。"

【示例 2.1】 A 公司由甲、乙、丙、丁四个股东出资设立,公司法定代表人为甲,公司设立登记时记载的法定代表人为乙。乙以公司法定代表人名义与 B 公司交易,B 公司基于设立登记信赖与之达成交易,后 B 公司要求 A 公司履行合同义务。A 公司可否以登记不实进行抗辩,拒绝履行合同?

【分析】 受设立登记公信效力保护,不实登记事项不能用于对抗善意第三人,A 公司无权以设立登记不实、实际代表人是甲为由进行抗辩,B 公司有权要求 A 公司履行合同。

(三)善意交易相对人可否"反言"

第三人信赖该"不实登记事项",与企业进行交易,可能产生两种后果:对自己有利和对自己不利。当信赖不实登记对第三人有利时,则基于"信赖原则"产生法律效果。当实质真实对善意交易相对人更为有利,其可否"反言",以与登记表象不同的实质真实主张双方权利义务?实践中有两种观点:一种观点认为,如果不实登记对善意第三人不利,善意第三人可据该登记不实而主张交易行为无效。允许善意第三人在不实登记和真实情况之间做出选择,选择对自己最有利的企业信息主张权利。另外一种观点认为,对于不实登记,善意交易相对人仅受公信效力保护,无权"反言"。

如允许"反言",善意交易相对人必将在形式真实与实质真实间,权衡何者对己更为有益:如形式真实有益,其将主张登记具有公信效力,使交易继续生效;如实质真实更加有益,其将行使"反言"权利,主张自己因登记欺诈做出的交易行为无效。

给予相对人"反言"的选择权,对交易相对人较为有利,但对商事安全、经济秩序负面影响较大,极易使交易关系受不可预期的因素困扰,始终居于不稳定状态,既有的交易链条,极可能因交易相对人的利己选择遭到破坏。因此,本书作者主张,不实登记时,善意交易相对人无权"反言"。强调善意交易相对人无权"反言"的主要原因是:登记公信效力实质是通过舍弃实质真实,实现善意交易相对人的信赖利益保护,进而确保交易的效率、安全、稳定、有序。

【示例 2.2】 A 公司由甲、乙、丙、丁四个股东出资设立,公司法定代表人为甲,公司设立登记时记载的法定代表人为乙。乙以公司法定代表人名义与 B 公司交易,B 公司基于设立登记信赖与之达成交易,后 B 公司发现 A 公司代表人实际为甲,主张因信赖不实设立登记致己意思表示不真实,主张交易无效。B 公司的主张是否可以得到支持?

【分析】 根据善意交易相对人无权"反言"原则,B 公司的此项主张不成立,交易仍然有效,双方的权利、义务仍须履行。

第三章　企业名称

第一节　企业名称概述

一、企业名称的概念

企业名称这一概念在我国的立法规范中,通常还被称作字号、商号、个体工商户名称、商业名称、公司名称、厂商名称、企业标志等。我国现行法对个体工商户和个人合伙组织的名称,沿用“字号”称谓。根据《民法典》规定:个体工商户使用的是“经营者的姓名或者经营者自己选定的名称”,并在经营地点的显著位置标示;个人合伙使用的是“事务合伙协议确定的合伙名称”,同样需在经营地点显著位置标示;企业法人使用的是“法定的名称”或者“法定的字号”,同样需在经营地点显著位置标示。除此之外,法律规范中还有以下多种表述:①直接使用“商号”的表述,认为“商号”与“企业名称”或“厂名”为相同的概念。最高人民法院《民事案件案由规定》(法〔2011〕41 号第一次修正)在第五部分知识产权中将第 138 类案由定名为“企业名称(商号)合同纠纷”、第 147 类定名为“侵害企业名称(商号)权纠纷”。《四川省反不正当竞争条例》第十条第六款“伪造厂名(含商号)、厂址、产地(含农副产品的生长地、养殖地等)”的规定,是将厂名和商号等同,意指企业名称。②法律规范中直接使用“商号”的表述,但将“商号”“企业名称”与“字号”作为不同概念并列使用。《福建省著名商标认定、管理和保护办法》第十五条第二款规定:擅自将与福建省著名商标相同或者近似的文字、图形或者其组合作为商品或者服务名称、企业名称、商号、字号、包装、装潢、未注册商标使用,且可能引起相关公众误认或者混淆的行为,属于侵犯福建省著名商标权的行为。《湖北省实施〈中华人民共和国国家通用语言文字法〉办法》第十七条第二款规定:“商号、店名、企业名称及其他公共场所的用字不符合国家规范的,由有关行政管理部门责令改正。”

从现有的法律规定中可以看出,在国家立法层面上,不仅未对“企业名称”“商号”等概念给出明确的定义,还出现了“厂商名称”“商业名称”“字号”“厂名”等近似概念。法律上的混乱,也导致了理论界和实务部门对“企业名称”这一概念认识上的不统一。我国现有立法中,多数场合将企业名称作为商号的上位概念。笔者认为,正确理解企业名称,应确定商号和企业名称的关系,应明确规定商号是企业名称的上位概念。因为,商号是一个国际通用的概念,也是一个比企业名称更加科学的概念。我们认为,商号是位阶高于企业名称的一个上位概念,包括企业名称和非企业形式的其他商事主体的商业名称。原《民法通则》中,字号与企业名称属于平行地位;《企业名称登记管理规定》中,字号等同于商号,属于企业名称的下位概念,这反映了立法的混乱。重新界定商号后,字号应是商号的下位概念,相当于商号的核心部分,商号的财产权性质源于此。本书对企业名称的研究是在上述观点基础上展开的,企业名称是商号在企业法律制度框架内的称谓。

所谓企业名称,是企业在从事生产经营活动时用以表明自己营业的特定名称。企业名称是代表企业的文字符号,是一个企业区别于另一个企业的标志符号,是企业法律制度的重要组成部分。正确识别企业名称可以从两个层面理解:一是形式意义上的企业名称,强调企业名称的全称,如登记、起诉、应诉时,使用的往往是企业名称全称。作为企业名称全称登记时,强调的是国家对企业的管理和调控,这是市场主体准入制度的一部分内容。这个层面上的企业名称一般需要公示企业的组织形式、责任方式、活动的地域范围,以利于保护善意第三人,也有利于交易安全与交易秩序的维护。二是实质意义上的企业名称,强调企业名称的核心构成(即习惯性简称),如日常经营活动中,更多的是使用企业名称的核心构成部分,或是名称构成中最具识别力的部分,即相当于企业的习惯性简称,它不仅有识别作用,还积淀着企业的商业价值,这时的企业名称大致相当于日常生活中的字号。使用企业名称时,无论是企业名称的全称,还是经营活动中的习惯性简称,各国法律都强调不能引起混淆、误认。

在实际使用时,企业名称的核心构成一般指字号,不包括行政区划、行业、组织形式等公用部分。企业名称的全称与其核心构成都应属于企业名称的范畴,不必把它们割裂开来,其理由是:①从企业开展活动的需要看,无论是签名,还是起诉、应诉,主体使用的都应该是全称,如果仅指其中的一个组成部分,将无法发挥企业名称的全部功能和作用。②尽管企业名称全称包含了不同的构成要素,但其中真正有识别力的,仍然是企业名称中除公用部分之外的特有内容,只有这部分具有显著性特征,可以真正起到区分作用。在许多非正规场合,企业通常会以企业名称中的核心构成作为自己的企业名称加以简化使用。所以,凡是企业进行营业时使用的名称,无论是全称还是习惯性简称,只要能够起到标识自己并区分其他企业的功能的,都属于企业名称的范畴。将企业名称的范围仅仅界定为企业名称的核心词汇"字号",或仅仅死板地等同于企业名称,都会失之偏颇。所以,只要是企业在商事交易行为中使用的与其他企业相区分的专属名称,就可以归入企业名称。

实务问题

【案例 3.1】某市第七建筑总公司南京分公司(以下简称南京分公司)起诉南

京市某物资公司(以下简称物资公司),要求物资公司支付尚欠工程款50万元。法院在受理时发现,双方签订建筑工程施工合同时,承包方合同盖章:某市第七建筑安装工程总公司南京分公司,其提供的工商登记机关登记资料显示的名称为某市第七建筑安装工程总公司南京工程处。因无法证明南京分公司与南京工程处是同一个主体,法院以主体不适格为由,驳回了起诉。

【分析】企业名称,是企业在从事生产经营活动时用以表征自己营业的特定名称,在交易中使用的用以署名的文字符号。本案中南京分公司在签订合同时,未使用其登记注册的名称,无法证明自己是合同主体,因名称不符,造成起诉被驳回。

二、企业名称的法律特征

(一)企业名称具有人身属性

企业名称是企业用于代表自己的特定名称,它依附于企业,是企业之间相互区别的重要外在标志。一旦企业名称经登记后用于经营活动时,则与企业的营业活动紧密相连。人身属性是企业名称与同属于识别性标识的商标的最主要区别。

(二)企业名称具有特定性

企业名称是企业在营业活动中必须使用的名称或标识,在总体上或营业上代表企业。企业在长期的实践中会形成一定的业务关系和一定的信誉,而这些信誉在一定程度上又直接和企业的名称有牵连关系,企业名称是企业的特定经营对象和信誉表现。

(三)企业名称具有区分性、可识别性

企业名称是企业所使用的独立于其设立人的特定名称,也是区分不同企业的主要符号。自然人从事营业(独资或合伙),必须以其企业名称表征自己的营业活动。如果独资企业的业主或合伙企业的合伙人以自己的姓名作为企业名称,应当添加表明其营业性质的字样,以及标明组织形式的字样,如用“独资企业”“普通合伙”“有限合伙”等以示区别。

(四)企业名称具有地域性

企业名称登记后,享有专有权,其专有权的范围,一般应限于其登记的行政区划范围内,但对一些知名度较高的字号,其权利范围就不应只限于该登记区域,而应予以相应的扩大。

(五)企业名称权没有时间性

企业名称的使用不受时间限制,只要主体存在,其企业名称就可以存续。只要

企业的良好经营信誉依然存在，主体没有提出变更或注销请求，那么，它对企业名称所享有的专有权利就会一直存在。没有时间限制的特点是企业名称与同属于识别性标识的商标的又一区别。

（六）企业名称具有公开性

企业名称必须登记注册，登记的目的之一是使企业名称公之于世，为人所知。日本等国家和地区规定，企业名称变更、废止、转让、继承等，未及时办理登记者，不得对抗善意第三人。我国有关法律规定，企业的印章、银行账户、文件、会计报表、审计报表、所订立的合同和所开出的票据、票证等，都应公开载明自己的企业名称，不得故意隐瞒或使用未经登记的企业名称，给人造成误解。

第二节 企业名称的选用

一、企业名称的构成

企业名称的组成及其构成顺序应符合法律规定。根据我国的有关规定，企业名称一般应由以下四部分组成，其构成顺序依次为：行政区划名称、字号、行业或经营特点、组织形式，如北京玲珑服装有限责任公司。

1. 行政区划名称

行政区划名称是企业所在地省（包括自治区、直辖市）或市（包括州）或县（包括市辖区）行政区划名称，企业名称中冠以的行政区划名称在一定程度上决定了企业名称权受保护的范围。但是经国家市场监督管理局核准的企业，企业名称中可以不冠以企业所在地行政区划名称。

2. 字号

字号是构成企业名称的核心部分，是区别不同企业名称的最显著的标识。比如“同仁堂”（药业）、“盛锡福”（帽子店）、“全聚德”（烤鸭店）等。在企业名称的构成要素中，除字号可以依法自由选定外，其他部分必须反映企业的相关真实情况，在发生变化时，则要依照一定的程序进行变更登记，如南京金陵药业有限公司。“南京”“药业”“有限公司”这几个要素企业无权随便使用，也不具有排他性、垄断性；企业名称中的“字号”即“金陵”这个要素，当事人可依法自主选用，是体现企业法律人格特定化的标记，但字号仅是企业名称的一个组成要素，企业不享有独占的权利。

3. 行业或经营特点

企业应当根据其主营业务，依照国家行业分类标准划分的类别，在企业名称中标明所属行业或者经营特点，如咨询服务、服装加工、交通运输、电机制造等。

4. 组织形式

企业应当根据其组织结构或者责任形式,在企业名称中标明组织形式。所标明的组织形式必须明确易懂。企业的组织形式应真实反映企业的法律形式,如有限责任公司、股份有限公司、普通合伙、有限合伙以及店、经营部等,企业集团的名称中还可以加上“集团”字样。通过标明组织形式,彰显企业的法律地位、信用,以及投资者的风险责任大小等。

二、我国企业名称选定的立法规定

在企业名称选定方面,我国的相关立法予以严格限制,企业名称必须反映企业投资者的真实状况,企业名称应与企业的营业种类、经营范围、投资状况等相一致,不可以给社会公众造成误解,否则,法律将禁止使用。对企业名称的特别要求主要包括以下几个方面:

(1)企业名称经登记主管机关核准登记注册后,受法律保护。企业名称一经合法登记,使用人对该企业名称即取得专有使用权,具有一定的排他效力,在登记的区域内他人不得再以相同或类似的企业名称进行登记或使用。

(2)企业只准使用一个名称,在登记主管机关辖区内不得与已登记注册的同行业企业名称相同或者近似。为了维护商事交易的正常秩序,企业原则上仅能使用一个企业名称。但是,确有特殊需要的,经省级以上市场监督管理局核准,企业可以在规定的范围内使用一个从属的企业名称。

(3)企业名称应当冠以企业所在地行政区划的名称。企业名称中的行政区划是本企业所在地县级以上行政区划的名称。市辖区的名称不能单独用作企业名称中的行政区划。经国家市场监督管理局核准的下列企业的企业名称中可以不冠以企业所在地行政区划名称:①经申请并获同意在企业名称中使用“中国”“中华”或者冠以“国际”字样的企业;②历史悠久、字号驰名的企业;③外商投资的企业。

根据《企业名称登记管理规定》可以申请在企业名称中使用“中国”“中华”或者冠以“国际”字词的企业包括:①全国性公司;②国务院或其授权的机关批准的大型进出口企业;③国务院或者授权的机关批准的大型企业集团;④国家市场监督管理局规定的其他企业。①

《企业名称禁限用规则》第二十条规定,符合以下条件之一、经国家市场监督管理总局核准的,下列企业名称可以不含企业所在地行政区划:①国务院批准的;②国家市场监督管理总局登记注册的;③注册资本(或注册资金)不少于 5 000 万元人民币的;④国家市场监督管理总局另有规定的。

符合所在地相关法律规定的企业可以冠以企业所在省、自治区、直辖市名称。

---

① 参见《企业名称登记管理规定》第十三条。

例如,江苏省市场监督管理局《冠“江苏”行政区划的企业名称登记工作规定》第三条规定,“冠省名”的企业名称由江苏省市场监督管理局负责核准,“江苏”与市、县行政区划连用的企业,由最低行政区划所在地的市场监督管理局负责核准。符合下列条件之一的企业法人,经江苏省市场监督管理局核准,名称中可以使用“江苏”字样:①注册资本(金)不少于1 000万元人民币;②投资人为跨三个(含)以上省辖市登记的企业,且注册资本(金)不少于500万元人民币;③由获江苏省或各直辖市的著名、知名字(商)号称号的企业控股,且注册资本(金)不少于500万元人民币。母公司注册资本3 000万元人民币以上,并拥有4个以上控股子公司,且母子公司注册资本合计5 000万元人民币以上的集团名称可以使用“江苏”字样。符合下列条件之一的企业法人,其分支机构可缀以“江苏”字样:①隶属企业法人的名称是经国家市场监督管理总局核准的;②冠以其他省、自治区、直辖市行政区划名称。

(4)企业名称应与企业的种类、性质相符。企业应当根据其主营业务,依照国家行业分类标准划分的类别,在企业名称中标明所属行业或者经营特点。国家法律、法规以及国务院决定等对企业名称中的行业有特殊要求的,应当在企业名称中标明。不得在企业名称中标示国家法律、法规以及国务院决定等禁止经营的行业。

企业应当根据其组织结构或者责任形式在名称中标明符合国家法律、法规以及国务院决定规定的组织形式,不得使用与其组织结构或者责任形式不一致的组织形式。依照《公司法》设立的公司,必须在公司名称中标明有限责任公司、股份有限公司字样。依特别法设立的公司,企业名称的标示应依特别法的规定,如商业银行、保险公司、证券公司的名称中,应分别有银行、保险、证券的字样。独资企业、合伙企业(除有限合伙企业可以在其名称中使用“有限”外)的名称中不得使用“有限”“公司”“有限公司”“有限责任公司”“股份”“股份有限”等字样。

(5)联营企业的名称可以使用联营成员的字号,但不能使用联营成员的企业名称。联营企业应当在其名称中标明“联营”或者“联合”字样。

(6)在企业名称中使用“总”字的,必须下设三个以上分支机构。不能独立承担民事责任的分支机构,其名称应当冠以其所从属的企业的名称,并缀以“分公司”“分厂”“分店”等字样,并标明该分支机构的行业和所在地行政区划名称或者地名,但其行业与其所从属的企业一致的,可以从略。能够独立承担民事责任的分支机构,应当使用独立的名称,并可以使用其所属企业的企业名称中的字号。能够独立承担民事责任的分支机构再设立分支机构,所设立的分支机构不得在其名称中使用总机构的名称。

(7)企业名称不得含有下列内容和文字:①有损于国家、社会公共利益的;②可能对公众造成欺骗或者误解的;③外国国家(地区)名称、国际组织名称;④政党名称、党政军机关名称、群众组织名称、社会团体名称及部队番号;⑤汉语拼音字母(外文名称中使用的除外)、数字;⑥其他法律、行政法规规定禁止的。[①]

企业名称不得含有有损于国家、社会公共利益的内容和文字,具体指不得含有以下的内容和文字:①有消极或不良政治影响的,如“支那”“黑太阳”“大地主”等;②宣扬恐怖主义、分裂主义和极端主义的,如“九一一”“东突”“占中”等;③带有殖民文化色彩,有损民族尊严和伤害人民感情的,如“大东亚”“大和”“福尔摩萨”等;④带有种族、民族、性别等歧视倾向的,如“黑鬼”等;⑤含有封建文化糟粕、违背社会良好风尚或不尊重民族风俗习惯的,如“鬼都”“妻妾成群”等;⑥涉及毒品、淫秽、色情、暴力、赌博的,如“海洛因”“推牌九”等。[②]

企业名称不得含有可能对公众造成欺骗或者误解的内容和文字,具体指不得含有以下的内容和文字:①含有党和国家领导人、老一辈革命家、知名烈士和知名模范的姓名的,如“董存瑞”“雷锋”等;②含有非法组织名称或者反动政治人物、公众熟知的反面人物的姓名的,如“法轮功”“汪精卫”“秦桧”等;③含有宗教组织名称或带有显著宗教色彩的,如“基督教”“佛教”“伊斯兰教”等。[③]

(8)两个以上企业向同一登记主管机关申请相同的符合规定的企业名称,登记主管机关依照申请在先原则核定。属于同一天申请的,应当由企业协商解决;协商不成的,由登记主管机关做出裁决。两个以上企业向不同登记主管机关申请相同的企业名称,登记主管机关依照受理在先原则核定。属于同一天受理的,应当由企业协商解决;协商不成的,由各自登记主管机关报共同的上级登记主管机关做出裁决。

(9)两个以上企业因已登记注册的企业名称相同或者近似而发生争议时,登记主管机关依照注册在先原则处理。中国企业的企业名称与外国(地区)企业的企业名称在中国境内发生争议并向登记主管机关申请裁决时,由国家市场监督管理局依据我国缔结或者参加的国际条约所规定的原则或者《企业名称登记管理规定》处理。

(10)企业名称不得与同一企业登记机关已登记注册、核准的同行业企业名称近似,但有投资关系的除外。企业法人名称中不得含有其他非营利法人的名称,但有投资关系或者经该法人授权,且使用该法人简称或者特定称谓的除外。该法人的简称或者特定称谓有其他含义或者指向不确定的,可以不经授权。企业名称中不得含有另一个企业名称,但有投资关系或者经该企业授权,且使用该企业的简称或者特定称谓的除外。该企业的简称或者特定称谓有其他含义或者指向不确定的,可以不经授权。企业名称不得明示或者暗示为非营利组织或者超出企业设立的目的,但有其他含义或者法律、法规以及国务院决定另有规定的除外。

---

① 参见《企业名称登记管理规定》第九条。

② 参见《企业名称禁限用规则》第五条。

③ 参见《企业名称禁限用规则》第六条。

二、企业名称选定与商标权的保护

企业名称是区别不同市场主体的标志，由行政区划、字号、行业或者经营特点、组织形式构成，其中字号是区别不同企业的主要标志；商标是区别不同商品或者服务来源的标志，由文字、图形或者其组合构成，商标经注册后，获得商标权。企业名称权和商标权均是经法定程序确认的权利，分别受企业名称登记管理法律、法规和商标法律、法规保护。商标专用权和企业名称权的取得，应当遵循《中华人民共和国民法典》《中华人民共和国商标法》和《中华人民共和国反不正当竞争法》中的诚实信用原则，不得利用他人注册商标、企业名称的信誉进行不正当竞争。

实践中，有企业选择与已经注册的商标中相同或近似的文字作为企业名称中的字号进行登记注册，从而引起相关公众误认，构成不正当竞争。当然，也有将已经登记注册的企业名称中的字号作为商标的文字进行商标注册的。企业名称中的字号与商标中的文字相同或者近似，使他人对市场主体及其商品或者服务的来源产生混淆或有混淆的可能性，是一种不正当竞争的行为，严重影响了企业和商标权人的信誉，应当依法予以制止。构成混淆的情形主要包括：①将与他人企业名称中的字号相同或者近似的文字注册为商标，引起相关公众对企业名称所有人与商标注册人的误认或者误解的；②将与他人注册商标相同或者近似的文字登记为企业名称中的字号，引起相关公众对商标注册人与企业名称所有人的误认或者误解的。①

处理商标与企业名称的混淆，应当适用维护公平竞争和保护在先合法权利人利益的原则。商标与企业名称混淆的案件，应当符合下列条件：①商标与企业名称产生混淆，损害在先权利人的合法权益；②商标已注册和企业名称已登记；③自商标注册之日或者企业名称登记之日起五年内提出请求（含已提出请求但尚未处理的），但恶意注册或者恶意登记的不受此限。

商标注册人或者企业名称所有人认为自己的权益受到损害的，可以书面形式向国家市场监督管理总局或者省级市场监督管理局投诉，并附送其权益被损害的相关证据材料。商标与企业名称混淆的案件，发生在同一省级行政区域内的，由省级市场监督管理局处理；跨省级行政区域的，由国家市场监督管理总局处理。

对要求保护企业名称权的案件，由省级以上市场监督管理局的商标管理部门承办；对应当撤销注册商标的，由承办部门提出意见后报请国家知识产权局商标局决定，国家知识产权局商标局会同企业注册局根据《中华人民共和国商标法》及《中华人民共和国商标法实施细则》的有关规定予以处理。对要求保护商标专用权的案件，由省级以上市场监督管理局的企业登记部门承办；对应当变更企业名称

① 参见《中华人民共和国商标法实施条例》第九条。

的，承办部门会同商标管理部门根据企业名称核准机关执行，并报国家知识产权局商标局和企业注册局备案。违反商标管理和企业名称登记有关规定使用商标或者企业名称产生混淆的，由有管辖权的市场监督管理机关依法予以查处。

实务问题

【案例 3.2】原告中国标准缝纫机公司上海惠工缝纫机三厂（以下简称惠工厂）诉被告上海海菱缝纫设备制造有限公司（以下简称海菱公司）、东阳市华联衣车有限公司（以下简称华联公司）、上海多菱缝纫设备制造有限公司（以下简称多菱公司）、上海宏真缝制设备有限公司（以下简称宏真公司）不正当竞争纠纷一案，法院认定，被告华联公司曾向原告惠工厂购买过原告的工业用缝纫机产品，作为同业竞争者，并基于双方有业务往来的事实，被告华联公司应当知晓原告的“惠工”字号及“海菱”注册商标。在此情况下，被告华联公司向原国家商标局申请注册了与原告字号相同的“惠工”商标，其法定代表人又成立了字号与原告注册商标相同的海菱公司，并将其“惠工”商标许可被告海菱公司使用，由此形成了两被告生产、销售的产品及印制、散发的宣传资料上同时出现了分别与原告“惠工”字号、“海菱”商标相同的“惠工”商标和“海菱”字号。因此，两被告的上述行为明显具有对原告进行不正当竞争的恶意，其目的是使消费者对原、被告的产品产生混淆。事实上，已有消费者和经销商对原、被告的产品产生了混淆。因此两被告在其生产、销售的产品及印制、散发的宣传资料上同时使用与原告字号相同的商标及与原告商标相同的字号的行为构成对原告的不正当竞争。①

【分析】本案的实质是企业名称权于商标权的交叉侵权。由于企业名称权和商标权都具有无形性，都有依靠文字呈现的可能性与必要性，使得其在表现形式上可能出现混同和重复。企业无法通过有形的占有，来对企业名称和注册商标实施保护，两者作为商业标记的作用日渐渗透。这种渗透与混同的趋势，促使我们不得不考虑企业名称权制度与商标权制度的衔接问题。我们对企业名称权需要进行全方位、立体的保护。

第三节　企业名称权

一、企业名称权的概念

企业名称权，是企业名称合法使用人基于企业登记而对其使用的名称所享有的排他性专有使用权。在我国，企业名称权是通过企业登记而取得的法定权利。

---

① 具体案情详见：上海市第二中级人民法院（2001）沪二中知初字第 216 号民事判决书。

企业名称权的取得必须履行登记注册手续,即只有经过依法登记注册,企业才能取得对该名称的专有使用权。未经登记的企业名称一般不受法律保护。企业名称权是企业对企业名称享有的专有使用权,主要包括专有权和使用权。专有权是企业排除他人使用与其企业名称相同或类似的权利,使用权是企业不受他人妨碍使用其企业名称的权利。企业名称一经登记,企业即成为企业名称的权利人。企业名称权利人对于以不正当竞争为目的而使用与其相同或近似的企业名称的第三人,可以请求其停止使用、规范使用,并可以请求其赔偿因此给自己造成的损失。

(一)企业名称权具有区域性

企业名称一经登记即具有排他效力和救济效力。但企业名称权的排他效力和救济效力具有严格的地域限制。现有立法将企业名称权的权利范围,严格地限定于企业名称所登记的行政区域,没有顾及商品销售或服务的范围,在很多情况下企业产品销售或服务范围与该行政区域范围并不一致,甚至远远超出登记行政区域范围。因此,需要完善相关的规定,根据企业名称的知名度高低、营业活动的范围大小等因素,给予相应的扩大地域范围保护。

(二)企业名称权具有可转让性

企业名称权具有财产性,可以转让或继承。但各国立法对如何转让所持的态度不一。多数国家规定企业名称权不能单独转让,企业名称权只能和企业一起转让。当然,在营业终止的情况下企业名称是可以单独转让的。而法国商法规定企业名称权可以单独转让,如果单独转让企业名称权,在名称转让后转让人不得再用于营业中的签名。我国实践中,企业名称权的所有人通常采取联营、加盟连锁、许可使用的方式变相地转让自己的名称权。

实务问题

【案例 3.3】杭州张小泉剪刀厂起诉南京张小泉刀具厂侵犯其商标权和企业名称权。杭州张小泉剪刀厂于 1963 年在杭州市工商行政管理局(现杭州市市场监督管理局)注册登“杭州张小泉剪刀厂”企业名称。被告南京张小泉刀具厂于 1992 年 8 月 24 日在江苏省南京市江宁县工商行政管理局(现南京市江宁区市场监督管理局)注册登记了“南京张小泉刀具厂”企业名称。杭州张小泉剪刀厂生产的菜刀商标为“张小泉”牌,1989 年 1 月经国家市场监督管理局商标局(现国家知识产权局商标局)注册登记,取得“张小泉”商标专用权。南京张小泉刀具厂开办后,未申请使用注册商标,在其菜刀产品上使用非注册商标“银光”牌,同时,被告在该产品及其包装盒上刻印有“南京张小泉”和“张小泉”字样。为此,原告曾与被告交涉处理此事未果。1993 年 2 月,原告向南京市中级人民法院起诉,要求判令被告立即停止侵权行为,并赔偿企业名称侵权损失10万元,商标侵权损失1万元。

根据《中华人民共和国商标法》的规定,被告南京张小泉刀具厂自成立后在同类产品及其外包装上刻印"张小泉"和"南京张小泉"标识,足以造成消费者误认,这种行为已构成对"张小泉"注册商标专用权的侵犯。问题是,"南京张小泉刀具厂"企业名称是否构成对杭州张小泉剪刀厂企业名称权的侵害?

【分析】"杭州张小泉剪刀厂"是在杭州市工商局注册登记取得企业名称,在杭州地区"杭州张小泉剪刀厂"享有名称专用权。南京市中级人民法院审理后,认为原告杭州张小泉剪刀厂和被告南京张小泉刀具厂分别在当地工商行政管理机关核准登记注册,其企业名称在各自行政区划范围内享有专用权,被告南京张小泉刀具厂所用企业名称,不构成对原告杭州张小泉剪刀厂企业名称的侵犯。

此案发生时,《中华人民共和国反不正当竞争法》尚未出台。1993年,《中华人民共和国反不正当竞争法》颁布实施①,对该类型的案件,一般可以选择适用《中华人民共和国反不正当竞争法》的规定,保护企业名称权。如果经营者擅自使用他人有一定影响的企业名称(包括简称、字号等)、社会组织名称(包括简称等)、姓名(包括笔名、艺名、译名等),引人误认为是他人商品或者与他人存在特定联系的,属于混淆行为,构成不正当竞争。②

二、企业名称权的内容

我国现行法律、法规对企业名称权内容的规定不够全面、明确,在借鉴国外立法规定的基础上,企业名称权的权利内容可以概括为以下几个方面。

(一)企业名称的使用权

企业名称的使用权,是指企业对自己的名称享有依法使用的权利,其他任何人不得妨碍。企业在营业活动中均应以企业名称来署名、标示。实践中,企业使用名称的方式、场合多种多样,具体表现形式有:悬挂企业名称牌匾;在自己的办公机构标明;在商事信笺上使用;在自己生产经营的产品或提供的服务上标明、在商品包装与广告上使用、以自己的企业名称刻制印章、以自己的企业名称在银行设立账户、与第三人从事交易订立合同时使用等。

(二)企业名称的专用权

企业名称的专用权即排他权,是指未经企业的同意,他人不得使用企业名称。

---

① 《中华人民共和国反不正当竞争法》1993年9月2日第八届全国人民代表大会常务委员会第三次会议通过,2017年11月4日第十二届全国人民代表大会常务委员会第三十次会议修订,根据2019年4月23日第十三届全国人民代表大会常务委员会第十次会议修正。

② 参见《中华人民共和国反不正当竞争法》第六条。

企业名称专用权具有排斥他人使用易混同企业名称的作用。他人盗用企业名称而使权利人权利受到侵害的,可以请求停止使用,并可请求赔偿所造成的损失。

(三)企业名称的转让权

企业名称的转让权,是指企业将自己的企业名称全部让与受让人的行为。企业名称转让的效力是转让人丧失企业名称权,而受让人成为该企业名称权的主体。鉴于企业名称权兼具人身权和财产权的双重性质,并且,随着企业名称的财产权性质的日益凸显,企业名称的转让被各国立法肯定。各国立法对于企业名称转让方式规定了两种原则。

1. 绝对转让主义

实行绝对转让主义的国家,在立法上奉行企业名称转让应当连同营业一起转让、不得单独转让的原则,即企业名称不得与使用该企业的营业相分离,要么与营业一起转让,要么在营业废止时转让。奉行该原则的国家有德国、日本、韩国等。德国商法规定,商号不得与使用此商号之营业分离而让与。日本商法规定,商号只能和营业一起转让或在废止营业时转让。韩国商法规定,商号只有在废止营业时,或者和营业一并进行转让时,方可转让。意大利《民法典》第二千五百六十五条规定:"商号不得与企业相分离地转让。"美国与英国的判例也普遍认为,不附带营业转让商号的做法等于没有转让任何权利给受让人。他们也主张商号一般要与营业或商誉一起转让。[①]

2. 相对转让主义

实行相对转让主义的国家,在立法上奉行企业名称可单独转让的原则,即企业名称不一定要连同营业一起转让,可以与营业分离而转让。法国是采用这一原则的主要国家之一。奉行该原则的国家一般规定,企业名称转让后不得再用作签名,仍用作签名的企业名称不得转让。法国商法认为:商号是商事营业资产的重要构成部分,商人既可自己利用,也可转让或许可第三人使用。企业名称是企业保有客户、维持市场的主要手段之一,当企业营业转让时,其企业名称原则上往往应一并转让。但如果转让人与受让人明确约定,转让人在转让自己的营业资产时不转移企业名称,则受让人不得使用转让人的企业名称,尤其是含有自然人姓氏的企业名称。

比较这两种模式,二者各有利弊。绝对转让主义,主要以保护社会公众利益和善意第三人的利益为出发点,强调的是交易安全,但企业的自由意志受到一定程度的限制。相对转让主义更多地体现了合同自由的民商法精神,其立论基础是把企业名称作为企业的一种财产形式,企业当然有权决定是否转让以及是否单独转让。

---

① 在这些国家,商号的含义基本是指我国的企业名称之意。

相对转让主义有可能会被人利用,通过转让企业名称逃避债务,规避法律,损害债权人的利益。总的来看,采取绝对转让主义的国家较多。企业法虽属于私法,但公法化趋向日益强化,立法上也越来越重视保证交易安全,维护社会公共利益、善意第三人的利益,绝对转让主义可以较好地达到此目的。加之企业名称本身就是主体营业时使用的一个标记,如果允许只转让企业名称而不转让营业,受让人只是徒有企业名称的形式,而没有企业名称代表的实质营业信用的内涵,会对社会公众产生误导。

我国《企业名称登记管理规定》第二十三条第一款的规定:“企业名称可以随企业或者企业的一部分一并转让。”“企业或企业的一部分”中的“企业”的意思实为“营业”之意,但从这条规定可以推出一个结论,即允许企业名称可以随企业或者企业的一部分一并转让,未明确禁止企业名称的单独转让,与相对转让主义原则接近。对于企业名称转让的法律后果,还没有具体立法规定。

(四)企业名称的许可权

1. 企业名称许可权的含义

企业名称的许可权,是指企业将企业名称的使用权部分或全部让予他人使用的权利。企业名称许可的现象,在现实生活中普遍存在,提法各异,如“名义出借”“名义挂靠”“连锁经营”“特许经营”等。之所以发生这种情况,原因在于企业名称权不只是一种人身权,它还包含财产权的属性,许可他人使用企业名称是一举两得的事:对许可人而言可以扩大其知名度,收取许可使用费,发挥企业名称的经济功能;对被许可人而言,既可利用他人企业名称较好的商誉迅速打开市场,为以后的发展奠定基础,也可以扩大经营范围,有助于减免税收。鉴于此,多数国家承认企业名称许可的合法性,并根据权利外观原则,对企业名称许可的法律效力与相关责任做出了明确规定。

2. 我国现行立法对企业名称许可权的规定

我国现行立法对企业名称许可的规定不统一,既有允许许可使用的规定,又有禁止许可使用的规定。

(1)禁止企业名称许可的规定。《企业名称登记管理规定》第二十六条第三款规定:“擅自转让或者出租自己的企业名称的,没收非法所得,并处以 1 000 元以上、10 000 元以下罚款。”在这里,“出租”实际上就是许可使用的意思,因此,依据上述规定,企业名称的许可使用是被禁止的。2002 年 2 月 27 日,国家工商行政管理总局(现国家市场监督管理总局)在《关于企业名称许可使用有关问题的答复》中明确规定禁止名称许可使用,答复的内容是:鉴于《民法通则》(于 2021 年 1 月 1 日废止)将企业名称列在人身权范畴,企业不得许可他人使用自己的企业名称,更不得许可他人使用第三方的企业名称或者未经核准登记的企业名称。企业许可他人使用自己的企业名称从事经营活动的行为属于出租自己的企业名称。登记机关应按照《企业名称登记管理规定》第二十六条第三项的规定对许可人予以处罚。

(2)允许企业名称许可使用的规定。1997 年 5 月 30 日国家工商行政管理总局(现国家市场监督管理总局)、国内贸易部(现已被撤销)《关于连锁店登记管理有关问题的通知》中做出了在一定情形下允许使用企业名称的规定。该通知第二条、第四条和第五条分别规定:由总部参股设立或与总部无资产关系的门店,通过与总部签订合同,采取联营的方式或者取得使用总部商标、字号、经营技术及销售总部商品的特许权,按照合同的约定共同经营;连锁经营合同应规定双方的权利与义务,并包括下列事项:授权使用总部商标、字号的内容;配送中心及由总部全资或控股、参股设立的门店,其名称中可以使用总部名称中的字号;与总部没有资产关系的门店,经总部同意,也可以使用总部名称中的字号。

商务部于 2007 年 5 月 1 日开始实施的《商业特许经营管理条例》关于特许经营的规定中,有与企业名称使用许可有关的条款。该条例第三条规定:"本条例所称商业特许经营(以下简称特许经营),是指拥有注册商标、企业标志、专利、专有技术等经营资源的企业(以下称特许人),以合同形式将其拥有的经营资源许可其他经营者(以下称被特许人)使用,被特许人按照合同约定在统一的经营模式下开展经营,并向特许人支付特许经营费用的经营活动。"企业名称作为一种企业标志,应该属于许可他人使用的经营资源。第八条规定:"特许人应当自首次订立特许经营合同之日起 15 天内,依照本条例规定向商务主管部门备案。在省、自治区、直辖市范围内从事特许经营活动的,应当向所在地省、自治区、直辖市人民政府商务主管部门备案;跨省、自治区、直辖市范围从事特许经营活动的,应当向国务院商务主管部门备案。"备案制度既方便国家管理,又使社会公众得以知晓企业名称使用许可的情况,避免混淆,有利于保护消费者的利益。

现行立法规定的矛盾与原《民法通则》将企业名称权定性为人身权有直接关系。虽然原《民法通则》给企业名称赋予了一定意义的财产性,并规定可以转让企业名称,但是因受到人身权性质的限制,并未规定企业名称的许可使用权。这是相关文件一直禁止许可使用的根本原因。

3. 企业名称许可使用的法律责任

实践中,企业名称的许可使用广泛地存在着,不仅有一般的借用,特别是在特许经营中,企业名称、商标这些商业标识对建立特许经营体系的统一经营、扩展市场有着不可替代的作用。《商业特许经营管理条例》虽然允许对企业名称的许可使用,但未明确规定相关的法律责任。而在企业名称许可使用过程中,这又是一个特别需要明确的问题。

企业名称许可使用后,许可人与被许可人使用同样的企业名称对外发生法律关系,产生的法律责任由谁承担呢?在企业名称许可使用的情况下,导致的法律责任一般有以下情形：

(1)自己责任原则。被许可人与许可人是相互独立的法律主体,主体资格可以相互区分,此种情形下,如无特别规定,应当贯彻自己责任原则,各自对自己的行为独立承担责任。

(2)连带责任原则。由于企业名称的许可,许可人与被许可人各自独立的人格被掩盖在了相同的企业名称之下,这使得第三人往往很难区分,甚至可能产生错误认识,造成客观上的混淆。为了保护善意第三人的利益,维护交易安全,应明确规定许可人对被许可人使用许可人企业名称期间产生的债务负连带清偿责任。被许可人在使用被许可的企业名称时即使增加了附加语,也不能免除许可人对使用其企业名称的责任,许可人应对被许可人的经营行为负连带责任。

(五)企业名称的变更权

作为企业的人格标识,企业名称经登记后一般不得擅自变更。如果确实需要进行变更,应按照规定的程序履行变更登记手续。企业名称如果未经登记机关变更登记,企业不得以变更后的企业名称对抗善意第三人。

三、企业名称权的保护

实践中,最常见的侵害企业名称权的行为是,营业活动相同或相近的企业使用在先取得企业名称权的知名企业名称中相同或近似的字号(即核心要素),如杭州张小泉剪刀厂诉上海张小泉剪刀总店侵权案、杭州张小泉剪刀厂诉南京张小泉刀具厂案等。这些案件,最终以原告败诉终结。导致原告败诉的主要原因是现行立法中,企业名称实行分级登记管理体制,企业名称的专用权效力仅局限在登记的区域内及同行业内,若超出该地域范围或行业范围,便不受保护。这样的结果就是：企业名称经登记注册后,仅在一定的区域及行业内具有排他效力,而名称中具有价值的核心要素"字号"无法获得特别保护。这就使得在不同的登记行政区划内或者在类似或不同的行业内,完全可能存在与异地知名企业名称中的字号相同的新的企业名称,或者字号被当作其他商业标识使用,使得各种商业标识间的权利冲突不断,如南京、上海地区会出现南京张小泉刀具厂、上海张小泉刀具厂等。因此,对企业名称权的保护,除依据企业法律、法规外,还应结合民法典、反不正当竞争法、商标法等进行综合保护。华联超市股份有限公司在与金湖世纪华联超市连锁有限公司反不正当竞争一案中成功运用《反不正当竞争法》保护了自己的企业名称权。

实务问题

【案例 3.4】2007 年,原告华联超市股份有限公司(以下称华联超市公司)诉被告金湖世纪华联超市连锁有限公司上海松江第一分公司(以下称金湖松江分公司)、金湖世纪华联超市管理有限公司上海第一分公司(以下称金湖上海分公司)、金湖世纪华联超市连锁有限公司(以下称金湖公司)擅自使用他人企业名称及其他不正当竞争纠纷一案中①,原告认为三被告企业名称中的字号与原告与先登记的企业字号相似,容易引起公众的误认和混淆,其行为违反了《反不正当竞争法》第五条第三款的规定,应停止侵权,赔偿损失。

原告、被告主体资格的相关信息:原告于1992年11月11日成立,注册资本诉讼时为3亿元,经营范围包括服装鞋帽、服饰系列配套商品、日用百货、超市管理等。被告金湖公司原名金湖世纪华联超市管理有限公司,于2005年6月15日经江苏省淮安市金湖工商行政管理局核准成立。2006年1月11日,该公司的企业名称变更为金湖世纪华联超市连锁有限公司(即现名)。被告金湖松江分公司为被告金湖公司的直营店,于2005年11月30日成立。被告金湖上海分公司为被告金湖公司的加盟店,于2005年12月6日成立。金湖公司与金湖上海分公司的负责人签订了《特许加盟连锁经营合同》。

金湖松江分公司、金湖公司认为,自己使用的是经过合法批准的企业名称,不存在擅自使用他人企业名称或突出使用的情况,原告未证明其在全国范围内具有知名度,原告的业绩持续下滑,知名度大幅下降;两公司系合法经营,其与原告在企业名称、门店外观等方面均有显著区别,不会与原告混淆,不构成对原告的不正当竞争;金湖上海分公司认为,其使用的企业名称和店招源自与被告金湖公司的加盟合同,且经工商部门的认可,不存在违法行为。

法院经审理认为:①原告对"华联"文字使用在先,三被告成立于2005年,其对"华联"文字的使用晚于原告。②原告的"华联"字号具有一定的知名度。原告经过十几年的发展已具有一定的经营规模,截至2007年6月底,其在全国各地拥有1 947家直营或加盟超市门店,在超市行业拥有一定的市场占有率。在被告企业名称登记之前,原告及其"华联"品牌就已经获得了较多的荣誉。

被告对企业名称的登记具有主观恶意。①被告的企业字号与原告的企业字号构成近似。被告的企业字号为"世纪华联""世纪"为汉语常用词,显著性和可识别性较弱,其中,"华联"为无固定含义的臆造词,在被告的企业字号中"华联"起主要识别作用,"华联"的字号与原告的企业字号构成近似。②被告在成立时应该知晓原告及其"华联"字号。被告金湖世纪华联公司的法定代表人、主要发起人张晓雨曾在原告的子公司担任过管理岗位的职务,其对原告的经营规模、经营模式非常清楚,也应该知道原告及其"华联"品牌在上海乃至全国享有一定的知名度,其从原告子公司辞职后在短短数日内就成立了与原告有同业竞争关系的被告金湖世纪华联公司,在公司及其分支机构的企业名称中使用与原告"华联"字号相近似的字

① 具体案情详见:上海市第一中级人民法院民事判决书(2007)沪一中民五(知)初字第403号。以下该案简称华联超市公司诉金湖公司案。

号,并采用与原告相同的经营模式,具有明显搭乘原告便车的故意。原告及其“华联超市”在上海有着较高的知名度,已为公众所知悉,金湖上海分公司不可能不知道原告“华联超市”在消费者中的影响力,但其仍然与被告金湖世纪华联公司签订加盟合同,在企业名称中使用与原告企业字号相近似的字号,其主观上亦具有恶意。③被告在企业名称中使用“华联”文字无合法依据。④被告企业名称的使用已经造成了相关公众的混淆或误认。被告在经营活动中在其店招、营业员工衣、购物袋、标价签、吊旗等处以其企业字号“世纪华联”或企业字号加行业通用名称“世纪华联超市”作为被告企业名称的简称使用,由于被告的企业字号与原告的企业字号构成近似,且原、被告都从事超市连锁经营,具有同业竞争关系,这在客观上会使相关公众将“世纪华联超市”与原告的“华联超市”发生混淆或误认为原、被告之间存在某种关联关系。结合原告提供的几篇新闻报道及对相关公众所做的问卷调查,本院足以认定被告的行为已经造成了消费者的混淆或误认。

综上所述,原告对“华联”字号使用在先,且原告的“华联”字号已具有一定的知名度,根据最高人民法院《关于审理不正当竞争民事案件应用法律若干问题的解释》第六条的规定:“具有一定的市场知名度、为相关公众所知悉的企业名称中的字号,可以认定为《反不正当竞争法》第五条第三项规定的‘企业名称’。”被告未经许可,擅自使用与原告“华联”字号相近似的“世纪华联”企业字号,已经造成了相关公众的混淆或误认,被告的行为违反了公平竞争和诚实信用原则,侵犯了原告的企业名称权,对原告构成了不正当竞争。①

【分析】本案的争议焦点之一是三被告在企业名称中使用“华联”文字是否侵犯了原告的企业名称权。从形式上看,金湖松江分公司、金湖公司使用的是经过合法批准的企业名称,金湖上海分公司使用的企业名称和店招源自与被告金湖公司的加盟合同,且是经工商部门认可的,也不存在违法行为。正如杭州张小泉诉南京张小泉案,南京张小泉使用的名称是经过合法批准的企业名称,杭州张小泉的企业名称权在一定的地域范围内享有名称专用权,最终,在杭州张小泉诉南京张小泉案中杭州张小泉败诉。张小泉案发生时,我国《反不正当竞争法》尚未出台。华联超市公司诉金湖公司案中,原告则充分利用《反不正当竞争法》中对企业名称权的保护,主张金湖公司等三被告的行为外,属于“擅自使用他人的企业名称或者姓名,引

---

① 1993年《反不正当竞争法》第五条规定,经营者不得采用下列不正当手段从事市场交易,损害竞争对手:“擅自使用他人的企业名称或者姓名,引人误认为是他人的商品。”该法在2017年进行修订,第六条规定,经营者不得实施下列混淆行为,引人误认为是他人商品或者与他人存在特定联系:“擅自使用他人有一定影响的企业名称(包括简称、字号等)、社会组织名称(包括简称等)、姓名(包括笔名、艺名、译名等)。”最高人民法院《关于审理不正当竞争民事案件应用法律若干问题的解释》第六条规定,企业登记主管机关依法登记注册的企业名称,以及在中国境内进行商业使用的外国(地区)企业名称,应当认定为《反不正当竞争法》第五条第三项规定的“企业名称”。具有一定的市场知名度、为相关公众所知悉的企业名称中的字号,可以认定为《反不正当竞争法》第五条第三项规定的“企业名称”。

人误认为是他人的商品的不正当竞争行为”,是运用《反不正当竞争法》成功保护企业名称权成功的案例。当然,该案中,除存在使用与上海华联超市公司名称中字号相同和近似的行为外,还有大量的混淆行为,被告在店招、营业员工衣、购物袋、标价签、吊旗等处不当地简化使用其企业名称,突显其名称中核心要素“世纪华联”“华联”字样,使消费者造成误认、产生混淆。

上述这些企业名称中字号被不当使用的原因之一,是由我国目前企业名称分级登记管理体制造成的。针对该体制的弊端,我们可以采取以下方案进行适度修改:允许企业根据其经营活动的地域,自主选择企业名称登记机关的级别;改分级登记管理体制为统一查询企业名称、分级登记管理模式;完善企业名称的预先登记制度;完善企业名称的登记公告程序及争议处理程序;规范企业名称简称的使用。

第四章　独资企业法律制度

第一节　独资企业的设立

一、独资企业的概念及特征

独资企业，也称为个人独资企业，或独资商号、独资所有制企业、个体企业等，是指由一个自然人单独投资并经营，未取得法人资格，法律上不要求有注册资本，业主对其债务承担无限责任的企业，我国于1999年颁布并于2000年1月1日实施的《中华人民共和国个人独资企业法》称之为个人独资企业，将其定义为依照该法在中华人民共和国境内设立，由一个自然人投资，财产为投资人所有的营利性经济组织。

独资企业，是企业形式中最简单且最古老的一种形式，应该说，它产生于人类社会的第一次分工时期。原始社会末期，伴随着农业文明的出现，人类为了维持生存而需要满足物质生活的多方面需求，某些专业性的体现个人技能的产品开始出现，劳动的协作有了新的意义：某些人从集体的围猎和集体的耕作中分离出来，以其某方面的技能去专门生产单一的产品，并把它用作交换，个人以此为生的事业便是最原始的独资企业。这一简单的商品生产和商业服务的形态经久不衰，在商业文明极度发展的今天仍然繁荣昌盛。如果某人决定由其单独投资开办一个企业，如一家理发店，此人便是该理发店的业主，他有权决定这个理发店的所有业务，并对其成败负全部责任；全部的财产及盈利归他个人所有，同时他也要承担全部的亏损；当企业资产比经营该企业所形成的债务少时，即使倾家荡产，业主也要以他的其他个人财产来偿还理发店所欠之债务，该理发店所欠的债务，实质上就是业主的个人债务。

独资企业在法律上具有以下特征。

(1)独资企业的投资者仅为一个自然人，这同合伙企业要有两个以上的人联合投资形成区别；已经设立并具有法人资格的公司企业单独投资设立企业的，无论其设立的是分公司(无法人资格的分支机构)还是全资子公司(法人单独投资设立的一人公司)，因该设立者是法人而非自然人，所设的分公司、子公司在法律上均不是独资企业，同理，由自然人设立的一人公司，以及在我国由政府的国有资产监督管理机构单独投资设立的国有独资公司、全民所有制企业均不是独资企业。外商投资企业中由一个境外的自然人或者公司来我国投资设立有限责任公司的,也不是独资企业。

(2)业主对企业事务有绝对的控制与支配权,他就企业事务做出个人决定时在法律上没有义务去征求别人的意见,完全按自己的意志去经营所开办的企业。

(3)企业的全部资产,包括企业经营中以企业名义(或者说以商号名义)所获得的利润归业主个人所有。

(4)企业虽然有自己的名称或商号,并以企业名义领取营业执照和开展经营活动,甚至以企业名义进行诉讼活动,但它无独立的法人资格,企业只是自然人个人进行商业活动的特殊形态。传统商法上,不将这种从事商业经营的企业视为经济组织,而直接赋予其业主商自然人的地位,经商业登记而取得。

(5)业主要对企业债务承担无限责任,当企业因各种原因而解散或者企业存续期间未能清偿在经营中所负债务时,业主须以其个人其他财产承担债务清偿责任。

(6)在市场经济发展较规范的国家和地区,独资企业本身不是单独的纳税主体,独资企业的经营和收入可以看作是业主的经营和收入,由业主个人缴纳各种税收。就所得税而言,因业主缴纳个人所得税,而个人所得税之税率往往较公司所得税税率低,因而独资企业的税负稍轻,且不存在同一笔收入两次征税的问题。

我国自 2001 年 1 月 1 日起,个人独资企业不再缴纳企业所得税,改为由业主缴纳个人所得税。

(7)独资企业由于企业的存在与业主个人的民事人格不可分割,企业随业主的去世而结束,虽然企业的财产及运营由另外的人继承,但从法律上讲,原来的企业已经消亡了,同样的道理,原业主如将独资企业整体出让给别人,原企业也就消亡了,产生的则是新企业。

二、独资企业设立的条件

独资企业的设立,应当符合法律所规定的条件。就其设立的条件和程序来看,比合伙企业和公司企业更容易和宽松。

(1)投资人为一个自然人。独资企业的投资者必须为一个自然人,就资本的拥有关系看,不存在两个以上的投资主体之间的联合;就投资主体的形态看,任何法人组织或其分支机构都不可以成为独资企业的投资人。国家也不是独资企业的投资主体,也就是说,全民所有制企业和国有独资公司均不是独资企业。所谓"国有独资企业"的说法是错误的,依据民法典一般规定,投资于独资企业的自然人必须具有完全的民事行为能力,法律和行政法规禁止从事营利性活动的自然人,不得作为投资人申请设立个人独资企业。此外,由于我国现行的企业法律体制对内资企业和外商投资企业区别规定,故境外的自然人单独在中国境内投资设立企业,有法人资格的为有限责任公司,无法人资格的为外商独资企业,在法律没有实现并轨的情况下,外商独资企业应首先适用《中华人民共和国外商投资法》并参照适用《中华人民共和国个人独资企业法》。

(2)要有合法的企业名称。《中华人民共和国个人独资企业法》第十一条规定:"个人独资企业的名称应当与其责任形式及从事的营业相符合。"由于独资企业的业主须对企业债务承担无限责任,故在企业名称中不可以出现"有限"或"有限责任"的字样。在某些国家和地区的商业登记法律中,"公司"(company)可使用于独资企业的商号中,如我国香港特别行政区,设立独资商号的,应在税务局属下的企业登记署办理注册登记,独资企业的登记证书上可将独资商业登记为"××××××公司"。同时注明"组织形式"为"soleproprietors",但其法律禁止在独资企业的名称中使用"有限"和"有限责任"等字样。由此可见,在英美有关市场主体立法的框架内,"公司"二字与投资人的责任形式并无必然联系,它仅仅是商业投资活动所采用的一种通用行号而已。在我国,依据《中华人民共和国公司法》规定和一般的实践,即使是尚未改制的国有企业和集体所有制企业,其名称中使用了"公司"二字的,一定是有法人资格且投资人承担有限责任的企业,故在登记时,独资企业在其名称中不可以使用"公司"二字,以体现企业名称与其责任形式的一致性。独资企业一般来讲是中小企业,千百年来这种企业在人类社会生活中就使用的商号和其经营之行业间建立了恒久的行号称谓联系,如经营旅客住宿的行业往往选用"旅店""客栈""饭店"等,经营餐饮业的称为"饭馆""酒家""茶社"等,经营产品制造业的叫"厂"等,所谓独资企业的名称与其从事的行业相符合正是如此。

(3)有投资人申报的出资。在独资企业体制下,投资人得申报其必要的与其申办企业规模相当的经营资金,该经营资金不是注册资本,只是经营的条件,而不具有对债权人予以担保的效力。因此,从理论上说,法律并没有对独资企业的设立给定最低的投资数额标准,但投资人必须申报其向所设独资企业投资的资金的数额,投资人只需投资 1 元钱即可以成立个人独资企业,工商登记机关不得拒绝登记。这样的制度安排与境外的独资商业的营业登记是基本一致的。

(4)有固定的生产经营场所和必要的生产经营条件。

(5)有满足其经营业务开展需要的从业人员。

三、独资企业的设立登记

设立独资企业,须经企业登记。企业自注册登记并领取个人独资企业营业执照之日起成立。在我国香港特别行政区,独资企业可先成立并进行营业,而于成立后 1 个月内完成登记,登记时以及每年换取牌证时只缴纳 1 150 港币即可继续营业。我国内地则不然,只有先登记成立,才可进行营业。

独资企业登记成立时,依据《中华人民共和国个人独资企业法》的规定,投资者业主须提交下列文件:

(1)由投资人签署的《个人独资企业设立申请书》,登记申请书上要记载的主要事项有:①企业名称;②企业主要经营场所的位置;③投资人的投资额、投资方式;④企业的经营范围;⑤业主的姓名与住所;⑥企业经营期限;⑦业主的签字及业主聘用的企业主要负责人的姓名及签字。个人独资企业投资人以个人财产出资或者以其家庭共有财产作为个人出资的,应当在个人独资企业设立申请书中记载明确。

(2)业主的个人身份证明。

(3)生产经营场所使用证明。

(4)国家市场监督管理总局规定要求的其他文件。

业主委托他人代理办理企业登记事宜的,须提交委托书和代理人的身份证明或资格证明。此外,独资企业所从事的业务属于法律、行政法规或者国务院决定规定须经有关政府机构审批的,应于登记申请时提交批准文件。

登记机关应进行法律审核和形式审核,对符合条件规定的独资企业即予以登记并发给个人独资企业营业执照,企业于当日成立。独资企业要设立分支机构的,应在分支机构所在地的企业登记机关申请登记,领取个人独资企业分支机构营业执照。

第二节 独资企业的性质与一人公司

独资企业,严格来讲并非是一种传统民法上的主体概念。通过独资企业所表现出来的权利能力和行为能力,虽然与普通自然人有区别,但它只是自然人的一种特殊形式,是自然人的权利能力和行为能力在商业领域中的延伸,其主体实际上是投资业主本身。尽管独资企业可以有字号或商号,领取营业执照,刻制公章,并以企业的名义与外界发生经济交往,这的确与普通自然人有区别;但这种活动的实质是特定的自然人和私人资本家以法律许可的方式与他人进行民事联系。该自然人承担一切相关的后果,并享受因之而产生的权益。在民商分立的国家,这种自然人被称为商个人或商自然人、商自然人主体等,由此,可以说独资企业是企业的一种法律形式,也可以说是自然人的一种特殊类型,独资企业的主体资格是自然人而非法人,这种传统理论观点为各国的立法实践所接受。这是因为,第一,独资企业的财产权、决策权、指挥权、监督权集中于业主一人手中,业主可以凭借个人的权利随心所欲地处置企业财产而不违反法律和损害他人的利益,这种制度安排满足了一些自谋职业者和初创投资者对生活方式选择的需要。然而,它使得企业的财产与业主的其他个人财产无法划清界限,如果允许独资企业的业主对企业债务承担有限责任,其结果是债权人的利益必然得不到保障,为了交易的迅速达成及安全,债权人也只能在与独资企业往来时要求业主提供个人担保或设定财产抵押;否则,会大大降低商业交易的安全性,影响独资企业商业活动的正常开展,为了使独资企业业主的权利与义务对等,国家设定独资企业的法律形式并强制性地规定业主对企业债务承担无限责任,是完全合情合理的。对此,各国制度概莫能外。第二,从法人团体存在的实质来看,它体现个人与团体在财产关系上的分离。在独资企业中,投资人投资于企业中的财产与他的其他个人财产无法分开,企业没有独立的财产且处于单一所有权支配之下,也就不可能独立承担责任。因此,独资企业不能取得法人资格。这种主体和财产的混同,构成了独资企业的法律平台,将权利设置其上的业主对企业的全部行为予以个人的信用担保。

需要指出的是,在近数十年来,西方资本主义的某些国家,立法或判例逐步确立了由一个自然人单独投资的有限责任公司或股份有限公司的地位。如法国 1985 年 7 月 11 日《第 85-697 号法律》第 34 条规定。有限责任公司是由一人或若干人仅以其出资额为限承担损失而设立的公司,当公司只有一人时该人取名为"一人股东",一人股东行使公司股东大会的权力,该法律第 36-1 条规定,在有限责任公司的全部股份归集中于一人之手的情况下,不适用法国民法典 1978 年 1 月 4 日《第 78-9 号法律》第 1844 条关于公司解散的规定。该法第 36-2 条规定,一个自然人只能成为一个有限责任公司的一人股东。一个由一人组成的有限责任公司不得成为另一个由一人组成的有限责任公司的一人股东。对于股份有限公司,法国尚保留有股东不得少于 7 人的限制。在传统的公司法理论上,公司是一种社会团体,单个的自然人不可能注册为团体,一人公司的出现,对公司法的理论进行了修正,在体制上造成原来在独资企业中负无限责任的投资者在一人公司中只负有限责任的局面。这种情况反映了资本主义国家经济高度发展的某些要求,并且由于其商事法律和商事的传统相当发达和久远,债权人与一人公司发生交易时,还会寻求其他的债权保障方式,不至于大规模出现一人股东通过一人公司利用有限责任损害债权人利益的状况。《中华人民共和国公司法》颁布于 1993 年,当时市场经济处于起步阶段,商事传统有待培养,在商事主体的立法上多数法律专家主张从最规范的原点定位开始,否则,不切实际地跨越阶段势必带来经济秩序的混乱。简而言之,1993 年颁布的《中华人民共和国公司法》未规定承认一人公司,由此可见,我国规定的外资企业的基本组织形式为有限责任公司,当一个境外的自然人独立来我国投资,其选择有限责任公司是完全符合法律要求的,故在我国注册的外资企业中,事实上有较多的一人公司。这种情况,是我国对外开放、吸引外资的一种特殊政策的体现,在我国确立经济发展为根本国策的背景下急需国外资金的投入以提升经济发展的规模和品位,过分拘泥于传统公司法有关公司得由数位成员合意组成的规定显然会对吸收外资的国家政策的贯彻形成障碍,在法律形式上做出变通处理是很恰当的。2005年10月,经修订的《中华人民共和国公司法》正式确认在有限责任公司中允许一人公司合法存在,其范围有法人投资设立的一人公司和自然人投资设立的一人公司两种,股份有限公司尚不允许成立为一人公司。

就独资企业与一人公司相比较而言,一人公司的最大特点在于个人投资人只对企业以投资额负责,股东的风险大大降低了。但既然是公司,就会有资本金的要求,如德国公司法对这类公司有注册资本最低需2.5万欧元的规定,这对投资者来说也是一种条件的限制。如果所经营的事业规模不大,需要资金也不多,风险不大或是能得以有效控制,投资者就没有必要兴办一人公司,而乐意选择独资企业。独资企业相对于一人公司来讲,商业信誉好,灵活,政府干预和管制少,税负轻且税收关系简单。鉴于此,独资企业作为最小规模的一种企业形式,适应了人类社会生活的多层次需求而成为商业长青之树,延续至今,即使在发达的资本主义国家和地区,还有相当的发展规模。从法律的层面上看,独资企业与一人公司的共同点有两个:一是这两种类型的企业的投资者均为一个主体,公司企业全资控有另一个公司的情况虽不同于自然人,但也属于一人公司范畴;国有独资公司在我国公司法上有特别规定,不属于一人公司。二是它们都是营利性的经济组织。它们的不同点有四个:一是从法律主体上看,独资企业没有法人资格,一人公司则相反,一经设立便具有法人资格,并且,独资企业的投资者只能是一名自然人,而一人公司的股东既可以是一名自然人,也可以是一家公司。二是从财产关系上看,独资企业没有注册资本,没有属于法律意义上的企业的财产,一人公司按公司法要求得有注册资本,公司独立拥有财产。三是从责任形式上看,独资企业的业主对企业债务承担无限责任,一人公司的股东对公司债务只负有限责任。四是从税收征纳体制上看,独资企业不是独立的纳税主体,业主应当将各种收入包括来自独资企业的收入合并缴纳个人所得税,一人公司则是独立的纳税主体,股东的股利收入要接受公司所得税和个人所得税的征收。

第三节 独资企业主的权利与企业管理

一、独资企业投资业者的资格限制

依据《中华人民共和国民法典》及其他相关法律的规定,独资企业的投资者须是享有完全民事行为能力且从事商业活动不受法律限制的自然人,《中华人民共和国个人独资企业法》第十六条对个人独资企业投资人的限制采用了概括的表述,并无列举,按照我国相关法律的一般规定,笔者认为下列人员不得设立独资企业:

(1)法律、行政法规、国务院决定禁止从事商业活动的人。这种规定主要是国家本着政企分开和廉政的原则,限制政府公务人员以及负有社会公共事务管理职责的人员经商办企业,防止他们利用职权谋取不正当的商业利益,并对政府的正常工作和公信力带来损害。限制的对象主要是立法机关、行政机关、司法机关的工作人员及现役军人等。

(2)无民事行为能力或限制民事行为能力的人。他们无法辨别事物的真伪,不能有效控制自己的思想和行为,无法预防经营中的各种风险,从根本上不具备经营商业的能力,这种人国外通常称为禁治产人。

(3)依据破产法被宣告破产的自然人,其公权利遭法院剥夺期间,尚未复权时不得申请举办个人独资企业和其他企业。这种人也是国外法律上的禁治产人。我国破产法只适用于法人企业而不适用于自然人,因此没有法律依据确定在商业活动中彻底失败的个人其经济活动的行为能力的限制标准,但是《中华人民共和国公司法》第一百四十六条第五项规定"个人所负数额较大的债务到期未清偿"的自然人不得担任公司董事、监事、高级管理人员,这种情形就目前而言不可以引申到独资企业的设立方面,这里,笔者不是讲法律层面的问题,仅是从法理、情理角度讲的。

二、独资企业业主的权利与义务

独资企业业主对企业的权利主要体现在以下方面:对企业资产及运营收益享有完全的所有权,即可以依法占有、使用、受益、处分;对企业的生产经营活动有完全的决策权、指挥权、管理权;有权销售企业生产的产品和提供商业性服务;有权依据《中华人民共和国中小企业促进法》的规定,申请获得政府对中小企业的各种优惠鼓励措施的资助;有将其全部营业及财产转让、赠送、以遗嘱方式处分的权利;有为扩大其经营规模而收购、并入其他企业的权利和设置分支机构的权利;有权以独资企业名义取得土地使用权;为维护其合法权益,有权以企业的名义提起诉讼,获得司法救济。

独资企业业主的义务主要有:依法开展经营活动;为企业建立财务、会计制度,按期缴纳税金;保障职工利益;遵守国家安全生产制度;做好环境保护工作等。

三、独资企业的运营管理

独资企业的业主可以自任企业厂长、经理,管理企业的各项业务,也可以聘任其他的人员管理企业事务。投资人聘用他人管理企业事务的,要签订书面的聘用合同或委托合同明确授权范围。受委托的人应当忠实地履行其职责,勤勉谨慎,在授权范围内开展独资企业的事务管理和运营指挥工作。

独资企业的受托管理人及其他从业人员因失职而致企业财产、利益损失的,要接受业主的处罚并承担损失赔偿责任。下述行为是法律所特别禁止的:①利用职务上的便利,索取或接受贿赂;②侵占企业财产;③挪用企业资金归个人使用或将企业资金借贷给他人；④将企业资金以个人名义或者以他人名义开立账户存储；⑤擅自以企业名义或财产为他人债务提供担保；⑥未经投资人同意，进行与其任职企业相竞争的业务；⑦未经业主同意与本企业订立合同或进行交易；⑧泄露任职企业的商业秘密；⑨法律、法规禁止的其他行为。

独资企业业主对于受聘管理人在正常经营活动中的行为有监督权，在其有违反聘用合同的行为或其他不轨行为时可解除其职务，停止聘用。受聘管理人正常履行职责所带来的效益归业主个人所有，如造成损失则要由业主承担责任。个人独资企业业主对受托人或其他被聘用人员的职权的限制，不得对抗善意第三人。

第四节　独资企业的营业转让

独资企业的营业转让是一个较为复杂的法律问题，它不同于财产的转让。单纯的财产转让不涉及转让方对外负债连同发生移转的事实。通常情况下，商号往往是指企业名称中表明企业个性的最重要的文字集合，一个公司企业的商号可以被公司转让于他人而公司可以继续独立存在，继续进行其原来的营业，并且，公司企业以其拥有的全部财产对外承担民事责任，无论是转让商号还是转让公司的股权，均不涉及投资者所承担的责任形式的变化，除非发生公司合并的情况，或者个人以合并方式购买公司企业的情况。但是，在个人独资企业的状态下，商号与商号名义下的企业浑然成为一体，商号的债务在根本上是属于业主的个人债务；商号甚至可能是业主个人的姓名，业主将其拥有的商号转让，必然意味着对经营的产业一体转让，意味着业主会退出原有产业领域的经营。业主如果只转让商号名义下的部分权益，可能使独资企业演变为合伙企业，但商号的转让只会是整个企业的整体出让。

企业的转让不仅涉及商号、知识产权等无形资产，而且还涉及债权、债务。就商号、无形资产而言，主要是转让方与受让方协商作价的问题，协商不成时可以聘请有关的专业机构评估作价。对于转让人(即原独资企业的业主)来讲，其明示的义务是在接受受让人支付的价金时，应将企业整体交付给受让人，包括办理相关的变更登记手续，移转该商号名下的各类财产，交接企业的财务账目和公章文件，营业执照，使受让人获得能够有效利用这些财产进行营业活动的条件，此外，有相当规模的独资企业的转让人，还应当承担一项义务，即在转让行为发生后的一定时间和一定区域内不得继续从事与转让企业有竞争关系的商业。如日本商法第二十五条规定："在已经转让营业的情况下，当事人没有另外的意思表示时，转让人在20年内不得在同一市、镇、村从事相同的营业。"转让人的另一项义务是对转让企业的技术秘密和营业秘密予以保守并不能另行转让，除非当事人有其他的约定。受让人的义务主要是支付价金和承担企业转让契约中设定的其他义务。

个人独资企业的商号转让时涉及商号与第三人之间的债权债务关系的处理问题,一般来讲有两种情况,一是商号转让不能免除原业主的偿债义务;二是连同债权债务一起转移。

大陆法系的某些国家和地区往往坚持固有的债权债务特定化的理念,以无限责任的制度原理解析商号债务的归属,认定商号的债务即是原业主的个人债务,各方当事人如不能达成相反的协议,商号转让的行为不影响原商号名义下的债权债务,由原业主享有和承担,就如同商号营业时一样。这样的规定对于防止转让方非法逃债是有保障作用的。商号转让引发的债务承担人的变化毕竟不同于自然债务的转让。自然债务的转让非经债权人的同意对债权人不发生效力,我国台湾地区有关规定指出:"就他人之财产或营业概括承受其资产及负债者,因对于债权人为承受之通知或公告,而生承担债务之效力,前项情形,债务人关于到期之债权,自通知或公告时起,未到期之债权,自到期时起,两年以内与承担人连带负其责任。"这里,"概括承受其资产及负债"主要是指营业及商号的整体受让现象。"概括承受"就是人们常说的"全盘接受",它包括不对商号做任何的改动,且要对债权人做出明确的承诺,债务已对受让人发生效力,不满足前述条件的任何一项,如不是"概括承受",或不向债权人做明确的承受债务的通知或公告,虽有商号的转让也不致让受让人承担转让前以商号名义发生的债务,为了防止转让人通过商号的出让逃避债务,即使在受让人已经同意承受债务的情况下,法律还要求转让人在两年内对原商号的债务与受让人负连带偿还责任。

日本的规定与我国台湾地区基本一致。我国香港特别行政区在法源上属于英美法系,其业务转让《(保障债权人)条例》(Transfer of Business Protection of Creditors Ordinance)第三十一条规定,不管转让人与受让人之间有无任何相反的规定,受让人应该承担转让人经营业务而引起的全部债务和责任,包括根据《香港税务条例》应该缴纳的税款。当然,该条例对受让人承担的债务数额做了不超过业务转让日该等业务的价值总额的限制,同时在承担责任的期限上对受让人做了保护性规定。按照该条例第四条的规定,受让人的责任将在下列日期消灭:①在业务转让发生日前,转让人和受让人发出不少于1个月但不多于4个月的营业转让通告,该通告的期限在营业转让日以前届满,在营业转让日以后受让人不必承担任何责任;②转让人和受让人发出营业转让通告,但通告的期限在营业转让发生日尚未届满,在通告的期限届满后,受让人不必承担任何责任;③转让人和受让人在营业转让日后才发出通告,在通告的期限届满后,受让人不必承担任何责任。

日本商法第十七条集中规定了针对商号而发生的营业转让的债权债务处理的原则,其第一款规定:"营业受让人继续使用转让人的商号的场合,对转让人因营业而产生的债务也承担清偿责任。"这种规定的原理在于商事行为受外观主义的约束,债权人和其他之前的交易相对人在未受通知的情形下,没有法律义务去辨认同一商号名义下已经发生的变化。“也承担清偿责任”，当然应该被理解为连带责任。这种基本面上的安排折射出债权人信息不对称条件下立法的价值取向。但是，日本商法对受让人也做了保护性规定，主要体现在免责和时限两个方面：①关于免责，日本商法第十七条第二款规定，受让人在受让后立即登记不承担转让人的债务或者及时通知债权人的，可以免除前述义务。②时限，日本商法第十七条第三款规定，受让人虽然承担连带责任，但债权人在转让事实发生之后两年内不向受让人提出权利主张的，责任归于消灭。日本民法规定的侵权消灭时效为十年，因此规定受让人承担连带责任的时效为两年，实际是比较严厉的。此外，在营业转让的情形下，在其他三个关键问题上日本商法及司法判例也有清楚的规范：第一，继续使用原企业的商号的标准。按照日本法律的规定理解，商号由核心要素和附加要素构成，核心要素是字号，附加要素包括注册地或营业地、行业、组织形式等。受让人未改变核心要素而只是改变添加要素的，如添加“股份有限公司”或添加经营项目的，属于继续使用原商号；受让人在字号前添加“新”字的，表示非继承关系，则不属于继续使用原商号。第二，受让人没有继续使用原商号的责任归属，受让人为继续使用原商号的，原则上受让人不承担原企业经营期间的债务，但受让人在受让公告中声明承担原企业债务的不在此限。第三，由第三人向商号的债务清偿。日本商法第十七条第四款规定，在受让人继续使用商号的情形下，债务人向受让人清偿转让前对原企业所负的债务，若清偿人善意并无重大过失时，该清偿有效。日本学者富部荣三认为，受让人没有继续使用原商号的场合，即使事实上没有接受债权的转移，一旦做出了概括承受的登记公告，那么基于外观保护，就应认可债务人对受让人清偿的有效性。

《中华人民共和国个人独资企业法》对此未做任何规定，目前在实践中只能依靠协议处理。独资企业以企业名义经营，所形成的债权、债务事实上是属于原业主的个人债务。当企业脱离业主或者业主将企业解散时，债权债务并未发生消灭的事实，业主仍可享有企业存在前以企业名义形成的债权，同时也承担以企业名义形成的债务的清偿责任。债权债务如要发生转移，应当符合法律规定的条件：对债权的转移，因为不会影响到转让人的债务人的利益，转让不必采取必经债务人同意的形式，而以转让人、受让人共同通知即能生效的方式处理。但债务的转让则会影响到原独资企业债权人的债权的安全保障，若非经该债权人同意不得转让。为防止转让人或受让人或其共同以损害债权人利益为目的恶性转让行为发生，保障债权人利益的实现，法律上应当明确规定相当于企业解散时的公告和通知债权人的程序，债权人以知情权，方便其依据具体情况主张权利。比较我国台湾地区和香港地区关于商号转让时对原商号名义下的债权人利益保护的做法，笔者认为我国台湾地区的规定更贴近大陆的实际状况，应当借鉴采用。而我国香港地区的做法一方面程序复杂，不易操作，另一方面对债权人的保护容易形成漏洞，百密有疏。非经法定程序而发生业务转让的，转让人与受让人对债权人承担连带偿债责任。在涉及营业转让的其他问题上，笔者认为日本商法的种种安排对我国制定相关制度有重要的借鉴价值。

债权人在独资企业财产上设定抵押，不因转让而影响其效力。独资企业解散的原因及程序，参阅本书“企业解散与清算法律制度”一章。

第五章　合伙企业法律制度

合伙企业是一种古老的企业组织形式，与独资企业、公司企业共同构成了企业的三种主要形态。企业合伙在科技、文化、教育、卫生等各行各业都发挥着重要作用。2007 年 6 月 1 实施的修订后的《中华人民共和国合伙企业法》，增加了有限合伙企业，从法律体系上完善了合伙企业的形式，使合伙企业从普通合伙到有限合伙，跨越了从无限责任到有限责任的屏障。在当前社会主义市场经济的新时期，合伙企业以其多样的形态，适应了商业多样化的需求。

第一节　合伙企业法律制度概述

一、合伙企业的概念及分类

合伙企业是古老而传统的企业组织形式，通常认为，它源于罗马时期。一般而言，合伙企业是由两个或两个以上合伙人订立合伙协议，共同出资、合伙经营、共享收益、共担风险，至少有一个以上的合伙人对企业债务承担无限责任的营利性经济组织。合伙企业是组织体，它是合伙存在的形式之一，不具备组织体的合伙不构成合伙企业。

合伙企业设立简便、出资自由、经营灵活、结构简单、便于管理，是适合中小型经营规模的企业组织形式之一，在市场经济中发挥着其特有的作用。

从世界范围看，早期的合伙人对合伙企业债务均承担无限连带责任，但这种形式合伙人风险大。为了降低合伙人的投资风险，吸引更多的资金投资合伙企业，很多国家逐步允许部分合伙人在一定条件下，承担有限责任。我国原民法通则和 1997 年通过的合伙企业法（1997 年）只允许设立合伙人承担无限连带责任的普通合伙企业。2006 年对《合伙企业法》进行了修订①，增加了有限合伙企业形式。根据合伙企业法第二条规定，适用合伙企业法的合伙企业，是指自然人、法人和其他组织依照合伙企业法在中国境内设立的普通合伙企业和有限合伙企业。

我国的合伙企业有普通合伙企业和有限合伙企业两种形式。普通合伙企业由普通合伙人组成，合伙人对合伙企业债务承担无限连带责任。合伙企业法对普通

---

① 中华人民共和国第十届全国人民代表大会常务委员会第二十三次会议于 2006 年 8 月 27 日修订通过合伙企业法，修订后的合伙企业法自 2007 年 6 月 1 日起施行。

合伙人承担责任的形式有特别规定的,从其规定,如特殊的普通合伙企业。有限合伙企业由普通合伙人和有限合伙人组成:普通合伙人对合伙企业债务承担无限连带责任,有限合伙人以其认缴的出资额为限对合伙企业债务承担有限责任。无限连带责任有两层意思:一方面,无限责任是指当合伙企业的全部财产不足以清偿到期债务时,各个合伙人不是以其出资额为限偿还合伙企业的债务,而是要以其自有全部财产来清偿合伙企业的债务;另一方面,连带责任指当合伙企业的全部财产不足以清偿到期债务时,合伙人承担责任时无先后顺序,债权人可以要求普通合伙人中的一人、数人、全体承担全部或部分企业未能清偿的债务。有限责任是指合伙人对合伙企业的债务以其认缴的出资额为限承担责任。

二、合伙企业的特征

与其他种类的企业相比,合伙企业的法律特征主要体现在以下几个方面。

(一)合伙企业应有两个或两个以上的合伙人共同投资

合伙企业是由多数人出资组成的企业,其中,至少有一个对合伙企业债务承担无限责任的普通合伙人。在合伙企业中普通合伙人全权代表合伙企业,负责企业的经营,执行企业事务。

(二)合伙企业的设立和内部管理以合伙协议为基础

合伙协议依法由全体合伙人在协商一致的基础上以书面形式订立。在合伙协议中,各合伙人就出资方式、利润分配方式、分配比例和亏损分担方式等事项做出约定。与公司章程相比,合伙协议有更大的自治空间,法律对合伙协议内容的强制性规定更少。

(三)合伙企业是人合性组织

合伙企业是基于合伙人之间的相互信任而成立并维系的,其信用基础和经营状况取决于合伙人的信用、能力和健康状况等,具有典型的人合性。

(四)合伙企业不具有法人资格

合伙企业的人格与合伙人的人格不完全分离。依合伙企业法的规定,合伙企业可以有自己的企业名称,并以该名义从事经营活动。任何一个合伙人对外都可以代表合伙企业,以企业的名义从事活动,单纯投资的有限合伙人除外。合伙企业由于没有完全独立的财产,所以不能完全独立承担民事责任。合伙企业的债权人可以向承担无限连带责任的合伙人直接追索合伙企业的债务。

(五)合伙企业不是单独的纳税主体

合伙企业的生产经营所得,按照国家有关税收规定,以每一个合伙人为纳税义务人分别缴纳所得税。2000 年 9 月,财政部、国家税务总局发布的《关于个人独资企业和合伙企业投资者征收个人所得税的规定》明确规定,合伙企业每一纳税年度的收入总额减除成本、费用以及损失后的余额,作为合伙人的生产经营所得,比照个人所得税法中的“个体工商户的生产经营所得”应税项目,适用 5%～35%的五级超额累进税率,计算征收个人所得税。

三、合伙企业与民事合伙的区别

合伙企业与民事合伙两者有很多的相似之处。两者都需要由两个或两个以上自然人、法人或其他组织组成;设立基础都是合伙协议,且都根据合伙协议确定彼此间的权利和义务等。但两者也存在很大差异,主要表现在以下方面。

(一)设立的目的不同

合伙企业的设立以营利为目的,以组建一个组织体共同进行营业活动为目的。民事合伙的设立仅仅是为了确定并维持合伙人相互之间的特定关系,其宗旨在于合伙人相互之间的互助协作,没有组建组织体的目的。

(二)成立的基础不同

合伙企业的成立除需要合作人订立合伙协议外,还需要选择企业名称、经营场所以及办理企业登记等。而民事合伙的成立仅以合伙人缔结合伙协议为依据。

(三)合伙协议的内容不同

合伙企业的合伙协议除有关于合伙人权利义务关系的规定,还有关于合伙事务执行,合伙企业名称、场所、解散、清算等与企业对外经营活动有关事项的约定。而民事合伙的内容主要体现在合伙人之间内部的权利义务关系,几乎不涉及对外业务。

(四)外观表象不同

合伙企业具有团体资格,它是一种经济组织。合伙企业有企业名称、组织规范、营业资本、营业场所、会计账簿、银行账户等要求,在民事诉讼中合伙企业可以合伙企业的名义参与诉讼活动,合伙企业为诉讼当事人。而民事合伙则不具有团体资格,不是经济组织,仅仅通过合伙协议联合起来,就某一个项目或某一目的采取一致行动。在民事诉讼中民事合伙不是以合伙的名义参与诉讼活动,全体合伙人为诉讼当事人。

(五)解决争议的依据不同

合伙企业合伙人之间发生争议,以合伙协议为依据,适用合伙企业法。而民事合伙合伙人之间发生争议,以合伙协议为依据,适用民法典等法律。

四、合伙企业法的概念及基本原则

(一)合伙企业法的概念

合伙企业法有广义和狭义之分。狭义的合伙企业法,是指国家立法机关依法制定的,规范合伙企业合伙关系的专门法律,即《中华人民共和国合伙企业法》。该法于 1997 年 2 月 23 日由第八届全国人民代表大会常务委员会第 24 次会议通过,2006 年 8 月 27 日第十届全国人民代表大会常务委员会第 23 次会议修订。广义的合伙企业法,是指国家立法机关或者其他有权机关依法制定的、调整合伙企业合伙关系的各种法律规范的总称。与合伙企业法配套的专门法规有《中华人民共和国合伙企业登记管理办法》①,其他有关调整企业名称、企业税收等相关法律、法规,同样适用于合伙企业。

根据合伙企业法的规定,在理解我国合伙企业法的适用范围时,需要注意以下问题。

1. 外国企业或个人在中国境内设立合伙企业的管理问题

合伙企业法未禁止外国企业或者个人在中国境内设立合伙企业,但规定,外国企业或者个人在中国境内设立合伙企业的管理办法由国务院规定。目前,外国企业或个人在中国境内投资设立的普通合伙企业和有限合伙企业,主要参照国务院 2009 年 8 月 19 日通过的《外国企业或者个人在中国境内设立合伙企业管理办法》,有关登记管理的制度主要依据原国家工商行政管理总局 2010 年 1 月 29 日公布,2014 年 2 月 20 日修订的《外商投资合伙企业登记管理规定》。除上述两个法律规范有特殊规定的外,外国企业或个人设立的合伙企业适用合伙企业法的规定。

2. 采取合伙制的非企业专业服务机构的责任形式问题

非企业专业服务机构,主要指不采取企业(公司制)形式成立的、以自己的专业知识、专业技能提供特定咨询等方面服务的组织,如律师事务所、会计师事务所等专业服务机构。2006 年合伙企业法修订时,增加了一种特殊的普通合伙企业形式,规定以专门知识和专业技能提供社会服务的机构,依据有关法律规定采取合伙制的,其合伙人承担责任的方式可以适用合伙企业法关于特殊的普通合伙企业承

---

① 《中华人民共和国合伙企业登记管理办法》于 1997 年 11 月 19 日发布,分别于 2007 年 5 月 9 日和 2014 年 2 月 19 日修订。

担责任的规定。

(二)合伙企业法的基本原则

1. 协商原则

合伙协议是合伙企业成立的法律基础。合伙企业法要求合伙协议应依法由全体合伙人协商一致,并以书面形式订立。在合伙企业法中,除法律规定不得协商的事项外,其他有关合伙事务的执行、利益的分配、亏损的分担等均可由全体合伙人协商确定,这充分体现了协商的原则,且通过协商达成的合伙协议优先于法律适用。

2. 自愿、公平、诚实信用原则

合伙人设立合伙企业,订立合伙协议,确定合伙人权利义务关系,充分遵循自愿、公平、诚实信用原则。

3. 依法纳税原则

合伙企业是非法人营利性组织。合伙企业的生产经营所得和其他所得,不必由合伙企业缴纳所得税,而是按照国家有关税收法律、法规的规定,由合伙人分别缴纳所得税。

4. 合法权益受法律保护原则

合伙企业及其合伙人的合法财产及其权益受法律保护。

5. 守法原则

合伙企业及其合伙人必须遵守法律、行政法规,遵守社会公德、商业道德,承担社会责任。

第二节 普通合伙企业

一、普通合伙企业的概念

(一)普通合伙企业

普通合伙企业是由普通合伙人组成,合伙人对合伙企业债务依照合伙企业法规定承担无限连带责任的一种合伙企业。

普通合伙企业具有以下法律特征。

(1)普通合伙企业由两个以上的普通合伙人共同合作组建。这里的普通合伙人是指在合伙企业中对合伙企业债务依法承担无限连带责任的自然人、法人和其他组织。

(2)普通合伙企业是建立在合伙协议基础之上的。合伙协议是当事人不对社会公开的文件。合伙协议作为合同,应当由全体合伙人协商一致,以书面形式订立。这与公司企业建立的基础不同。公司建立在章程基础上,而公司章程是对社会公开的文件。新股东加入公司属于参加行为,需在承认原公司章程的前提下进行。

(3)普通合伙人对企业债务承担无限连带清偿责任,但法律另有规定的除外。所谓无限连带清偿责任,是指合伙企业对外承担债务清偿责任不以合伙人在企业中的投资以及企业积累的财产为限,当企业无力清偿债务时,债权人有权向任何一个或全体合伙人要求清偿全部债务。清偿了全部合伙企业债务的合伙人有权要求其他合伙人按照合伙协议约定的比例向其予以清偿。

(4)合伙企业无法人资格,不具有完全独立的法律地位。合伙企业可以有自己的名称,以企业的名义享有一定的权利、承担一定的义务,包括以企业名义起诉和应诉,但由于合伙企业的人格、财产与合伙人的人格、财产不能完全分离,因而合伙企业没有完全独立的财产,不能完全独立承担民事责任。

(二)特殊的普通合伙企业

1. 特殊的普通合伙企业的适用范围

特殊的普通合伙企业是指合伙人依照合伙企业法第五十七条的规定承担责任的普通合伙企业。特殊的普通合伙企业适用合伙企业法第二章第六节的规定,第六节未做规定的,适用合伙企业法第二章第一节至第五节的规定。

特殊的普通合伙企业主要适用于以专业知识和专门技能为客户提供有偿服务、注册为企业的专业服务机构。如律师事务所、会计师事务所、医师事务所、设计师事务所、破产清算事务所等,这些机构可以依法设立为特殊的普通合伙企业。它的特殊性表现为:在这些专业人员执业过程中,如果某个合伙或者几个合伙人,因为故意或重大过失给合伙企业造成债务时,这些责任人要承担无限连带责任,而其他没有责任的合伙人,仅以其在合伙企业中的财产份额为限来承担责任。这种责任形式有助于采取合伙制的专业服务机构不断地扩大规模,更好地推动专业服务机构的发展,优化内部的分配制度。

由于特殊的普通合伙企业合伙人承担责任形式不同,采用这种形式必须在其企业名称中标明“特殊普通合伙”字样,以区别于普通合伙企业。

2. 特殊的普通合伙企业的责任形式

为了保证特殊普通合伙企业的健康发展,必须对合伙人的责任形式予以特别规定;否则,以专业知识和专业技能为客户提供服务的机构将难以存续。

(1)责任承担。合伙企业法规定,普通合伙企业的合伙人对企业债务承担无限连带清偿责任,但法律另有规定的除外。所谓法律另有规定的除外,是指合伙企业法中规定的在特殊情形下,部分合伙人可以不承担无限连带责任。合伙企业法

第五十七条、第五十八条规定,一个合伙人或者数个合伙人在执业活动中因故意或者重大过失造成合伙企业债务的,应当承担无限责任或者无限连带责任,其他合伙人以其在合伙企业中的财产份额为限承担责任。合伙人在执业活动中非因故意或者重大过失造成的合伙企业债务以及合伙企业的其他债务,由全体合伙人承担无限连带责任。合伙人执业活动中因故意或者重大过失造成的合伙企业债务,以合伙企业财产对外承担责任后,该合伙人应当按照合伙协议的约定对给合伙企业造成的损失承担赔偿责任。

根据合伙企业法的上述规定,我们可以以合伙人在执业活动中的主观过错情况为基础,把特殊的普通合伙企业合伙人的民事责任分为以下两种形式。

第一,有限责任与无限连带责任相结合。此为合伙人在执业活动中因故意或者重大过失造成合伙企业债务的责任承担方式。在特殊的普通合伙企业中,一个合伙人或数个合伙人在执业活动中因故意或者重大过失造成合伙企业债务的,应当承担无限责任或者无限连带责任,其他合伙人则仅以其在合伙企业中的财产份额为限承担责任。这与普通合伙企业不同,在普通合伙企业中,合伙人即使是基于故意或者重大过失而给合伙企业造成债务,在对外责任的承担上依然是由全体合伙人承担无限连带责任,尽管对内其他合伙人可以追索有过错的合伙人。而在特殊的普通合伙企业中,出现由于个别合伙人执业行为中的故意或者重大过失而导致的合伙企业债务时,没有过错的其他合伙人是不需要对外承担无限连带责任的,债权人也只能追索有过错的合伙人。

【示例5.1】甲、乙、丙三人成立一特殊普通合伙制会计师事务所。甲在为一客户提供会计业务服务的过程中,因重大过失给客户造成100万元的损失。对该损失甲承担无限责任,乙、丙以其在会计师事务所中的财产份额为限承担责任。

第二,无限连带责任。此为合伙人在执业活动中非因故意或者重大过失造成合伙企业债务以及合伙企业的其他债务责任承担方式。若特殊普通合伙企业的合伙人并非因为执业活动中故意或者重大过失而导致合伙企业的债务以及合伙企业的其他债务,此种情形下与普通合伙企业一样,应当由全体合伙人承担无限连带责任。

【示例5.2】甲、乙、丙三人成立一特殊普通合伙制会计师事务所。购置事务所办公楼所欠银行贷款,甲、乙、丙负无限连带责任。

(2)责任追偿。特殊的普通合伙企业的合伙人在执业行为中因故意或者重大过失而造成合伙企业债务时,首先以合伙企业的财产承担对外清偿责任,不足清偿时由有过错的合伙人承担无限责任或者无限连带责任,没有过错的合伙人不再承担责任。当以合伙企业的财产承担对外责任后,有过错的合伙人应当按照合伙协议的约定赔偿对合伙企业造成的损失。

【示例5.3】甲、乙、丙三人成立一特殊普通合伙制会计师事务所。甲在为一客户提供会计业务服务的过程中,因重大过失给客户造成100万元的损失。事务所用现有全部财产40万元偿还债务后,甲对剩余60万元的债务承担无限责任。合伙企业有权要求合伙人甲对执业行为中因重大过失给合伙企业造成的40万元损失承担赔偿责任。

3.特殊的普通合伙企业的职业风险防范

由于在特殊的普通合伙企业中,合伙人执业活动中因故意或者重大过失造成合伙企业债务的,除执业人承担无限责任或者无限连带责任外,其他合伙人以其在合伙企业中财产份额为限承担责任。该风险责任无疑只能由执业合伙人和债权人承担,为了保护执业合伙人和债权人的利益,提高合伙企业的赔偿能力,合伙企业法规定,特殊的普通合伙企业应当建立执业风险基金,用于偿付由执业责任形成的债务,执业合伙人应办理职业责任保险。执业风险基金是指为了化解经营风险,特殊普通合伙企业从其经营收益中提取相应比例的资金留存或者根据规定上缴至指定机构所形成的资金。执业风险基金应当单独立户管理,专款专用。职业保险又称职业责任保险,是指承保各种专业人员(如医生、药剂师、律师、会计师、建筑师、设计师等)因工作上的疏忽或过失而致他人遭受人身损害或者财产损失的赔偿责任的保险。

二、合伙企业的设立

(一)合伙企业设立的条件

根据合伙企业法的规定,设立合伙企业,应当具备以下条件。

1.有两个或两个以上合伙人,合伙人为自然人的,应当具有完全民事行为能力

(1)关于合伙人的人数。合伙企业是多数人共同投资形成的经济组织,两人是合伙人的下限。对于普通合伙企业来说,合伙人数的上限,法律未作限制。实践中,由于普通合伙人对合伙企业承担无限连带责任,合伙人对企业经营管理的参与程度高,人数过多往往不利于合伙事务的执行及合伙人之间关系的处理,因此,合伙人数一般不宜太多。

(2)关于合伙人的资格。合伙企业法规定:合伙人可以是自然人、法人和其他组织;合伙人为自然人的,应当具有完全民事行为能力;国有独资公司、国有企业、上市公司以及公益性的事业单位、社会团体不得成为普通合伙人。另外,法律法规、国务院决定禁止从事商业活动的人不得成为合伙人,限制的对象主要是立法机关、行政机关、司法机关的工作人员及现役军人等,如国家公务员、法官、检察官、警察不能成为合伙人。

2. 有书面合伙协议

由于合伙企业建立在合伙协议基础上，因而设立合伙企业必须由全体合伙人协商一致，以书面形式订立合伙协议。合伙协议是处理合伙企业事务的基本行为准则。

合伙协议不同于一般民事合同，二者之间存在以下区别。

(1)缔约的目的不同。当事人订立合伙协议的目的是建立一个有利于各合伙人的组织体，订约人之间有着共同的利害关系。普通民事合同仅涉及合同双方当事人，具有相对性，一方的权利往往是对方的义务，如买卖合同，支付货款是买方的义务；对卖方来说，请求支付货款则是其权利。

(2)产生的后果不同。合伙协议是设立合伙企业的前提条件和必要条件，合伙企业是合伙协议产生的预计后果，协议的履行具有长期性。普通民事合同订立，不会形成新的组织体，合同的履行一般是一次性的。

(3)合同履行适用的规则不同。合伙协议在履行过程中不适用抗辩权和不可抗力制度的规定，合伙人不得以其他合伙人未履行出资义务而拒绝履行自己的出资义务。普通民事合同在履行过程中可以适用抗辩权规则和不可抗力制度的规定。

(4)合同形式的要求不同。合伙协议应当采用书面形式，任何口头形式的合伙协议可能会形成民事合伙，但绝不可能注册成立合伙企业。普通民事合同既可以采用书面形式，也可以采用口头形式或其他形式。

3. 有合伙人认缴或者实际缴付的出资

合伙人可以用货币、实物、知识产权、土地使用权或者其他财产权利出资，也可以用劳务出资。合伙人以实物、知识产权、土地使用权或者其他财产权利出资，需要评估作价的，可以由全体合伙人协商确定，也可以由全体合伙人委托法定评估机构评估。合伙人以劳务出资的，其评估办法由全体合伙人协商确定，并在合伙协议中载明。合伙人应当按照合伙协议约定的出资方式、数额和缴付期限，履行出资义务。以非货币财产出资的，依照法律、行政法规的规定；需要办理财产权转移手续的，应当依法办理。

4. 有合伙企业的名称和生产经营场所

由于合伙企业的合伙人对企业债务承担无限连带责任，因此，法律禁止在合伙企业名称中出现"有限""有限责任""股份"等字样。在我国特定的法律环境下，"公司"一词仅限于具有法人资格的企业使用，因此，合伙企业名称中也不可以使用"公司"二字，以体现企业名称和其责任形式的一致性。普通合伙企业应当在其名称中标明"普通合伙"字样，其中特殊的普通合伙企业，应当在其名称中标明"特殊普通合伙"字样。生产经营场所主要指企业的主要办事机构所在地。

5. 法律、行政法规规定的其他条件

合伙企业法第九条规定，合伙企业的经营范围中有属于法律、行政法规规定在登记前须经批准的项目的，该项经营业务应当依法经过批准，并在登记时提交批准文件。如果合伙企业的经营活动涉及国家行业管理有特殊规定的，还需要符合这些行业规范规定的特殊条件。

(二)合伙企业的设立登记

申请设立合伙企业，由全体合伙人共同签署设立登记申请书，具体申请事宜可以由全体合伙人共同办理或由他们指定的合伙人代表办理，还可以委托专业服务机构代理办理。申请时，除要提交全体合伙人签署的申请书外，还应提交由全体合伙人签名、盖章的合伙协议，各合伙人的身份证明，全体合伙人对各合伙人认缴或者实际缴付出资的确认书，主要经营场所证明，全体合伙人指定代表或共同委托代理人的委托书，国家市场监督管理总局规定提交的其他文件。合伙企业的经营范围中有属于法律、行政法规规定在登记前须经批准的项目的，该项经营业务应当依法经过批准，并在登记时提交批准文件。

申请人提交的申请材料齐全、符合法定形式，企业登记机关能够当场登记的，应予当场登记，并发给营业执照。如果申请人提交的申请材料不齐全，也不符合法定形式，需要补充有关材料才能达到法定情形的，或者企业登记机关认为当场难以发给其营业执照，对有关材料需要进一步核实等情况的，企业登记机关可以不予当场登记，但应当自受理申请之日起 20 日内，做出是否登记的决定。予以登记的，发给营业执照；不予登记的，应当给予书面答复，并说明理由。合伙企业的营业执照签发日期为合伙企业的成立日期。合伙企业领取营业执照前，合伙人不得以合伙企业名义从事营业活动。

合伙企业的登记事项应当包括：①名称；②主要经营场所；③执行事务合伙人；④经营范围；⑤合伙企业类型；⑥合伙人姓名及住所、承担责任方式、认缴或者实际缴付的出资数额、缴付期限、出资方式和评估方式。合伙协议约定合伙期限的，登记事项还应当包括合伙期限。执行事务合伙人是法人或者其他组织的，登记事项还应当包括法人或者其他组织委派的代表。

合伙企业设立分支机构，应当向分支机构所在地的企业登记机关申请登记，领取营业执照。

三、合伙协议

合伙协议是合伙企业建立的法律基础，是合伙企业最重要的法律文件，也是确定合伙人之间权利义务关系的基本依据。合伙协议是由各合伙人通过协商，共同决定相互间的权利义务，据此达成的具有法律约束力的协议。合伙协议必须采用书面形式，经全体合伙人签名、盖章后生效，对全体合伙人均具有法律约束力。

合伙协议的内容一般应当记载下列事项：①合伙企业的名称和主要经营场所的地点；②合伙目的和合伙经营范围；③合伙人的姓名或者住所；④合伙人的出资方式、数额和缴付出资的期限；⑤利润分配和亏损分担方式；⑥合伙企业事务的执行；⑦入伙与退伙；⑧争议解决办法；⑨合伙企业的解散与清算；⑩违约责任等。

合伙协议未约定或者约定不明确的事项，由合伙人协商决定；协商不成的，依照合伙企业法和其他有关法律、行政法规的规定处理。

经全体合伙人一致同意，合伙人可以修改或者补充合伙协议，但是合伙协议另有约定的除外。

合伙人按照合伙协议享有权利，履行义务。合伙人通过协议达成的亏损分担办法或比例，仅具有对内的效力。合伙人的内部协议不能对抗合伙企业债权人清偿全部债权的请求。合伙人对合伙企业债务承担无限连带责任，这是合伙人的法定义务，合伙协议的约定不得改变这一强制性的法律规定。

四、合伙企业的财产

（一）合伙企业的财产构成

合伙企业存续期间，合伙人的出资和所有以合伙企业名义取得的收益及依法取得的其他财产均为合伙企业的财产。

1. 合伙人的出资

合伙企业法规定，合伙人可以用货币、实物、知识产权、土地使用权或者其他财产权利出资，也可以用劳务出资。这些出资形成了合伙企业的原始财产。需要特别强调的是，普通合伙企业的原始财产是全体合伙人“认缴”的出资财产总和，而不是各合伙人“实际缴纳”的财产。合伙人的出资还应包括，合伙企业存续期间合伙人依照合伙协议的约定或者合伙人决定增加的出资以及新合伙人入伙缴付的出资。

2. 以合伙企业名义取得的收益

合伙企业作为一个独立的组织体，有自己独立的经济利益，因此，合伙企业以自己的名义取得的收益作为合伙企业获得的财产，应当归入合伙企业，成为合伙企业财产的一个组成部分。以合伙企业名义取得的收益包括，营业收入、以企业的名义购置的财产、公共积累的资金、未分配的盈余、合伙企业的债权、获得的赔偿、合伙企业取得的知识产权及非专利技术等财产权利。

3. 依法取得的其他财产

这类财产是指根据法律、行政法规的规定合法取得的其他财产，如合法接受的赠予财产等。

（二）合伙企业财产的性质

合伙企业的财产具有独立性和完整性两个方面的特点。所谓独立性，是指合伙企业的财产独立于合伙人，一般来说，合伙人一旦出资后，就丧失了对其作为出资部分的财产所有权或持有权、占有权，合伙企业的财产主体是合伙企业，而不是单独的某一个合伙人。所谓完整性，是指合伙企业的财产作为一个完整的统一体存在，合伙人对合伙企业的财产权益的表现形式仅是依照合伙协议约定的比例享有财产权益的份额。

根据合伙企业法的规定，合伙人在合伙企业清算前，不得请求分割合伙企业的财产，但是，法律另有规定的除外，如退伙等。合伙人在合伙企业清算前私自转移或者处分合伙企业财产的，合伙企业不得以此对抗善意第三人。这是因为法律规定每一个合伙人都可以执行合伙企业事务，包括转移或者处分合伙企业财产的行为。这种行为是否经过合伙企业同意，或经过全体合伙人同意，或该合伙人有无代表合伙企业处分财产的权利，善意第三人并不知晓。在确认善意取得的情况下，合伙企业的损失只能向合伙人进行追索，而不能向善意第三人追索。

（三）合伙人财产份额

合伙人的财产份额，是指全体合伙人依照出资比例或合伙协议的约定比例，按份对合伙企业财产享有的份额。其类似于股东对公司主张的股份。在股份上可以设定股东的权利义务，那么在财产份额上同样也可以设定合伙人的权利和义务。[①] 财产份额依法可以转让和出质，也可以作为确定合伙人利益分配和风险分担比例的依据。

1. 合伙人财产份额的转让

（1）合伙人财产份额的外部转让。所谓合伙人财产份额的外部转让，是指合伙人将其在合伙企业中的全部或者部分财产份额转让给合伙人以外的第三人的行为。在合伙企业存续期间，合伙人向合伙人以外的第三人转让其在合伙企业中的全部或者部分财产份额时，须经其他合伙人一致同意，但合伙协议另有约定的除外。合伙人财产份额的外部转让，只有经过其他合伙人一致同意，才能表明其他合伙人与受让人愿意共同维系原合伙企业，合伙企业才能继续维持下去。当然，合伙企业法中关于"合伙人向合伙人以外的人转让其在合伙企业中的全部或者部分财产份额时，须经其他合伙人一致同意"的规定，只有在合伙协议中没有规定的情况下才发生法律效力。如果合伙协议对合伙人财产份额的外部转让问题有约定的，则按照合伙协议的约定进行，如合伙人向合伙人以外的第三人转让财产份额，就不

---

① 甘培忠著：《企业与公司法学》，北京大学出版社2014年5月第7版，第64页。

一定需要其他合伙人一致同意。比如:合伙协议约定2/3以上合伙人同意,或者3/4以上合伙人同意,或者过半数的合伙人同意即可进行外部转让,就应执行合伙协议的规定。如果合伙协议没有规定,则依据上述法律规定,对外转让,须经其他合伙人一致同意。

(2)合伙人财产份额的内部转让。所谓合伙人财产份额的内部转让,是指合伙人将其在合伙企业中的全部或部分财产份额转让给其他合伙人的行为。合伙人之间转让在合伙企业中的全部或者部分财产份额时,应当通知其他合伙人,但无须得到其他合伙人的同意。合伙人财产份额的内部转让,因不涉及合伙人以外的人参与合伙企业,合伙企业存续的基础并未发生实质性的变化,因此,不需要经过其他合伙人一致同意,只需要通知其他合伙人即可产生法律效力。

(3)合伙人的优先购买权。所谓优先购买权,是指在合伙人转让财产份额时,在多数人接受转让的情况下,其他合伙人基于同等条件可优先于非合伙人购买的权利。除合伙协议另有约定的外,合伙人向合伙人以外的人转让其在合伙企业中的财产份额的,在同等条件下,其他合伙人有优先购买权。优先购买权的发生有两个条件:一是合伙协议对合伙人财产份额的转让没有约定转让条件、转让范围的限制性条款,在合伙协议中对优先购买问题没有不同于法律规定的另外约定。二是优先受让的前提是同等条件。同等条件,主要是指受让财产份额的价格条件、其他条件。这一规定,目的在于维护合伙企业现有合伙人的利益,维护合伙企业现有基础的稳定。

合伙人以外的人依法受让合伙人在合伙企业中的财产份额的,经修改合伙协议即成为合伙企业的合伙人,依照修改后的合伙协议和合伙企业法享有权利,履行义务。未修改合伙协议的,不应算作是法律所称的合伙企业的合伙人。

【链接】有限责任公司的股东之间可以相互转让其全部或者部分股权。股东向股东以外的人转让股权,应当经其他股东过半数同意。公司章程另有规定的除外。

2. 合伙人财产份额的出质

合伙人财产份额的出质,是指合伙人将其在合伙企业中的财产份额作为质押的标的物对债权人债权的实现进行担保的行为。由于合伙人以财产份额出质可能导致该财产份额依法发生权利移转,因而合伙企业法规定:合伙人可以其在合伙企业中的财产份额为其个人或他人的债务质押担保,但是,必须经其他合伙人一致同意;未经其他合伙人一致同意,合伙人以其在合伙企业中的财产份额出质的,其行为无效,由此给善意第三人造成损失的,由行为人依法承担赔偿责任。合伙企业法对合伙人财产份额出质的规定,包括以下内容:一是合伙人可以将其在合伙企业中的财产份额作为质物,与第三人签订质押合同,但必须经其他合伙人一致同意,否则,质押行为无效,即不产生法律上的效力,不受法律保护。二是合伙人在未经同意的情况下，以其在合伙企业中的财产份额设定质押给善意第三人造成损失的，依法应承担赔偿责任。

五、合伙企业的事务执行

（一）合伙事务执行的形式

合伙企业是典型的人合企业。合伙企业与合伙人的人格、财产没有完全分离。因此，合伙企业与法人型企业不同，没有专门的意事机构。各合伙人对执行合伙企业事务享有同等的权利，可以由全体合伙人共同执行合伙企业事务，也可以由合伙协议约定或者全体合伙人决定，委托一名或者数名合伙人执行合伙企业事务。合伙协议未约定或者全体合伙人未决定委托执行合伙事务执行人的，全体合伙人均为执行事务合伙人。作为合伙人的法人、其他组织执行合伙事务的，由其委派的代表执行。这里的“执行合伙事务”，不是对合伙企业做出决定的简单执行，而是指对营业事务享有决定权。凡是委托一名或数名合伙人执行合伙企业事务的，其他合伙人一般不再执行合伙企业事务。执行合伙企业事务的合伙人，简称执行合伙人，对外代表合伙企业即代表全体合伙人。执行合伙人执行合伙企业事务，仅限于一般性的经营事务，法律规定的合伙企业的重大事务仍必须由全体合伙人决定。

合伙企业虽然可以委托一名或者数名合伙人执行合伙企业事务，但并不是所有的合伙事务都可以委托部分合伙人决定。根据合伙企业法第三十一条的规定，除合伙协议另有约定外，合伙企业的下列事项应当经全体合伙人一致同意：①改变合伙企业的名称；②改变合伙企业的经营范围、主要经营场所的地点；③处分合伙企业的不动产；④转让或者处分合伙企业的知识产权和其他财产权利；⑤以合伙企业名义为他人提供担保；⑥聘任合伙人以外的人担任合伙企业的经营管理人员。

合伙企业还可以聘请合伙人以外的人担任企业负责人，管理合伙企业事务。被聘任的经营管理人员属于“非合伙人”，无须对企业债务承担无限连带责任。同时被聘任的合伙企业的经营管理人员应当在合伙企业授权范围内履行职务。被聘任的合伙企业的经营管理人员，超越合伙企业授权范围履行职务，或者在履行职务过程中因故意或者重大过失给合伙企业造成损失的，依法承担赔偿责任。合伙企业虽然可以限制被聘任的经营管理人员履行职务的权限，但该限制不得对抗善意第三人。

（二）合伙人执行合伙事务的权利

根据合伙企业法的规定，合伙人在执行合伙事务中的权利主要包括以下内容。

1. 合伙人对执行合伙事务享有同等的权利

合伙企业最主要的特征是合伙人共同投资、共同经营，各合伙人无论出资多少,都有权平等享有执行合伙企业事务的权利。这一点与公司股东按照出资比例享有管理公司的权利不同。

2. 执行合伙事务的合伙人对外代表合伙企业

合伙人在代表合伙企业执行合伙事务时,不是以合伙人个人名义进行民事活动,而是以合伙企业事务执行人的身份组织实施合伙企业的经营活动。合伙企业事务执行人与代理人不同:代理人是以被代理人名义行事,代理权源于被代理人的授权;而合伙企业事务执行人虽以合伙企业的名义进行活动,但其权利来源于法律的直接规定。合伙企业事务执行人与法定代表人也不同:法定代表人是法律规定的并经过一定程序产生的法人或非法人组织的负责人,法定代表人不一定是该法人或非法人组织的出资者;而合伙企业事务的执行人则是因其出资行为取得合伙人身份,并可以代表合伙企业的人。考虑到法人和其他组织可以参与合伙,成为合伙企业合伙人,合伙企业法规定,作为合伙人的法人、其他组织执行合伙企业事务的,由其委派的代表执行。

3. 不执行合伙事务的合伙人有监督权利

合伙企业法规定,合伙企业委托一个或者数个合伙人执行合伙事务的,其他合伙人不再执行合伙事务。不执行合伙事务的合伙人虽不再执行合伙事务,但有权监督合伙事务合伙人执行合伙事务的情况。合伙事务是合伙企业的公共事务,事务的执行涉及每一个合伙人的利益,每一个合伙人都有权利关心合伙企业的利益,赋予不执行合伙事务合伙人的监督权,有利于促进合伙事务执行人认真履行职责,谨慎处理合伙事务,有利于维护合伙企业的共同利益。

4. 合伙人有查阅合伙企业会计账簿等财务资料的权利

合伙人为了了解企业的经营状况和财产状况,有权查阅企业会计账簿等财务资料。查阅企业会计账簿等财务资料,是合伙人了解企业经营状况和财务状况最有效的手段,是合伙人的一项重要权利。

5. 合伙人有提出异议的权利和撤销委托的权利

合伙企业委托一个或者数个合伙人执行合伙事务的,执行事务合伙人以外的合伙人有权听取执行事务合伙人对执行情况以及合伙企业的经营和财务状况的报告。合伙人分别执行合伙事务的,执行事务合伙人可以对其他执行事务合伙人执行的事务提出异议。提出异议时,应当暂停该项事务的执行。受委托执行合伙事务的合伙人不按照合伙协议或者全体合伙人的决定执行事务的,其他合伙人有权决定撤销该委托。

6. 合伙人对合伙企业重大事务可单独行使否决权

合伙企业中合伙人处于平等的地位,连带责任的制度设计将合伙人牢牢地捆绑在一起。合伙企业法规定,合伙人对合伙企业的重大事项做出决定必须经全体合伙人一致同意,合伙协议另有约定的除外。

(三)合伙人执行合伙事务的义务

合伙企业法规定,合伙人在执行合伙事务中的义务主要包括以下内容。

1. 合伙事务执行人向其他合伙人报告企业经营状况和财务状况

合伙企业委托一个或者数个合伙人执行合伙事务的,执行事务合伙人应当定期向其他合伙人报告事务执行情况以及合伙企业的经营和财务状况。由一个或者数个合伙人执行合伙事务的,其执行合伙事务所产生的收益归合伙企业,所产生的费用和亏损由合伙企业承担。

2. 合伙人不得自营或者同他人合作经营与本合伙企业相竞争的业务

这是合伙人的一项法定义务,不允许合伙协议另行约定。合伙人组建合伙企业的基础是共同出资,共享利益,共担风险。如果其中有合伙人自己或与他人从事与合伙企业相竞争的营业活动,势必影响合伙企业的利益,损害其他合伙人的利益,形成不正当的竞争。因此,合伙企业法规定,合伙人不得自营或者同他人合作经营与本合伙企业相竞争的业务。

【链接】个人独资企业的事务管理人未经投资人同意,不得从事与本企业相竞争的业务。

3. 合伙人不得同本合伙企业进行交易

这是合伙人的一项法定义务,但允许合伙协议另行约定。合伙企业中每一个合伙人都是合伙企业的投资者,如果自己与合伙企业进行交易,就包含了与自己进行交易,与其他合伙人进行交易,而这种交易,极有可能损害合伙人或他人的利益,因此,合伙企业法规定,除合伙协议另有约定或经全体合伙人一致同意外,合伙人不得同本合伙企业进行交易。合伙人欲与合伙企业进行交易,必须履行告知义务,且经全体合伙人一致同意或合伙协议有约定允许同本合伙企业进行交易。

【链接】个人独资企业的事务管理人未经投资人同意,不得同本企业订立合同或进行交易。

六、合伙企业运行的几个特别规则

(一)多数通过规则

合伙企业法第三十条对有关合伙事务的决议方法做了规定:"合伙人对合伙企业有关事项做出决议,按照合伙协议约定的表决办法办理。合伙协议未约定或者约定不明确的,实行合伙人一人一票并经全体合伙人过半数通过的表决办法。本法对合伙企业的表决办法另有规定的,从其规定。"在合伙协议中,可以约定按照出资比例行使表决权,也可以按照一人一票的原则行使表决权。合伙协议有约定的,优先依据合伙协议;如果合伙协议没有约定,则由全体合伙人按照一人一票进行表决，一般事项，由全体合伙人过半数通过，重大事项由全体合伙人一致通过。

根据合伙企业法规定，以下事项属于重大事项：改变合伙企业的名称；改变合伙企业的经营范围、主要经营场所的地点；处分合伙企业的不动产；转让或者处分合伙企业的知识产权和其他财产权利；以合伙企业名义为他人提供担保；聘任合伙人以外的人担任合伙企业的经营管理人员；合伙协议的改变或者重新签订补充合伙协议；合伙人同本合伙企业进行交易；增加或者减少对合伙企业的出资；新合伙人入伙；合伙人声明退伙；将普通合伙人除名；普通合伙人死亡或被依法宣告死亡，继承人具备完全民事行为能力的，取得普通合伙人资格；普通合伙人死亡，继承人为无民事行为能力人或者限制民事行为能力人的，取得有限合伙人资格；普通合伙人转变为有限合伙人，或者有限合伙人转变为普通合伙人；合伙人向合伙人以外的人转让其在合伙企业中的全部或者部分财产份额；普通合伙人以其财产份额出质；合伙企业的解散；合伙协议约定的其他事项。

（二）利润分配和亏损负担的规则

合伙企业法第三十三条规定："合伙企业的利润分配、亏损分担，按照合伙协议的约定办理；合伙协议未约定或者约定不明确的，由合伙人协商决定；协商不成的，由合伙人按照实缴出资比例分配、分担；无法确定出资比例的，由合伙人平均分配、分担。合伙协议不得约定将全部利润分配给部分合伙人或者由部分合伙人承担全部亏损。"该条规定，体现了合伙企业的人合性质。在实践中，合伙企业的利润和亏损分担有多种方式：一是按照出资比例分配或分担；二是按照人数平均分配或分担；三是按照经营贡献大小分配或分担；四是上述几种方式综合使用。由于合伙人对合伙企业债务承担无限连带责任，在企业亏损时，任何一个合伙人无论对合伙企业投资多少都有义务并可能先行偿还合伙企业的全部债务，风险对于每一个合伙人来说，都是一样存在的，对第三人来说，合伙人承担责任不存在出资比例的区别，合伙企业的债权人请求合伙人连带偿还时无须考虑出资比例，只要认定其为某合伙企业的合伙人即可。因此，对于合伙协议中没有约定利润分配比例和亏损分担比例的，原合伙企业法和原民法通则规定的按照出资比例确定责任的规则显然是不公平的。① 如果企业盈利，出资多的可以多分，没有出资只提供劳务的合伙人就不能分；反之，如果企业亏损，则出资多的多承担，未出资的不承担，这显然与合伙企业的利润共享、风险共担的原则不符。现行合伙企业法平均分配利润和平均分担亏损的规则充分地体现了合伙人之相互信任、一致行动、共同投资、共同经营、利

① 原民法通则第三十五条："合伙的债务，由合伙人按照出资比例或者协议的约定，以各自的财产承担清偿责任。"1997 年合伙企业法第三十二条："合伙企业的利润和亏损，由合伙人依照合伙协议约定的比例分配和分担；合伙协议未约定利润分配和亏损分担比例的，由各合伙人平均分配和分担。合伙协议不得约定将全部利润分配给部分合伙人或者由部分合伙人承担全部亏损。"

益共享、风险共担的精神。

需要强调的是，合伙协议盈亏比例的约定，以及没有约定情况下的平均分配和分担的法律规定，仅具有内部效力，不具有对抗第三人的效力。合伙人对合伙企业的债务承担的无限连带责任，是法定的责任，这种责任方式不因合伙协议的约定而发生改变。

【示例5.4】甲、乙、丙设立一普通合伙企业，合伙协议约定损益的分配和分担比例为3∶3∶4。该企业欠丁15万元，无力清偿。债权人丁要求甲清偿15万元，甲主张按照合伙协议约定的比例只偿还4.5万元。甲的主张是否正确？

【分析】合伙人承担无限连带责任，债权人可以请求全体合伙人中的一人或者数人承担全部清偿责任。合伙协议约定亏损分担比例，仅具有内部效力，不具有对抗第三人的效力。

（三）竞业禁止规则

合伙企业法第三十二条规定："合伙人不得自营或者同他人合作经营与本合伙企业相竞争的业务。除合伙协议另有约定或者经全体合伙人一致同意外，合伙人不得同本合伙企业进行交易。合伙人不得从事损害本合伙企业利益的活动。"竞业禁止的目的是防止合伙人利用其在合伙企业中的地位，在上述竞争业务中操纵合伙企业做出有损合伙企业利益的行为，或者剥夺合伙企业的商业机会，谋取私利。合伙企业法第九十九条规定："合伙人违反本法规定或者合伙协议的约定，从事与合伙企业相竞争的业务或者与本合伙企业进行交易的，该收益归合伙企业所有；给合伙企业或者其他合伙人造成损失的，依法承担赔偿责任。"

合伙人不得自营或者同他人合作经营与本合伙企业相竞争的业务是合伙人的一项法定义务，合伙企业法对合伙人的竞业限制是绝对的，不允许合伙人以协议的方式或其他方式进行改变、破坏。合伙人不得同本合伙企业进行交易，即通常所说的"自我交易"，这属于相对禁止，可以通过合伙协议的约定或者经全体合伙人一致同意突破合伙企业法的限制，在合伙协议允许合伙人同本合伙企业进行交易或全体合伙人一致同意的情况下，合伙人可以同本合伙企业进行交易。

【示例5.5】甲是某普通合伙企业的合伙人，该合伙企业需要购买一批经营用餐具，甲正好有一批这样的餐具想要出售，甲在其他合伙人一致同意的情况下，可以进行该笔交易。

七、合伙企业与第三人的关系

合伙企业与第三人的关系，实际上是指有关合伙企业的对外关系，涉及合伙企业对外代表权的效力、合伙企业和合伙人的债务清偿等问题。

(一)合伙企业与第三人的关系

合伙企业法处理合伙企业与善意第三人的关系的基本原则是:合伙企业对合伙人执行合伙事务以及对外代表合伙企业权利的限制,不得对抗善意第三人。换言之,合伙企业中的每一个合伙人均有权代表合伙企业,经合伙人协商一致,可以由一名或数名合伙人作为执行合伙人,而执行合伙人以外的其他合伙人依法不应再执行合伙企业事务,也无权代表合伙企业。但是,这种约定只是合伙人内部的限制,在第三人不知情的状况下,非执行合伙人越权代表合伙企业与第三人为商业交易时,其他合伙人及执行合伙人不得以越权合伙人越权而主张交易无效。但依据具体业务的性质和规模,第三人应当知道合伙人越权,或者越权合伙人与第三人恶意串通损害合伙企业利益的除外。该规则也适用于执行合伙人超越合伙企业授权与第三人进行交易的情况。

【示例 5.6】甲、乙、丙设立一普通合伙企业,合伙协议约定,甲为合伙事务执行人,乙、丙不执行合伙事务。合伙企业在存续期间,丙擅自以合伙企业的名义与善意第三人丁公司签订了采购合同。甲、乙合伙人获知后,认为该合同不符合合伙企业的利益,且违反了合伙协议的约定,即向丁公司主张采购合同无效。

【分析】合伙企业对合伙人执行合伙企业事务以及对外代表合伙企业权利的限制,不得对抗不知情的第三人。在示例中,尽管合伙人丙超越了合伙企业的内部限制,但丁公司为善意第三人,因此,丙以合伙企业名义与丁公司所签的采购合同有效。

合伙人执行合伙企业事务以及对外代表合伙企业的权利,除受合伙协议及全体合伙人的决定限制外,还受到法律规定的限制。如合伙企业法第三十一条规定的必须经全体合伙人决定的事项,执行合伙人如果违反了,合伙企业是否可以对抗第三人?我们认为,法律规定对合伙人权利的限制与合伙人内部约定的限制不同,前者是公开的限制,与合伙企业交易的第三人应当知道并予以关注,如果第三人应尽而未尽此义务,合伙企业可以未经全体合伙人同意为由对抗第三人。

【链接】与善意第三人有关的表述。

<table>
<tr><td>清算前私自转移或者处分合伙企业财产</td><td rowspan="3">行为有效(不得对抗善意第三人)</td></tr>
<tr><td>合伙人执行合伙事务超越限制</td></tr>
<tr><td>个人独资企业受托人或被聘用人员超越投资人对其职权的限制</td></tr>
<tr><td>合伙人以其在合伙企业中的财产份额出质未经一致同意</td><td>行为无效(可以对抗善意第三人)</td></tr>
</table>

(二)合伙企业的债务清偿与合伙人的关系

合伙企业法规定:合伙企业对其债务,应优先以其全部财产进行清偿。合伙企业不能清偿到期债务的,合伙人承担无限连带责任。合伙人由于承担无限连带责任,清偿数额超过其亏损分担比例的,有权向其他合伙人追偿。

1. 合伙企业财产优先清偿

合伙企业对其债务承担的是无限责任,即在合伙企业全部财产范围内承担清偿责任。合伙企业的债务,应当先由合伙企业的财产来承担,即在合伙企业有财产时,合伙企业的债权人应首先要求用合伙企业的全部财产偿还,而不应当向合伙人个人直接请求偿还。对合伙企业的债务,合伙企业的财产处于第一清偿顺序,各合伙人的个人财产处于第二清偿顺序。

2. 合伙人的无限连带清偿责任(对外连带)

合伙企业财产不足以清偿到期债务的,合伙人应当承担无限责任。所谓无限清偿责任,是指合伙人对合伙企业债务的清偿责任,不以其在合伙企业内的财产为限,其在合伙企业之外的全部个人财产均要用于清偿合伙企业的债务。无限清偿责任确定了每个合伙人个人要替合伙企业偿还债务的原则(它不涉及各个合伙人之间的责任关系)。合伙企业财产不足以清偿到期债务,各合伙人在对企业承担无限清偿责任时,相互之间对外承担连带责任,即合伙企业的债权人有权向任何一个合伙人要求其清偿合伙企业财产不足以清偿的全部债务,每一个合伙人也均有义务清偿合伙企业财产不足以清偿的全部债务。合伙人相互之间的连带责任,解决的不是合伙人是否为合伙企业清偿债务的问题,而是一个合伙人有无义务替其他合伙人还债的问题。这种连带责任是法定的责任,不允许以合伙协议的约定加以改变。各合伙人之间变更连带责任的自行约定,对合伙企业的债权人无效。

【示例 5.7】甲、乙、丙设立一普通合伙企业,约定损益的分配和分担比例为 4 : 3 : 3。该企业欠丁 15 万元,无力清偿。债权人应如何主张自己的权利?

【分析】债权人可以请求全体合伙人中的一人或者数人承担全部清偿责任,也可以按照自己确定的比例向各合伙人分别追索。债权人丁可以选择以下四种方式中的任何一种:①要求甲、乙、丙分别清偿 6 万元、4.5 万元、4.5 万元;②要求甲、乙、丙分别清偿 6 万元、6 万元、3 万元;③要求甲、乙分别清偿 6 万元、9 万元;④要求甲清偿 15 万元。

3. 合伙人之间的债务分担和追偿

合伙人内部之间承担按份比例责任。当合伙企业财产不足以清偿到期债务时,各合伙人要用其在合伙企业出资以外的财产承担清偿责任。合伙人承担连带责任后,所清偿数额超过其应当承担的数额时,有权向其他合伙人追偿。合伙人内部的清偿原则是:按照合伙协议的约定办理;合伙协议未约定或者约定不明确的,由合伙人协商决定；协商不成的，由合伙人按照实缴出资比例分担；无法确定出资比例的，由合伙人平均分担。

【示例5.8】甲、乙、丙设立一普通合伙企业，约定损益的分配和分担比例为4∶3∶3。该企业欠丁15万元，无力清偿。债权人要求甲清偿15万元。甲在清偿了丁的债务之后，还拥有什么样的权利？

【分析】合伙人承担连带责任后，所清偿数额超过其应当承担的数额时，有权向其他合伙人追偿。根据合伙协议，合伙人甲承担亏损的比例为40%，超出其应当承担的数额，可以分别向乙、丙追偿。

(三)合伙人的债务清偿与合伙企业的关系

在合伙企业存续期间，可能发生合伙人个人财产不能清偿其个人债务的情形，此时，该合伙人的债权人有可能对合伙人在合伙企业的权益主张各种权利。为了保护合伙企业的财产及其他合伙人的权益，合伙企业法对合伙人个人的债务清偿问题做了如下规定。

1. 禁止合伙人的债权人行使代位权

合伙人发生与合伙企业无关的债务，相关债权人不得代位行使合伙人在合伙企业中的权利。[①] 根据《中华人民共和国民法典》相关规定，债权人行使代位权时，要求债权人对债务人的债权以及债务人对次债务人的债权均合法有效，以及已到期，且由于债务人怠于行使自己的到期债权给债权人造成损失。这里，债权人对合伙人的债权到期，但合伙人对合伙企业享有的不是债权，两者性质完全不同，因此，根本就不具备代位权行使的条件。另外，合伙企业是基于人身相互信任关系而形成的，如果允许合伙人的债权人代位行使该合伙人在合伙企业中的权利，如管理权、事务执行权等，则有违其他合伙人之意志，不利于合伙关系的稳定和合伙企业的正常运营。

2. 禁止合伙人的债权人行使抵销权

合伙人发生与合伙企业无关的债务，相关债权人不得以其债权抵销其对合伙企业的债务。[②] 因为这两种债权、债务关系的主体不同。该债权人对合伙企业的负债，实质上是对全体合伙人负债；而合伙企业某一合伙人对该债权人的负债，只限于该合伙人个人。《中华人民共和国民法典》规定，当事人互负到期债务，该债务的标的物种类、品质相同的，任何一方可以将自己的债务与对方的债务抵销，但依照法律规定或者按照合同性质不得抵销的除外。当事人互负债务，标的物种类、品质不相同的，经双方协商一致，也可以抵销。[③] 民事关系中债权债务的抵销，只

---

① 参见合伙企业法第四十一条。

② 参见合伙企业法第四十一条。

③ 参见合同法第五百六十八条、第五百六十条。

能在相同的当事人之间相互负有债务时才可以施行，而合伙企业与合伙人个人是两个不同的民事主体，允许抵销缺乏法律依据。

3. 合伙人的债权人可以依法追索合伙人在合伙企业中的收益和财产份额

合伙企业法规定，合伙人的自有财产不足清偿其与合伙企业无关的债务的，该合伙人可以以其从合伙企业中分取的收益用于清偿；债权人也可以依法请求人民法院强制执行该合伙人在合伙企业中的财产份额用于清偿。这种处理方法，既保护了债权人的权益，也不影响合伙企业和其他合伙人的利益。合伙人以自己从合伙企业中分取的收益清偿债权人债权，不影响合伙人在合伙企业中的地位以及其他管理权能的行使，是用其应得的财产收益偿还债务。人民法院强制执行合伙人在合伙企业的财产份额，可能涉及新的受让人成为合伙人或债权人取得财产份额成为合伙人，这实际上属于财产份额转让了。因此，为了维护合伙企业的人合性，要求人民法院强制执行合伙人的财产份额时，应当通知全体合伙人，其他合伙人有优先购买权；其他合伙人未购买，又不同意将该财产份额转让给他人的，依照合伙企业法的规定为该合伙人办理退伙结算，或者办理削减该合伙人相应财产份额的结算。

【示例 5.9】甲普通合伙企业的合伙人赵某欠朋友李某 20 万元债务，李某欠甲合伙企业 20 万元债务已到期。赵某的债务到期后一直未清偿。李某的下列做法中，符合合伙企业法规定的是(　　)。

A. 代位行使赵某在甲合伙企业中的权利

B. 请求赵某以其从合伙企业中分取的收益用于清偿

C. 请求人民法院强制执行赵某在甲合伙企业中的财产份额用于清偿

D. 主张以其债权抵销其对甲合伙企业的债务

【解析】合伙人发生与合伙企业无关的债务，相关债权人不得以其债权抵销其对合伙企业的债务；也不得代位行使合伙人在合伙企业中的权利。合伙人的自有财产不足清偿其与合伙企业无关的债务的，该合伙人可以以其从合伙企业中分取的收益用于清偿；债权人也可以依法请求人民法院强制执行该合伙人在合伙企业中的财产份额用于清偿。故本题选 B、C。

(四)合伙企业债务和合伙人债务并存的清偿原则

在合伙企业的债务与合伙人的个人债务并存的情况下，如果合伙企业的财产不足清偿合伙企业的债务，合伙人在合伙企业外的其他个人财产不足清偿合伙人自己的债务时，合伙企业的债权人有权要求合伙人以合伙企业外的其他个人财产对合伙企业债务承担无限责任；而合伙人个人的债权人也有权要求合伙人以其在合伙企业中的财产份额用于清偿个人债务，两种债权人在清偿财产方面必然发生冲突。为了保障清偿公平，必须对这两种不同性质的债务加以区分、分别处理，要明确不同债务的责任财产范围,明确不同的债权人对不同的财产是否享有相应的优先权。

合伙企业法规定:合伙企业对其债务,应优先以其全部财产进行清偿。合伙企业不能清偿到期债务的,合伙人承担无限连带责任。合伙人的自有财产不足清偿其与合伙企业无关的债务的,该合伙人可以以其从合伙企业中分取的收益用于清偿;债权人也可以依法请求人民法院强制执行该合伙人在合伙企业中的财产份额用于清偿。

由此可见,合伙企业的债务立足于合伙企业财产。合伙企业的财产应当首先偿还合伙企业所负债务,然后各合伙人才能用按比例所分得的财产部分,清偿其个人所负债务。只有在合伙企业的全部财产不足清偿债务时,才可以要求合伙人用合伙企业外的财产进行清偿。合伙人个人债务应当立足于个人财产,包括其在合伙企业中的财产份额。对于其个人债务,合伙人应当首先以其在合伙企业外的个人财产清偿,不足以清偿时,再以其在合伙企业内部的财产份额(包括由此产生收益)清偿债务,包括采用退伙、转让财产份额等方式清偿。债权人也可以依法请求人民法院强制执行该合伙人在合伙企业中的财产份额用于清偿。当合伙人以其从合伙企业中分取的收益清偿个人债务时,对合伙企业的营运没有影响;而当合伙人以其在合伙企业内的财产份额清偿债务时,则涉及退伙或合伙人财产份额的转让问题。

【示例 5.10】甲、乙、丙三个合伙人设立 A 普通合伙企业。经营若干年后,企业发生亏损,欠外债及银行贷款 200 万元。在合伙经营过程中,经营收入 15 万元,各项固定资产价值 90 万元。甲个人欠外债 20 万元,乙个人欠外债 15 万元,丙个人欠外债 30 万元。此时,合伙企业的债务如何清偿?甲、乙、丙三人的债务如何清偿?

【分析】①合伙企业的债务应当首先用于企业的全部财产清偿,合伙企业的财产不足以清偿的 95 万元的债务,各合伙人承担无限连带责任。②甲、乙、丙三合伙人的个人债务,应当先用自己的个人财产来清偿。个人财产清偿各自所欠债务的余额,再偿还合伙企业的债务。

八、入伙

入伙,是指在合伙企业存续期间,原来不具有合伙人身份的人经其他合伙人同意加入合伙企业,从而取得合伙人资格的民事法律行为。新合伙人入伙时,除合伙协议另有约定外,应当经全体合伙人同意,并依法订立书面入伙协议。订立入伙协议时,原合伙人应当向新合伙人告知原合伙企业的经营状况和财务状况。

入伙的新合伙人与原合伙人享有同等权利,承担同等责任。但是,如果原合伙人愿意以更优惠的条件吸引新合伙人入伙,或者新合伙人愿意以较为不利的条件入伙,也可以在入伙协议中另行约定。合伙企业法规定,入伙的新合伙人对入伙前合伙企业的债务承担连带责任。

九、退伙

退伙,是指已经具有合伙人身份的自然人、法人、其他组织退出合伙企业,从而丧失合伙人资格的法律行为或事实。

(一)退伙的种类及退伙的结果

退伙一般包括任意退伙、法定退伙和除名退伙三种。

1. 任意退伙

任意退伙也叫声明退伙,是指基于合伙人自己的退伙意愿退出合伙企业的单方法律行为。任意退伙包括协议退伙和通知退伙。

合伙企业法规定,合伙协议约定合伙期限的,在合伙企业存续期间,有下列情形之一的,合伙人可以退伙:①合伙协议约定的退伙事由出现;②经全体合伙人一致同意;③发生合伙人难以继续参加合伙的事由;④其他合伙人严重违反合伙协议约定的义务。

合伙企业法规定,合伙协议未约定合伙期限的,合伙人在不给合伙企业事务执行造成不利影响的情况下,可以退伙,但应当提前30日通知其他合伙人。合伙协议未约定合伙期限的,合伙人声明退伙应具备以下条件:①合伙人的退伙不给合伙企业事务执行造成不利影响。例如,应避开合伙企业的旺季及繁忙季节,完成合伙企业交办的事务,不损害合伙企业的利益。②提前30日通知其他合伙人。退伙之前提前通知合伙人,让其他合伙人有所准备,以维持合伙企业正常运营。如果合伙人违反合伙企业法有关退伙的规定,擅自退伙给合伙企业造成损失的,应当依法承担赔偿责任。

2. 法定退伙

法定退伙又称当然退伙,是指合伙人基于法律规定的事由而退伙。合伙企业法规定,合伙人有下列情形之一的,当然退伙:①作为合伙人的自然人死亡或者被依法宣告死亡;②个人丧失偿债能力;③作为合伙人的法人或者其他组织依法被吊销营业执照、责令关闭撤销,或者被宣告破产;④法律规定或者合伙协议约定合伙人必须具有相关资格而丧失该资格;⑤合伙人在合伙企业中的全部财产份额被人民法院强制执行。

合伙人被依法认定为无民事行为能力人或者限制民事行为能力人的,经其他合伙人一致同意,可以依法转为有限合伙人,普通合伙企业依法转为有限合伙企业。被依法认定为无民事行为能力人或者限制民事行为能力人,不能按自己的意思表示为法律行为,没有经营能力、不能判断风险、无法参与合伙事务,已不具有普通合伙人的资格,经其他合伙人一致同意,可以转为有限合伙人,不参与合伙事务的管理,仅以出资享有合伙企业的利益;其他合伙人未能一致同意的,被认定为无民事行为能力或者限制民事行为能力的合伙人退伙。

合伙企业法所列的法定退伙事由中,任意一个事实的发生都构成退伙,合伙人无论是自然人还是法人,都应退出合伙企业,丧失普通合伙人资格,也不再是合伙协议的当事人。

当然退伙,以退伙事由实际发生之日为退伙生效日。

3. 除名退伙

除名退伙是指合伙人因有严重违反合伙协议约定或有其他重大损害合伙企业利益的行为而被其他合伙人一致决定开除的行为。

合伙企业法规定,合伙人有下列情形之一的,经其他合伙人一致同意,可以决议将其除名:①未履行出资义务;②因故意或者重大过失给合伙企业造成损失;③执行合伙事务时有不正当行为;④发生合伙协议约定的事由。除名退伙对合伙人来说,是一个重大事件。合伙企业法规定,对合伙人的除名决议必须经全体合伙人一致同意,法律未允许合伙协议另行约定除名的其他表决规则,被除名人可以采取补救措施,争取保留合伙人的身份。

对合伙人的除名决议应当书面通知被除名人。被除名人自接到除名通知之日起,除名生效,被除名人退伙。被除名人对除名决议有异议的,可以自接到除名通知之日起30日内,向人民法院起诉。

(二)退伙的结果

退伙的结果,主要是指退伙时退伙人在合伙企业中的财产份额和民事责任的变动。其分为两类情况:一是财产继承,二是退伙结算。

1. 财产继承

合伙人死亡或者被依法宣告死亡的,对该合伙人在合伙企业中的财产份额享有合法继承权的继承人,按照合伙协议的约定或者经全体合伙人一致同意,从继承开始之日起,取得该合伙企业的合伙人资格。但如果有下列情形之一的,合伙企业应当向合伙人的继承人退还被继承合伙人的财产份额:①继承人不愿意成为合伙人;②法律规定或者合伙协议约定合伙人必须具有相关资格,而该继承人未取得该资格;③合伙协议约定不能成为合伙人的其他情形。

合伙人的继承人为无民事行为能力人或者限制民事行为能力人的,经全体合伙人一致同意,可以依法成为有限合伙人,普通合伙企业依法转为有限合伙企业。全体合伙人未能一致同意的,合伙企业应当将被继承合伙人的财产份额退还该继承人。

2. 退伙结算

合伙人退伙，其他合伙人应当与该退伙人按照退伙时的合伙企业财产状况进行结算，退还退伙人的财产份额。退伙人对给合伙企业造成的损失负有赔偿责任的，相应扣减其应当赔偿的数额。退伙时有未了结的合伙企业事务的，待该事务了结后再进行结算。

退伙人在合伙企业中财产份额的退还办法，由合伙协议约定或者由全体合伙人决定，既可以退还货币，也可以退还实物。

合伙人退伙时，合伙企业财产少于合伙企业债务的，退伙人应当依照法律规定分担亏损：如果合伙协议约定亏损分担比例的，按照合伙协议的约定办理；合伙协议未约定或者约定不明确的，由合伙人协商决定；协商不成的，由合伙人按照实缴出资比例分担；无法确定出资比例的，由合伙人平均分担。

合伙人退伙后，并不解除对于合伙企业既往债务的连带责任。合伙企业法规定，退伙人对基于其退伙前的原因发生的合伙企业债务，承担无限连带责任。退伙人对其退伙前合伙企业的财产享有权利，对其退伙前已经发生的合伙企业的债务，也应承担相应的连带责任。此项义务为对外的法定责任，但这并不影响合伙人在退伙协议中，约定退伙人在退伙后对合伙企业的债务不承担清偿责任，由其他合伙人承担，但这种约定只是内部责任的划分，不影响退伙人对外法定连带责任的承担。

十、合伙企业的变更

合伙企业登记事项发生变更的，执行合伙事务的合伙人应当自做出变更决定或者从发生变更事由之日起 15 日内，向原企业登记机关申请变更登记。合伙企业申请变更登记，应当向原企业登记机关提交下列文件：①执行事务合伙人或者委派代表签署的变更登记申请书；②全体合伙人签署的变更决定书，或者合伙协议约定的人员签署的变更决定书；③国家市场监督管理总局规定提交的其他文件。法律、行政法规或者国务院规定变更事项须经批准的，还应当提交有关批准文件。

对于申请人提交的申请材料齐全、符合法定形式，企业登记机关能够当场变更登记的，应予当场变更登记。除上述情形外，企业登记机关应当自受理申请之日起 20 日内，做出是否变更登记的决定。予以变更登记的，应当进行变更登记；不予变更登记的，应当给予书面答复，并说明理由。

合伙企业变更登记事项涉及营业执照变更的，企业登记机关应当换发营业执照。

第三节 有限合伙企业

一、有限合伙企业的概念

有限合伙作为欧洲最古老的企业组织形式，最早起源于欧洲中世纪的康孟达(Commenda)契约。我国2006年修订合伙企业法增加了有限合伙企业这种类型，使得投资者又多了一种选择，有利于促进中小企业的发展。有限合伙企业，是指由普通合伙人和有限合伙人组成，普通合伙人对合伙企业债务承担无限连带责任，有限合伙人以其认缴的出资额为限对合伙企业的债务承担责任的合伙企业。在有限合伙企业中，至少应当有一人或一人以上为普通合伙人，普通合伙人拥有对合伙事务的全面管理权，并对合伙企业的债务承担无限连带责任。

有限合伙企业与普通合伙企业的主要区别是：①在经营管理方面，普通合伙企业的合伙人，都有权参与合伙企业的经营管理；而在有限合伙企业中，有限合伙人不执行合伙事务。②在风险承担方面，普通合伙企业的合伙人对合伙企业的债务承担无限连带责任；而在有限合伙企业中，有限合伙人以其认缴的出资额为限承担有限责任，普通合伙人承担无限连带责任。可见，有限合伙企业与普通合伙企业最大的差异是合伙企业的内部构成。普通合伙企业的成员均为普通合伙人，有限合伙企业的成员则被划分为有限合伙人和普通合伙人两类。这两部分合伙人在主体资格、权利享有、义务承受和责任承担等方面均存在明显不同。在法律适用上，凡是合伙企业法中对有限合伙企业有特殊规定的，应当适用有关的特殊规定；无特殊规定的，适用合伙企业法关于普通合伙企业及其普通合伙人的一般规定。

有限合伙企业中的有限合伙人与公司中的股东在承担责任方式上是一致的，都是以其出资额为限对企业的债务负责，即承担有限责任。有限合伙企业相对于公司而言，具有以下优势。

(1)有限合伙企业设立程序简单。公司的设立条件非常严格，对股东人数和出资方式等都有严格的要求，而且设立的手续也较为烦琐。相比而言，有限合伙企业的设立和解散的程序比较简单，具有适应性强、灵活多变的特点。

(2)有限合伙企业在出资者责任上有优势。在出资者责任上，公司中的所有股东均以出资额为限对公司债务承担有限责任，这种情形不利于增强管理者的责任感。相比之下，有限合伙企业中，存在两种不同责任形式的合伙人，其中有限合伙人对企业债务承担有限责任，而负责企业经营管理的普通合伙人，必须对合伙企业债务承担无限责任，这种模式能够激发普通合伙人的积极性与责任心。

(3)有限合伙企业可以规避“双重”赋税。公司存在着“双重”征税的问题，即企业所得税与个人所得税，这会影响到投资者的投资收益。而有限合伙企业则可以合法地规避“双重”赋税,因为合伙企业并不构成税法上独立的纳税主体,有限合伙企业不需要缴纳企业所得税,有限合伙企业中的合伙人,只需对自己从企业中的所得缴纳个人所得税。

(4)有限合伙企业的经营活动比公司的经营活动更具保密性。公司需要按照公示制度要求,对基本信息进行披露,其中尤其以上市公司的信息披露要求最为严格。而有限合伙企业所需遵守的信息披露要求比公司宽松很多,而且此种要求也仅以满足有限合伙企业债权人和政府的监管部门为限。

(5)有限合伙企业具有较强的融资能力。我国目前中小企业所面临的最大难题就是资金短缺,企业筹集资金难已经成为制约中小企业发展的“瓶颈”。有限合伙人没有对合伙企业债务承担无限责任的后顾之忧,为了获得最大化的经营利润,其可能会加大对合伙企业的投资,这比较有利于合伙企业解决资金筹措问题。另外,有限合伙企业的设立方式简单、管理方式自由,只要合伙人之间达成协议,投资者就可以成为有限合伙人。相对于有限责任公司与股份有限公司的融资手段,有限合伙企业具有方便、高效的特点。

(6)有限合伙企业在利润分配方面有优势。追逐利润的最大化,是每个经营者永恒的目标。因此,企业利润的分配方式必然是投资者关注的焦点。公司实行税后利润分配制,按出资比例分配,不利于调动积极性;而有限合伙企业的利润可立即分配给有限合伙人,普通合伙人可获得比其出资额高出许多倍的利润,这有利于激励风险投资家的管理积极性。

二、有限合伙企业设立的特殊规定

(一)有限合伙企业的人数

合伙企业法规定,有限合伙企业由 2 个以上 50 个以下合伙人设立,但是法律另有规定的除外。有限合伙企业至少应当有一个普通合伙人。之所以规定有限合伙企业的合伙人不超过 50 人,主要是考虑有限合伙人一律不执行合伙企业事务,规定最高上限,可以降低有限合伙人的投资风险,避免普通合伙人任意扩大有限合伙人的人数。合伙企业法规定普通合伙企业必须为 2 人以上,仅有下限要求,对上限则没有强制性要求。可见,有限合伙企业与普通合伙企业在人数构成上,法律对其规定不一样。

由于普通合伙人承担无限连带责任,为了防止公共风险,保障社会公益,合伙企业法规定,国有独资公司、国有企业、上市公司以及公益性的事业单位、社会团体不得成为普通合伙人,但上述主体可以有限合伙人身份,加入有限合伙企业,实现投资收益,控制投资风险。

在有限合伙企业存续期间,企业必须包括有限合伙人与普通合伙人两部分合伙人,否则,有限合伙企业的形式应进行变更。当有限合伙企业仅剩有限合伙人时,企业应当解散或变更为其他企业形式;当有限合伙企业仅剩普通合伙人时,应转为普通合伙企业。

(二)有限合伙企业的名称

按照企业名称登记管理的有关规定,企业名称中应当含有企业的组织形式,为了便于公众和交易相对人对有限合伙企业的了解,有限合伙企业名称中必须标明"有限合伙"字样,不能标明"普通合伙""特殊普通合伙""有限公司""有限责任公司"等字样。

(三)有限合伙企业合伙协议

有限合伙企业合伙协议除符合普通合伙企业合伙协议的规定外,还应当载明下列事项:①普通合伙人和有限合伙人的姓名或者名称、住所;②执行事务合伙人应具备的条件和选择程序;③执行事务合伙人权限与违约处理办法;④执行事务合伙人的除名条件和更换程序;⑤有限合伙人入伙、退伙的条件、程序以及相关责任;⑥有限合伙人和普通合伙人相互转变程序。

(四)有限合伙企业的出资

有限合伙人可以用货币、实物、知识产权、土地使用权或者其他财产权利作价出资,但不得以劳务出资。劳务出资是以已经完成的或者即将要完成的一种劳务作为出资。这种出资形式在无限公司或普通合伙企业中是允许的。有限合伙人之所以不能用劳务出资,主要考虑的是劳务出资难以通过市场变现,法律上执行困难,在企业清偿债务的时候,不能够有效地移转给债权人,以用于清偿债务。

有限合伙企业中两种合伙人均应当按照合伙协议的约定按期足额缴纳出资;未按期足额缴纳的,应当承担补缴义务,并对其他合伙人承担违约责任。按期足额缴纳出资,是有限合伙人的一项重要义务,如果不按合伙协议约定履行出资义务,则构成被除名的法定事由。

三、有限合伙企业事务执行的特殊规定

(一)有限合伙企业事务执行人

在有限合伙企业中,普通合伙人承担无限连带责任。因此,合伙企业法规定,有限合伙企业由普通合伙人执行合伙事务,法律赋予普通合伙人对有限合伙企业具有绝对的控制权和支配权,这种控制管理权的分配与风险分配、责任负担的机制是一致的。执行事务合伙人可以要求在合伙协议中确定执行事务的报酬及报酬提

取方式。执行事务合伙人的权利义务与普通合伙企业执行事务合伙人相同。

(二)禁止有限合伙人执行合伙事务

合伙企业法第六十八条规定,有限合伙人不执行合伙事务,不得对外代表有限合伙企业。有限合伙人的下列行为,不视为执行合伙事务:①参与决定普通合伙人入伙、退伙;②对企业的经营管理提出建议;③参与选择承办有限合伙企业审计业务的会计师事务所;④获取经审计的有限合伙企业财务会计报告;⑤对涉及自身利益的情况,查阅有限合伙企业财务会计账簿等财务资料;⑥在有限合伙企业中的利益受到侵害时,向有责任的合伙人主张权利或者提起诉讼;⑦执行事务合伙人怠于行使权利时,督促其行使权利或者为了本企业的利益以自己的名义提起诉讼;⑧依法为本企业提供担保。规定有限合伙人享有以上权利,实质是为保护其在合伙企业中的利益而给予的一种监督权、救济权。

但第三人有理由相信有限合伙人为普通合伙人并与其交易的,该有限合伙人对此笔交易承担与普通合伙人同样的责任。有限合伙人未经授权以有限合伙企业名义与他人进行交易,给有限合伙企业或者其他合伙人造成损失的,该有限合伙人应当承担赔偿责任。

(三)有限合伙企业利润分配

合伙企业法规定,有限合伙企业不得将全部利润分配给部分合伙人,但是合伙协议另有约定的除外。

【链接】普通合伙企业的合伙协议不得约定将全部利润分配给部分合伙人。

(四)有限合伙人的权利

1. 有限合伙人可以同本企业进行交易

合伙企业法规定,有限合伙人可以同本有限合伙企业进行交易,但是合伙协议另有约定的除外。由于有限合伙人不参与合伙企业事务执行,对有限合伙企业的对外交易行为,无直接或间接的控制权,有限合伙人与本有限合伙企业进行交易时,一般不会损害本有限合伙企业的利益。但合伙协议可以对有限合伙人同本有限合伙企业进行交易进行限定,如果合伙协议另有约定,则必须执行合伙协议的约定。合伙协议如果对有限合伙人同本有限合伙企业进行交易行为没有约定,则按照合伙企业法的规定,有限合伙人可以与本有限合伙企业进行交易。

2. 有限合伙人可以经营与本有限合伙企业相竞争的业务

合伙企业法规定,有限合伙人可以自营或者同他人合作经营与本有限合伙企业相竞争的业务,但是合伙协议另有约定的除外。与普通合伙人不同,有限合伙人一般不承担竞业禁止义务,普通合伙人如果要禁止有限合伙人自营或者同他人合作经营与本有限合伙企业相竞争的业务，应当在合伙协议中予以明确约定。

【链接】普通合伙企业合伙人不得自营或者同他人合作经营与本合伙企业相竞争的业务。除合伙协议另有约定或者经全体合伙人一致同意外，合伙人不得同本合伙企业进行交易。

四、有限合伙企业财产出质与转让的特殊规定

《合伙企业法》规定，有限合伙人可以将其在有限合伙企业中的财产份额出质，但是合伙协议另有约定的除外。有限合伙人在企业中的财产份额是有限合伙人的财产权益，在有限合伙企业存续期间，有限合伙人可以对其财产权利进行处分。有限合伙人将其在企业中的财产份额出质，是指有限合伙人以其在合伙企业中的财产份额对外进行权利质押。有限合伙人将其在企业中的财产份额进行出质，仅仅产生有限合伙人发生变更的可能，不会影响到有限合伙企业的财产基础及财产构成，对企业的经营及信用没有任何影响。因此，有限合伙人可以按照法律规定将其在合伙企业中的财产份额进行出质。但是，合伙协议可以对有限合伙人的财产份额出质做出限制性约定，如果合伙协议对财产份额出质有特别约定的，合伙人应遵守约定。

同样，有限合伙人向合伙人以外的人转让其在有限合伙企业中的财产份额，既不影响合伙企业的财产状况，也不影响合伙企业的债权人利益，因此，《合伙企业法》规定，有限合伙人可以按照合伙协议的约定向合伙人以外的人转让其在有限合伙企业中的财产份额，但应当提前30日通知其他合伙人。有限合伙人对外转让其在有限合伙企业中的财产份额时，其他合伙人有优先购买权。

【链接】普通合伙人以其在合伙企业中的财产份额出质的，须经其他合伙人一致同意。普通合伙人向合伙人以外的人转让其在合伙企业中的全部或者部分财产份额时，须经其他合伙人一致同意，合伙协议另有约定的除外。

五、有限合伙人债务清偿的特殊规定

《合伙企业法》规定，有限合伙人的自有财产不足以清偿其与合伙企业无关的债务的，该合伙人可以以其从有限合伙企业中分取的收益用于清偿；债权人也可以依法请求人民法院强制执行该合伙人在有限合伙企业中的财产份额用于清偿。人民法院强制执行有限合伙人的财产份额时，应当通知全体合伙人。在同等条件下，其他合伙人有优先购买权。

【链接】普通合伙人的自有财产不足以清偿其与合伙企业无关的债务的，该合伙人可以以其从合伙企业中分取的收益用于清偿；债权人也可以依法请求人民法院强制执行该合伙人在合伙企业中的财产份额用于清偿。人民法院强制执行合伙人的财产份额时，应当通知全体合伙人，其他合伙人有优先购买权；其他合伙人未

购买,又不同意将该财产份额转让给他人的,依照《合伙企业法》第五十一条的规定为该合伙人办理退伙结算,或者办理削减该合伙人相应财产份额的结算。

六、有限合伙企业入伙与退伙的特殊规定

(一)入伙

与普通合伙企业新入伙的合伙人对入伙前合伙企业的债务承担连带责任不同的是,有限合伙企业中新入伙的有限合伙人对入伙前有限合伙企业的债务,以其认缴的出资额为限承担责任。

【链接】普通合伙企业入伙的新合伙人对入伙前合伙企业的债务承担无限连带责任。

(二)退伙

1. 有限合伙人的当然退伙

《合伙企业法》规定,有限合伙人有下列情形之一的,当然退伙:作为合伙人的自然人死亡或者被依法宣告死亡;作为合伙人的法人或者其他组织依法被吊销营业执照、责令关闭、撤销,或者被宣告破产;法律规定或者合伙协议约定合伙人必须具有相关资格而丧失该资格;合伙人在合伙企业中的全部财产份额被人民法院强制执行。

2. 有限合伙人丧失民事行为能力的处理

作为有限合伙人的自然人在有限合伙企业存续期间丧失民事行为能力的,其他合伙人不得因此要求其退伙。有限合伙人在合伙企业中只进行投资,不参与经营管理,不执行合伙事务,其民事行为能力的有无对合伙企业的存续几乎没有影响,作为有限合伙人的自然人在有限合伙企业存续期间丧失民事行为能力的,并不影响有限合伙企业的正常生产经营活动,因此,其他合伙人不得要求其退伙。

3. 有限合伙人退伙后的责任承担

有限合伙人退伙后,对基于其退伙前的原因发生的有限合伙企业债务,以其退伙时从有限合伙企业中取回的财产承担责任。

4. 有限合伙人继承人的权利

作为有限合伙人的自然人死亡、被依法宣告死亡或者作为有限合伙人的法人及其他组织终止时,其继承人或者权利承受人可以依法取得该有限合伙人在有限合伙企业中的资格。

【链接】退伙的普通合伙人对基于退伙前原因发生的合伙企业债务,承担无限连带责任。

七、有限合伙企业合伙人性质转变的特殊规定

合伙人的身份转换是指因为某些法律事实的出现或者按照合伙协议的约定而导致的普通合伙人向有限合伙人的变更或者有限合伙人向普通合伙人的变更。《合伙企业法》规定，除合伙协议另有约定外，普通合伙人转变为有限合伙人，或者有限合伙人转变为普通合伙人，应当经全体合伙人一致同意。有限合伙人转变为普通合伙人的，对其作为有限合伙人期间有限合伙企业发生的债务承担无限连带责任。普通合伙人转变为有限合伙人的，对其作为普通合伙人期间合伙企业发生的债务承担无限连带责任。

第四节 合伙企业的解散与清算

一、合伙企业的解散

合伙企业的解散，是指各合伙人解除合伙协议，终止合伙企业的行为或程序。

《合伙企业法》规定，合伙企业有下列情形之一的，应当解散：①合伙期限届满，合伙人决定不再经营；②合伙协议约定的解散事由出现；③全体合伙人决定解散；④合伙人已不具备法定人数满 30 天；⑤合伙协议约定的合伙目的已经实现或者无法实现；⑥依法被吊销营业执照、责令关闭或者撤销；⑦法律、行政法规规定的其他原因。

二、合伙企业的清算

合伙企业解散，应当由清算人进行清算。清算期间，合伙企业存续，但不得开展与清算无关的经营活动。《合伙企业法》对合伙企业的清算程序规定如下：

(一)确定清算人

合伙企业解散的，清算人由全体合伙人担任；经全体合伙人过半数同意，可以自合伙企业解散事由出现后 15 日内指定一个或者数个合伙人，或者委托第三人，担任清算人。自合伙企业解散事由出现之日起 15 日内未确定清算人的，合伙人或者其他利害关系人可以申请人民法院指定清算人。

清算人在清算期间的职责有：①清理合伙企业财产，分别编制资产负债表和财产清单；②处理与清算有关的合伙企业未了结事务；③清缴所欠税款；④清理债权、债务；⑤处理合伙企业清偿债务后的剩余财产；⑥代表合伙企业参加诉讼或者仲裁活动。

（二）通知和公告

清算人自被确定之日起10日内将合伙企业解散事项通知债权人，并于60日内在报纸上公告。债权人应当自接到通知书之日起30日内，未接到通知书的自公告之日起45日内，向清算人申报债权。债权人申报债权，应当说明债权的有关事项，并提供证明材料。清算人应当对债权进行登记。

（三）财产清偿顺序

在清算时，合伙企业财产应在支付清算费用后，按照下列顺序清偿：①职工工资、社会保险费用、法定补偿金；②企业所欠税款；③合伙企业的债务。

合伙企业的财产按照上述顺序清偿后如果还有剩余财产，按照合伙协议约定的分配比例进行分配，合伙协议没有约定或约定不明确的，由合伙人协商决定；协商不成的，由合伙人按照实缴出资比例分配；无法确定出资比例的，由合伙人平均分配。

（四）注销登记

清算结束，清算人应当编制清算报告，经全体合伙人签名、盖章后，在15日内向企业登记机关报送清算报告，申请办理合伙企业注销登记。合伙企业注销后，原普通合伙人对合伙企业存续期间的债务仍应承担无限连带责任。

合伙企业清算过程中，如果发现合伙企业不能清偿到期债务的，债权人可以依法向人民法院提出破产清算申请，也可以要求普通合伙人清偿。合伙企业依法被宣告破产的，普通合伙人对合伙企业债务仍应承担无限连带责任。

第五节　违反合伙企业法的法律责任

一、合伙企业与合伙人违法行为及其法律责任

违反《合伙企业法》的规定，提交虚假文件或者采取其他欺骗手段，取得合伙企业登记的，由企业登记机关责令改正，处以5 000元以上5万元以下的罚款；情节严重的，撤销企业登记，并处以5万元以上20万元以下的罚款。

违反《合伙企业法》的规定，合伙企业未在其名称中标明“普通合伙”“特殊普通合伙”或者“有限合伙”字样的，由企业登记机关责令限期改正，处以2 000元以上1万元以下的罚款。

违反《合伙企业法》的规定，未领取营业执照，而以合伙企业或者合伙企业分支机构名义从事合伙业务的，由企业登记机关责令停止，处以5 000元以上5万元

以下的罚款。

合伙企业涂改、出售、出租、出借或者以其他方式转让营业执照的，由企业登记机关责令改正，处2 000元以上1万元以下的罚款；情节严重的，吊销营业执照。

合伙企业登记事项发生变更，未依照《合伙企业法》规定办理变更登记的，由企业登记机关责令限期登记；逾期不登记的，处以2 000元以上2万元以下的罚款。合伙企业登记事项发生变更，执行合伙事务的合伙人未按期申请办理变更登记的，应当赔偿由此给合伙企业、其他合伙人或者善意第三人造成的损失。

合伙人执行合伙事务，或者合伙企业从业人员利用职务上的便利，将应当归合伙企业的利益据为己有的，或者采取其他手段侵占合伙企业财产的，应当将该利益和财产退还合伙企业；给合伙企业或者其他合伙人造成损失的，依法承担赔偿责任。

合伙人对《合伙企业法》规定或者合伙协议约定必须经全体合伙人一致同意始得执行的事务擅自处理，给合伙企业或者其他合伙人造成损失的，依法承担赔偿责任。

不具有事务执行权的合伙人擅自执行合伙事务，给合伙企业或者其他合伙人造成损失的，依法承担赔偿责任。

合伙人违反《合伙企业法》规定或者合伙协议的约定，从事与本合伙企业相竞争的业务或者与本合伙企业进行交易的，该收益归合伙企业所有；给合伙企业或者其他合伙人造成损失的，依法承担赔偿责任。

合伙人违反合伙协议，应当依法承担违约责任。合伙人履行合伙协议发生争议的，合伙人可以通过协商或者调解解决。不愿通过协商、调解解决或者协商、调解不成的，可以按照合伙协议约定的仲裁条款或者事后达成的书面仲裁协议，向仲裁机构申请仲裁。合伙协议中未订立仲裁条款，事后又没有达成书面仲裁协议的，可以向人民法院起诉。

二、合伙企业清算人违法行为及其法律责任

清算人未依照《合伙企业法》规定向企业登记机关报送清算报告，或者报送清算报告隐瞒重要事实，或者有重大遗漏的，由企业登记机关责令改正。由此产生的费用和损失，由清算人承担和赔偿。

清算人执行清算事务，牟取非法收入或者侵占合伙企业财产的，应当将该收入和侵占的财产退还合伙企业；给合伙企业或者其他合伙人造成损失的，依法承担赔偿责任。

清算人违反《合伙企业法》规定，隐匿、转移合伙企业财产，对资产负债表或者财产清单作虚假记载，或者在未清偿债务前分配财产，损害债权人利益的，依法承担赔偿责任。

合伙企业未依照《合伙企业登记管理条例》规定办理清算人成员名单备案的，由企业登记机关责令限期办理；逾期未办理的，处 2 000 元以下的罚款。

三、其他有关违法行为及其法律责任

有关行政管理机关的工作人员违反《合伙企业法》规定，滥用职权、徇私舞弊、收受贿赂、侵害合伙企业合法权益的，依法给予行政处分。

违反《合伙企业法》规定，构成犯罪的，依法追究刑事责任。

违反《合伙企业法》规定，应当承担民事赔偿责任和缴纳罚款、罚金，其财产不足以同时支付的，先承担民事赔偿责任。

第六章　公司与公司法概述

第一节　公司的概念及种类

一、公司的概念

由于各国公司立法对公司种类规定不同，不同类型的公司法律特征也有着较大差异，即使是同一类型的公司在不同的国家、地区的法律中具体规定也存在不同，因此，很难给公司下一个统一的定义。即便如此，分析总结各国法律关于公司的规定，可以发现，对公司定义一般都包含以下要素：第一个要素是，公司设立与法律的关系，对公司的定义都有"依法设立"的要素，有的立法表述为"依公司法"，有的立法表述为"依商法"。第二个要素是，公司的设立目的，有的表述为公司以从事商业行为目的，有的直接表述为公司具有营利目的。第三个要素是，公司的法律地位。除美国外，其他国家都将公司界定为法人。日本《商法典》规定公司是社团法人。允许设立一人有限责任公司的国家，一般都没有社团性的规定，如德国、法国未明确公司的社团性。据此，我们可以将公司定义概括为：公司是依照公司法（或商法）规定登记成立的以营利为目的的法人。

我国《中华人民共和国公司法》第二条规定："本法所称公司是指依照本法在中国境内设立的有限责任公司和股份有限公司。"第三条规定："公司是企业法人。有独立的法人财产，享有法人财产权。公司以其全部财产对公司债务承担责任。有限责任公司的股东以其认缴的出资额为限对公司承担责任；股份有限公司的股东以其认购股份为限对公司承担责任。"《公司法》没有直接规定公司的概念，而是将公司的内容和特征融入有限责任公司和股份有限公司这两类公司的规定之中。根据我国《公司法》的规定，公司可以定义为：公司是依《公司法》设立的，股东以其认缴的出资额或以其认购股份为限对公司承担责任，公司以其全部财产对公司债务承担责任的企业法人。简言之，公司是依《公司法》设立的，以有限责任公司和股份有限公司为表现形式的企业法人。

二、公司的特征

传统学理上认为公司的特征是：依法设立、营利目的、社团法人。由于许多国家在现代公司法中承认一人有限责任公司,传统公司法所规定的公司社团性已经发生变化,不是所有的公司都是社团法人。我国公司法现允许设立一人有限责任公司、国有独资公司,除这两种公司形式外,其他公司仍具有社团性这一特征。从法律层面上讲,我国公司具有以下特征:

(一)公司必须依法设立

公司必须依法定条件、法定程序设立。一方面,公司的章程、资本、组织机构、活动原则等必须合法;另一方面,公司设立必须经过工商登记注册等必要的设立程序。通常,公司是依《公司法》设立的,但有时其设立还须符合其他法律的规定,如国家对设立特殊行业的公司的特别规定、市场准入规则、公司登记管理法规等。

(二)公司以营利为目的

《民法总则》规定,以取得利润并分配给股东等出资人为目的成立的法人,为营利法人。营利法人包括有限责任公司、股份有限公司和其他企业法人等。所谓营利,从公司层面上看,是指经营一定事业,谋求利益(利润、货币增值),而且将所得利益分配给其成员;从股东层面上看,是指股东(即出资者)出资设立公司的目的是营利,即从公司经营中获取经济利益。因此,公司的营利性不仅要求公司本身为营利而经营,而且要求公司有盈余时应分配给股东。但公司的营利性,不以有实际获利的结果为条件。公司通过其对外的营业活动而取得利益;如果不是从事对外营业而只是从团体的内部活动取得利益并将其分配给成员,例如互助保险社、互助储金会等则不属公司。只获取利益而不把所得利益分配给成员的组织也不是公司,如某些公益社团法人(如救济院)、某些财团法人(如医院)、某些公法人(如监狱、管教所)等均不是公司。合作社虽在社员间分配利益,但合作社不是以营利为唯一的和主要的目的,合作社系以共同经营的方式,谋求社员生活的提高、改善,而且其利益的分配也不完全以出资多少为标准,因此也不属于公司。公司从事营业性活动,也是公司的商事特征,使其区别于不以营利为目的的公益法人和以行政管理为目的的国家机关。

公司的营利性活动一般来说要有连续性,将资金、劳务、能源、技术、土地等因素结合起来,通过有效的管理进行生产或提供商业服务。公司可以有期限地存在,也可以永久地存在。

(三)公司具有法人资格

《公司法》第三条规定:“公司是企业法人,有独立的法人财产,享有法人财产权。公司以其全部财产对公司的债务承担责任。”企业的形态在法律上有两种,即法人企业和非法人企业。所谓法人,是指具有民事权利能力和民事行为能力,依法独立享有民事权利和承担民事义务的组织,参见《民法总则》第五十七条。对法人的基本要求是:法人应当有自己的名称、组织机构、住所、必要的财产或者经费,能够以其全部财产独立承担民事责任。法人成立的具体条件和程序,须依照法律、行政法规的规定;设立法人,法律、行政法规规定须经有关机关批准的,依照其规定。《公司法》之所以赋予公司以法人资格,最根本的原因就是公司满足了成为企业法人的各项要求。

公司作为一个社会组织,具有与公司投资者人格不同的独立人格。公司的存续一般不受其成员变化的影响,所以,具有"永久存续"的特性。作为独立法人,公司有自己独立的财产。公司的财产来源于股东的出资,股东一旦将财产投入公司,便丧失了对该财产的直接支配权利,转由公司享有对该财产的支配权利,即法人财产权,作为对价,公司赋予股东股权。因此,公司法要求股东投资于公司的财产,要记载于公司章程、登记在工商登记簿,使其与股东的其他财产明确分开,在公司存续期间股东无权抽回出资的财产,也不允许占有公司的资金、财产。除此之外,《公司法》还要求一些特殊类型的公司达到法定的最低资本要求。公司必须以其全部财产对经营活动(包括它的法定代表人、工作人员、代理人的经营活动)承担民事责任。公司对债权人的责任是无限的,即以其全部财产还债,而不是限定在股东出资或注册资本的数额范围内。当公司不能清偿到期债务时,依法宣告破产。而股东承担的则是有限责任,仅以其对公司的出资额为限对公司负责。

(四)公司以股东投资行为为基础设立

公司是由股东的投资行为设立的。股东投资行为形成的权利就是股权,即资本权。股东只有将自己出资的财产变成公司资本才能产生股权,且只有经过这种权利置换,公司才具有自己独立的财产,才对股东投资的财产享有法人财产权。股权是一种特殊的权利,不同于所有权,也不同于经营权,更不同于债权。依据《公司法》的规定,公司股东依法享有资产收益、参与重大决策和选择管理者等权利,这就是股权的内容。

三、公司的分类

关于公司的分类,从不同的角度,按照不同的标准,有多种分类。其中,常见的分类有以下几种:

(一)按股东承担责任的形式分

按照股东承担责任的形式这一标准,公司可以分为无限责任公司、两合公司、股份有限公司、股份两合公司、有限责任公司。这是公司最主要的分类,也是许多国家公司立法上的公司分类。

(1)无限责任公司,是指由两个以上的股东组成,全体股东对公司的债务承担无限连带责任的公司。无限责任公司的优点是:设立条件简单,组建程序简便,有利于实现资智合作,出资人经营努力,公司信用深厚。缺点是:由于股东对公司债务承担无限连带责任,股东所负责任过重,公司发展规模受限,股东出资转让有一定困难。无限责任公司股东之间有较强的人身关系,以成员相互间的信赖为基础,有些国家则不将其视为法人,而适用合伙的相关规定。有些国家视无限公司为独立法人。我国目前尚没有针对无限责任公司的法律规定。

(2)两合公司,是由无限责任股东与有限责任股东两种成员组成的公司。无限责任股东对公司的债务承担无限连带责任,有限责任股东以其对公司的出资额为限对公司债务承担责任。其中无限责任股东是公司的经营管理者,有限责任股东则不参与公司的经营管理。这种公司类似于合伙关系中的隐名合伙或有限合伙。两合公司与无限公司相比,由于有限股东承担有限责任,因此,有利于筹集资本和扩大规模;与有限责任公司比,由于无限股东承担连带责任,使得其偿债保障机制更为健全,对债权人利益保障更大。两合公司中由于存在两种责任形式的股东,股东承担责任形式不同,经营目标不尽一致,致使公司组织机构和财务基础不如无限公司稳固;有限股东一般不参与公司管理,公司业务由无限股东执行,容易造成后者操纵公司事务而损害前者利益的现象。这类公司在世界范围内已不多见。我国《公司法》没有规定这种公司。

(3)股份有限公司,是指全部公司资本划分为均等的股份,股东以其认购的股份为限对公司债务承担责任,公司以其全部财产对公司的债务承担责任的公司。股份有限公司是现代企业的典型形式,是我国现行《公司法》规定的重要公司形式。

(4)有限责任公司,是指由一定数量的股东组成,股东以其认缴的出资额为限对公司债务承担责任,公司以其全部财产对公司的债务承担责任的公司。股东责任的有限性是其基本特性。有限责任公司是我国《公司法》规定的一种公司形式。

(5)股份两合公司,是由一个或一个以上的无限责任股东与一个或一个以上的有限责任股东组成,公司的资本分为等额股份的公司。它是股份有限公司和两合公司的混合,既吸收了股份有限公司招募资本的优点,又保留着两合公司强调个人信誉的特点。它的基本要求和这两类公司一样,但在实际运用中使用较少。我国《公司法》不承认该类公司。

(二)按公司信用基础分

按照公司信用基础这一标准,公司可以分为人合公司、资合公司、人合兼资合公司。

(1)凡以股东个人的信用为公司信用基础的公司称为人合公司。无限责任公司是典型的人合公司。

(2)凡公司的经济活动以资本信用为基础的公司,称为资合公司。典型的资合公司是股份有限公司。

(3)兼有个人信用与资本信用的公司是人合兼资合公司,如两合公司、有限责任公司等。

(三)按公司的国籍分

按照公司的国籍这一标准,公司可以分为本国公司、外国公司、跨国公司。各国公司法关于公司国籍的划分采取以下不同的标准和原则:住所地标准、设立登记国标准、设立人国籍标准、公司资本控制人国籍标准等。多数国家公司法采用复合标准,以设立准据法标准和设立行为地标准来确定公司的国籍,区分本国公司及外国公司。凡是依据本国公司法在本国境内登记设立的公司,即为本国公司,公司的股东可以是本国国籍,也可以是外国国籍。依据外国法在外国设立的公司,针对本国而言,就是外国公司。跨国公司,也称多国公司、国际公司,在法律上并没有特别的含义,它自身并不是一个国际性的商业组织,主要是指在一国依据该国法律成立,在其他多个国家通过设立其分支机构、子公司或者其他参股性投资公司,从事国际性生产和经营及服务活动的大型经济组织。

我国《公司法》第二条规定:“本法所称公司是指依照本法在中国境内设立的有限责任公司和股份有限公司。”第一百九十一条规定:“本法所称外国公司是指依照外国法律在中国境外设立的公司。”依照公司法规定,我国划分国籍采用的也是复合标准,即准据法和登记地标准,本国公司(即中国籍公司)一定是依据中国的法律,在中国境内设立的企业法人。

(四)按公司的外部组织关系分

按照公司的外部组织关系这一标准,公司可以分为母公司与子公司。在不同公司之间的控制与被控制、依附与被依附的关系中,处于控制和被依附地位的公司是母公司,处于被控制和依附地位的则是子公司。

(1)母公司又称控股公司,或者控制公司,是指拥有其他公司一定数额股份或者根据协议能够控制、支配其他公司人事、财务、业务等事项的公司。母公司通常是指任何拥有特定公司大部分股份的公司,严格来说,母公司仅指持有其他公司一定股份或者股权的公司,自己不生产产品或提供服务,纯粹以持股营运为目的。在以母公司方式取得其他公司所有权及控制权时,这种方式可以有效地降低风险。

(2)子公司又称附属公司,是指一定比例以上的股份受其他公司控制或者根据协议被另一个公司实际控制、支配的公司。母公司或控制公司与子公司或附属公司之间虽然有控制与被控制的组织关系,但它们在参与外部的交易和管理关系时,都具有法人资格。《公司法》第十四条第二款规定:“公司可以设立子公司,子公司具有法人资格,依法独立承担民事责任。”

【示例6.1】星海制衣有限公司(以下简称星海公司)是兴盛集团有限责任公司(以下简称兴盛集团)的全资子公司。万利棉纺厂与星海公司签订棉布购销合同供应棉布共计400包,价款200万元。合同约定,货到2个月后付款。发货后3个月过去了,星海公司以种种借口搪塞,不付万利棉纺厂货款,万利棉纺厂遂以兴盛集团为被告向法院起诉,要求其承担全资子公司星海公司的经济责任。

【分析】星海公司为独立法人,应独立承担民事责任。《公司法》第十四条第二款规定:“公司可以设立子公司,子公司具有法人资格,依法独立承担民事责任。”

(五)按公司的内部管辖关系分

按照公司的内部管辖关系这一标准,公司可以分为总公司与分公司。总公司与分公司是从公司内部组织关系上划分的,它们之间的关系并不是公司之间的关系。

总公司又称本公司,是指依法设立的管辖公司全部组织、支配控制整个公司经营活动的具有法人资格的公司。总公司在公司内部管理系统中处于中心地位,全部控制公司的业务、资金、人事任免等。总公司一般先于分公司设立,也可以在设立总公司的同时,设立分公司。

分公司是依法设立的,在业务、资金、人事等方面受总公司管辖、不具有法人资格的分支机构。分公司在公司成立后或者与公司同时设立,从事本公司特定的业务活动,其法律后果由本公司承担,分公司不具有法律上、经济上的独立地位。《公司法》第十四条第一款规定:公司可以设立分公司,分公司不具有法人资格,其民事责任由公司承担。分公司实质上并非真正意义上的公司,而只是公司的分支机构。分公司没有独立的公司名称、公司章程,没有独立的财产,不具有企业法人资格,不能独立承担民事责任,但其可以办理工商登记手续,领取营业执照,以自己的名义进行经营活动,实施法律行为,有相应的民事权利能力和行为能力。例如,商业银行和保险公司等的分支机构享有独立的诉讼地位。《最高人民法院关于适用〈中华人民共和国民事诉讼法〉的解释》第五十二条规定,《民事诉讼法》第四十八条规定的其他组织是指合法成立、有一定的组织机构和财产,但又不具备法人资格的组织,其中包括:依法设立并领取营业执照的法人的分支机构;依法设立并领取营业执照的商业银行、政策性银行和非银行金融机构的分支机构。

【示例6.2】甲公司的分公司在其经营范围内以自己的名义对外签订了一份货物买卖合同。根据《公司法》的规定,下列关于该合同的效力及其责任承担的表述中,正确的是(　　)。

A. 该合同有效,其民事责任由甲公司承担

B. 该合同有效,其民事责任由分公司独立承担

C. 该合同有效,其民事责任由分公司承担,甲公司负补充责任

D. 该合同无效,甲公司和分公司均不承担民事责任

【分析】 正确选项是 A。分公司可以自己的名义进行经营活动,但不具有法人资格,所以,分公司民事责任由公司承担。

四、《公司法》对公司的分类

我国《公司法》将公司分为有限责任公司和股份有限公司。

(一)有限责任公司

有限责任公司,是指依照公司法规定由 50 个以下的股东组成,股东以其认缴的出资为限对公司的债务承担责任,公司以其全部财产对公司的债务承担责任的企业法人。有限责任公司中除一般的有限责任公司外,还有两种特殊形式:一人有限公司和国有独资公司。

1. 有限责任公司具有以下法律特征:

(1)股东的人数有上限,最多为 50 个。我国《公司法》第二十四条规定"有限责任公司由 50 个以下股东出资设立"。2005 年修订的《公司法》,取消了之前公司立法对设立有限公司至少 2 个以上的股东的要求,但仍保留对有限公司的股东最高人数的限制即不得超过 50 个股东。

(2)股东对公司的债务承担有限责任。股东仅以出资额为限对公司债务承担责任,股东个人的其他财产与公司的债务无关,股东仅对公司负出资责任,不对公司的债权人负责。

(3)公司不能发行股票,不能公开向社会公众募集股份。证明股东投资的文件是股权证明书,或叫出资证明书、股单。出资证明书是一种权利证书,它不同于股票,不是有价证券,不能在市场上自由流通。

(4)股东出资转让有一定限制。有限责任公司的股东之间可以相互转让其全部或者部分股权。股东向股东以外的人转让股权,应当经其他股东过半数同意。

(5)设立方式简便。有限责任公司设立只能采取发起设立方式,不得采用募集设立方式。有限责任公司是通过设立人发起并自行出资的方式设立,而不是通过向社会募集资金的方式设立。

(6)公司组织机构设置灵活、简易。与股份有限公司相比,有限公司的组织机构设置相对灵活、自由,可以根据公司的规模大小,选择设立董事会或执行董事、监事会或监事,而不要求一定设立董事会、监事会等内部组织机构。

2. 一人有限公司的特殊规定

一人有限公司是指只有一个自然人股东或者一个法人股东的有限责任公司。一人有限责任公司作为有限责任公司的一种特殊形态,具有法人资格,独立享有民

事权利并独立承担民事责任,股东对公司债务承担有限责任。

2005 年修改的《公司法》确立了一人有限责任公司的合法地位,使得投资者可以依据自己的意愿,独立设立公司;使得非国有的投资者和本国投资者的投资行为得到了平等的对待;使得存续的公司因为特殊情形只剩一个股东时地位合法化等,体现了公司法投资者平等的基本原则。

2005 年《公司法》修改之前,允许设立的一人有限责任公司限于以下两种情形:其一是国家授权投资的机构或者国家授权的部门可以设立一人有限责任公司即国有独资公司;其二是一个外国投资者依照《中华人民共和国外资企业法》在我国境内设立的具备中国法人条件的外资企业,可以取得中国法人资格,采取有限责任公司形式。

在不允许一人有限责任公司存在的时候,现实经济生活中为了规避法律上关于"设立有限公司必须两个以上股东"的规定,出现了诸如名义股东、两个股东的持股比例严重不对称等情形;另外,在公司成立之后,由于股权转让等原因,出现了公司只有一个股东、不符合公司设立的条件、存在应否予以终止的争议。如果允许这样的公司继续存续,存续股东对存续公司的义务和责任有无变化,是否仍然承担有限责任? 对于上述问题,《公司法》亦无相应规定。从维护市场效率和市场秩序的角度考量,有必要承认存续性一人有限责任公司的合法性。这些现象充分表明,对于一人有限责任公司采取积极承认、有效规范的立法态度是一种理性的选择。

2005 年《公司法》修改时,对上述问题做了积极的回应,扩大了原公司立法设立一人有限责任公司的投资者范围,承认一般投资者设立一人有限责任公司的合法地位。同时,为了防止公司人格被滥用的现象发生,保护公司债权人的交易安全,《公司法》对一人有限公司在设立、组织机构和责任承担方面的规定比较严格,具体表现在以下方面:

(1)一人有限责任公司仅限于有限责任公司,不适用于股份有限公司。《公司法》第五十七条规定:"本法所称一人有限责任公司,是指只有一个自然人股东或者一个法人股东的有限责任公司。"第七十八条规定,设立股份有限公司,应当有 2 人以上 200 人以下为发起人。由此可知,设立股份有限公司发起人的下限,不得低于 2 人。从以上规定可以看出,只能在有限责任公司中设立一人公司,不可以在股份有限公司中设立一人公司。

(2)出资人的限制。一人有限责任公司的股东包括自然人,也包括法人。《公司法》规定,一个自然人只能设立一个一人有限责任公司,该自然人所设的一人有限责任公司不得再设一人有限责任公司,参见《公司法》第五十八条。可见,一个自然人投资设立的一人有限公司,不得作为出资人成为另一个一人有限公司的股东。法人可以投资设立多个一人有限责任公司,法人独资的一人有限责任公司还可以继续设立一人有限责任公司。

(3)公示的要求。一人有限责任公司的独资形式必须明示。《公司法》要求一人有限责任公司应当在公司登记中注明自然人独资或者法人独资,并在公司营业执照中载明。

(4)公司组织机构的特殊性。一人有限责任公司不设股东会。股东依照一般有限责任公司股东会职权做出决定时,应当采用书面形式,并由股东签字后置备于公司。该规定可以使公司与股东之间保持一定的独立性。

(5)一人有限公司实行严格的财务会计制度。因一人有限责任公司股东的单一性,公司由股东完全控制。《公司法》规定,一人有限责任公司应当在每一年度终了时编制财务会计报告,并经会计师事务所审计。

(6)严格的责任制度。一人有限责任公司的股东对于自己与公司的人格、财产的独立性承担举证责任,不能证明公司财产独立于股东自己的财产的,应当对公司承担连带责任。公司法采取的一人公司的股东承担证明自己的财产与公司的财产相互独立的举证责任倒置措施,可以防止一人有限责任公司法人格的滥用,保护与一人有限责任公司交易的当事人的合法权益。

3. 国有独资公司的特殊规定

国有独资公司,是指国家单独出资、由国务院或者地方人民政府授权本级人民政府国有资产监督管理机构履行出资人职责的有限责任公司。国有独资公司是一种特殊的有限责任公司,其特殊性在于公司的股东只有一个,而且是国家,国家以其出资额为限对公司承担责任,公司以全部法人财产对公司债务负责。国有独资公司是《公司法》为适应建立现代企业制度的需要,结合我国实际情况而创设的公司类型。非公司制的国有企业,符合设立有限责任公司条件,且投资主体单一的,可以依照公司法改建为国有独资公司。新设国有企业可以选择这种形态。国有独资公司与一般有限责任公司相比,具有以下法律特征:

(1)投资主体的特殊性。国有独资公司的投资者是一个,且投资者承担有限责任,但与一人有限责任公司不同的是,投资主体不是一般的自然人或普通法人,而是国家。国有独资公司的股东是国家,由国务院或者地方人民政府委托本级人民政府国有资产监督管理机构履行出资人的职责。国有资产管理机构是股东代表,是在公司法体系内可识别的机构投资者或者机构股东。

(2)公司形式适用范围的特殊性。2005 年修订的《公司法》删除了国有独资公司适用对象的规定。[1] 国有独资公司发展至今,其范围严格限定于必须由国家垄断经营的特殊行业和企业。市场经济的发展要求政府向公共服务职能转变,国有独资公司在国民经济的各个领域都可以设立,但国家不可能选择在许多行业中设立或改制设立国有独资公司,一般选择生产特殊产品的行业或者特定行业设立国

---

① 1993 年《公司法》第六十四条规定:国务院确定的生产特殊产品的公司或者属于特定行业的公司,应当采取国有独资公司形式。

有独资公司。

（3）组织机构的特殊性。国有独资公司不设股东会，由国有资产监督管理机构行使股东会职权。国有资产监督管理机构可以授权公司董事会行使股东会的部分职权，决定公司的重大事项，但公司的合并、分立、解散、增减注册资本和发行公司债券，必须由国有资产监督管理机构决定。其中，重要的国有独资公司合并、分立、解散、申请破产的，应当由国有资产监督管理机构审核后，报本级人民政府批准。对国有独资公司董事、经理、监事的人选《公司法》有严格限制。

（4）公司章程制定的特殊性。公司章程由国有资产监督管理机构制定，或者由董事会制定报国有资产监督管理机构批准。

（二）股份有限公司

股份有限公司，是指其全部公司资本划分为均等的股份，股东以其认购的股份为限对公司债务承担责任，公司以其全部财产对公司的债务承担责任的公司。股份有限公司具有以下法律特征：

1. 股份有限公司的全部资本划分为等额的股份

公司资本的等额股份化是股份有限公司的一个重要特点，也是其与有限责任公司的最大区别，有限责任公司的资本不必划分为等额的股份。通过划分等额股份的形式，便于股份有限公司公开向社会募集资本，同时也有利于确定和计算股东的权利。

2. 股份有限公司可以向社会公开发行股份，募集资本

股份有限公司设立时，既可以采取发起设立方式由发起人筹集公司设立所需全部资本，也可以采取募集设立方式，由发起人认购公司全部股份的一部分，其余部分向社会公开募集或者向特定对象募集而设立公司。股份有限公司的股东责任较轻，可以面向社会，广泛筹集资金，是一种比较适合于大型企业的公司形式。

3. 股份有限公司是典型的资合公司

公司的信用基础是公司的资本，而不是股东的个人信用。股份有限公司的资合性，也是股东股份得以自由转让的一个原因。

4. 股东有法定最低人数限制，但没有最高人数的限制

《公司法》对发起人的人数有限制，规定设立股份有限公司，应当有 2 人以上 200 人以下的发起人，其中须有半数以上的发起人在中国境内有住所。

5. 股份的表现形式是股票

股票是公司签发的证明股东出资的凭证。股票是一种有价证券，股东可以在依法设立的证券交易所出售自己的股票，无须经过其他股东的同意。

6. 股东承担有限责任

股份有限公司的股东以其认购的股份为限对公司承担责任。

以上是我国《公司法》规定的公司组织形式的类型，由于国有独资公司与一人有限责任公司属于有限责任公司，因此，我国的公司类型，实际上仅分为有限责任公司和股份有限公司两种。

我国在制定公司法时，充分考虑到了公司制度的发展及我国的实际情况，仅规定了有限责任公司和股份有限公司两种形态，没有规定其他公司类型，其主要原因如下：一是解决全民所有制企业转换经营机制的需要，公司法制定之初，正处于企业改制过程中，已经出现大量的股份有限公司，急切需要制定法律进行规范。二是将国际上最通行的两种形式的公司规定下来，适应中国国有企业的改革，可以改变长期以来国家对投资设立的国有企业承担无限责任的做法，迫切需要确定企业法人制度、投资者有限责任制度。三是无限责任公司和两合公司是与资本主义初期生产力水平相适应的初级形式，国外大量的公司主要是有限责任公司和股份有限公司这两种形态，无限公司和两合公司的数量越来越少。而在实践中，大量的个人及家庭开办的私营企业，仍可继续按照无限责任原则进行管理，通过制定《个人独资企业法》《合伙企业法》等来规制这些类型的企业。

五、外国公司的分支机构

（一）外国公司分支机构的概念及特征

外国公司是指依照外国法律在中国境外设立的公司。外国公司在中国从事经营活动，通常以分支机构的组织形式进行。外国公司的分支机构是指外国公司依照中国《公司法》规定，在中国境内设立的从事经营活动的不具有法人资格的机构。

外国公司的分支机构具有以下特征：

（1）由外国公司在中国申请设立。外国公司分支机构的设立人是外国公司。

（2）依中国法律设立。外国公司的分支机构的设立依据是中国的公司法及其他相关法律。

（3）外国公司的分支机构成立的目的是从事经营活动。经批准设立的外国公司分支机构，在中国境内从事业务活动，必须遵守中国的法律，不得损害中国的社会公共利益，其合法权益受中国法律保护。

（4）外国公司的分支机构不具有中国法人资格。外国公司在中国境内设立分支机构，必须在中国境内指定负责该分支机构的代表人或者代理人，并向该分支机构拨付与其所从事的经营活动相适应的资金。外国公司分支机构从属于某外国公司，不具有独立的法律地位，不能独立承担民事责任。设立该分支机构的外国公司对其分支机构在中国境内从事的一切经营活动承担民事责任。外国公司的分支机构通常以分公司或办事处的形式出现。

(二)外国公司在我国设立分支机构的程序

对外国公司分支机构的设立,有些国家实行准则主义,即依法直接办理设立登记手续即可营业;有些国家则实行许可主义和核准主义,即经东道国政府主管机关审批后方可办理登记注册手续,我国采取核准主义。

1. 审查批准程序

根据公司法的规定,外国公司设立分支机构,必须向中国主管机关提出申请。审批机关要依法审查外国公司是否符合设立分支机构的条件,在规定期限内做出批准或者不批准的决定。

外国公司在中国设立分支机构,应当向主管部门提交以下文件:申请成立分支机构的外国公司的公司章程、所属国的公司登记证书,该外国公司开户银行出具的资信证明,该外国公司法定代表人签署的分支机构代表人或者代理人的简历和身份证明,分支机构在我国从事经营活动的业务计划书,公司股东会或者董事会对于请求批准的议事记录以及审批机关要求的其他材料。外国公司设立分支机构时提交的申请书的内容包括:分支机构所属公司的名称、国籍、住所、法定代表人、业务范围、公司形式,所设立分支机构的形式、业务范围、经营方式、拟向其拨付的营运资金数额、设立地区、经营场所等。

国务院《关于管理外国企业常驻代表机构的暂行规定》中规定:外国公司的分支机构属于贸易商、制造厂商、货运代理商的,报请中华人民共和国商务部批准;属于金融业、保险业的,报请中国人民银行批准;属于海运业、海运代理商的,报请中华人民共和国交通运输部批准;属于航空运输业的,报请中国民用航空总局批准;其他行业,按照业务性质,报请中华人民共和国政府的主管委、部、局批准。主管机关应当在的规定期限内做出批准或者不批准的决定。审批机关要依法审查外国公司设立分支机构是否符合设立的条件。

2. 登记程序

外国公司申请设立分支机构经中国政府有关主管部门批准后,应当由该外国公司指定在中国境内负责该分支机构的代表人或者代理人,持有关证件向公司登记机关依法办理登记手续,领取营业执照。其登记程序原则上与中国公司设立分支机构的登记程序相同。

外国公司分支机构办理登记时,应向登记机关提交下列文件:审批机关签发的批准证书、验资报告、报审批机关批准时的全部文件。登记机关依法核准登记或驳回登记申请。登记机关颁发营业执照日期为分支机构成立的日期。

(三)外国公司分支机构的撤销

外国公司撤销其在中国境内的分支机构时,必须依法清偿债务,依照《公司法》有关公司清算程序的规定进行清算。未清偿债务之前,不得将其分支机构的财产转移至中国境外。

根据《公司法》关于公司清算的规定,外国公司分支机构被撤销或获准撤销后,应成立清算组,清理其财产,编制资产负债表和财产清单,制定清算方案,报中国主管机关确认。分支机构的财产能够清偿债务的,按顺序分别支付清算费用、职工工资和劳动保险费用,缴纳所欠税款,清偿其债务。当其财产不能清偿所欠债务时,应由设立该分支机构的外国公司承担全部责任。

外国公司的分支机构依法清算完毕后,应在法定期限内向原公司登记机关办理注销登记手续,缴销营业执照。清算完毕后如有剩余财产,可将其剩余财产转移至中国境外。

第二节 公司法的概念与特征

一、公司法的概念

公司法是规范公司的设立、组织、经营、变更、解散、清算等过程中发生的社会关系的法律规范的总称。公司法有形式意义上的公司法和实质意义上的公司法之分。形式意义上的公司法即以《公司法》命名的法律,实质意义上的公司法即调整公司有关的特定社会关系的法律规范的总和,在我国除《公司法》外,还包括《公司登记管理条例》《民法典》《中外合资经营企业法》《中外合作经营企业法》等形式的调整公司对内、对外关系的法律法规。

二、公司法的特征

基于公司法的基本内容及其与其他法律的区别,公司法具有如下特征:

1. 公司法具有组织法的特征

所谓组织法是指规范某种社会组织的产生和消灭,组织机构及其运行规则的法律规范。公司法是规范公司的法律地位、公司类型、设立条件及组织机构等的法律规范,因此,公司法具有组织法的特征,且以组织法特征为主。

2. 公司法具有行为法的特征

所谓行为法是指约束或规范某种行为的法律规范。公司法规定公司的内部行为规则,规定公司组织的运作规则,规定影响公司组织体的外部行为规则,因此,公司法具有行为法的特征。公司法只调整与公司组织体有关的行为,除此之外,公司的其他行为,如签订合同、缴纳税款、申请专利等,则由其他部门法进行调整,公司法均不予调整。

3. 公司法具有强制性规范的特征

公司法属于私法的范畴，有大量的任意性规范，体现股东和公司的“意思自治”。与其他私法不同的是，公司法还具有管理性特点，因此，在公司法中有较多的表征为强制性属性的法律规范，其目的是保证主体适格，以维护交易安全和经济秩序。我国现行的公司法与修改前的公司法相比较，在扩大公司自治、放松对公司的管制等方面有较大变化，强制性规范属性有弱化的趋势。

4. 公司法是具有一定国际性的国内法

公司法是由一国的立法机关制定实施的，主要在该国内施行，因此属国内法。但由于经济交往的频繁以及经济活动对主体的共性化要求，各国公司法在保留其固有特色的同时，其内容带有明显的国际性，在很多公司制度方面有趋同性特点。

5. 公司法是具有程序性内容的实体法

公司法中既有大量的实体法规范，如公司组织机构及其权限，股东的权利、义务等，也有诸如公司设立、变更、清算和解散程序、公司机关的议事程序等程序性规范，是具有程序性内容的实体法。

三、公司法的立法状况

我国《公司法》是 1993 年 12 月 29 日颁布，并于 1994 年 7 月 1 日开始实施的。后于 1999 年和 2004 年做了两次小规模的修正。但这部法律产生的时期毕竟是我国提出建立社会主义市场经济体制的初期，其制度体系、法律规范所反映的理念及价值显然与现代市场经济不相适应，为此，第三次对《公司法》的全面修改被启动。第三次修改于 2005 年 10 月 27 日完成。2005 年修订的《公司法》在立法理念、立法原则等方面有几个重要的变化：从侧重服务于国有企业改革，向方便各种投资者利用公司形式转变，降低了投资者进入市场的门槛，方便设立公司；从防止滥设公司转为方便设立公司；从强调事先规制到加强事后救济；从限制公司行为，向尊重公司自治，放松管制转变。这是一个全新的框架和主体结构，基本消除了计划经济的烙印，是在充分把握我国国情的基础上，依循市场经济的规则构建的公司法。为了进一步放宽投资条件，促进经济发展，对《公司法》的第四次修改被启动。2013 年 12 月 28 日，第十四届全国人民代表大会常务委员会第六次会议通过对《公司法》所作的修改，自 2014 年 3 月 1 日起施行。此次修改将注册资本由实缴登记制改为认缴登记制，取消了公司注册资本最低限额，放宽了注册资本登记条件，降低了公司设立门槛，为我国推行注册资本登记制度改革提供了法律保障。①

1. 企业与公司法

实践中，公司的形态多种多样，有的公司是依《公司法》设立的，有的公司是依

---

① 本书中，在没有特别强调的场合下，所称现行《公司法》或新《公司法》，均指 2013 年次修订后的《公司法》。

外商投资企业法设立的，为了对各种公司进行规范，《公司法》明确规定，外商投资的有限责任公司和股份有限公司适用《公司法》；但有关外商投资的法律另有规定的，适用其规定。为了解决公司法实施过程中出现的实际问题，最高人民法院结合审判实践，相继颁布了适用公司法问题的司法解释，这些司法解释是公司法律制度的必要补充。这些司法解释主要有：2006年4月28日公布并于2006年5月9日起施行的《最高人民法院关于适用〈中华人民共和国公司法〉若干问题的规定（一）》；2008年5月12日公布并于2008年5月19日起施行的《最高人民法院关于适用〈中华人民共和国公司法〉若干问题的规定（二）》；2011年1月27日颁布并于2011年2月16日起施行的《最高人民法院关于适用〈中华人民共和国公司法〉若干问题的规定（三）》，上述三个司法解释于2014年2月17日进行了修正；2017年8月28日颁布并于2017年9月1日起施行的《最高人民法院关于适用〈中华人民共和国公司法〉若干问题的规定（四）》。

第三节 违反公司法的法律责任

一、公司的法律责任

（1）公司违反《公司法》规定，虚报注册资本、提交虚假材料或者采取其他欺诈手段隐瞒重要事实取得公司登记的，由公司登记机关责令改正：对虚报注册资本的公司，处以虚报注册资本金额5%以上15%以下的罚款；对提交虚假材料或者采取其他欺诈手段隐瞒重要事实的公司，处以5万元以上50万元以下的罚款；情节严重的，撤销公司登记或者吊销营业执照。

（2）公司违反《公司法》规定，在法定的会计账簿以外另立会计账簿的，由县级以上人民政府财政部门责令改正，处以5万元以上50万元以下的罚款。

（3）公司在依法向有关主管部门提供的财务会计报告等材料上作虚假记载或者隐瞒重要事实的，由有关主管部门对直接负责的主管人员和其他直接责任人员处以3万元以上30万元以下的罚款。

（4）公司不依照《公司法》规定提取法定公积金的，由县级以上人民政府财政部门责令如数补足应当提取的金额，并对公司处以20万元以下的罚款。

（5）公司在合并、分立、减少注册资本或者进行清算时，不依照公司法规定通知或者公告债权人的，由公司登记机关责令改正，对公司处以1万元以上10万元以下的罚款。

（6）公司登记事项发生变更时，未依照《公司法》规定办理有关变更登记的，由公司登记机关责令限期登记；逾期不登记的，处以1万元以上10万元以下的罚款。其中，变更经营范围涉及法律、行政法规或者国务院决定规定须经批准的项目而未取得批准,擅自从事相关经营活动,情节严重的,吊销营业执照。公司未依照《公司登记管理条例》规定办理有关备案的,由公司登记机关责令限期办理;逾期未办理的,处以3万元以下的罚款。

(7)公司在进行清算时,隐匿财产,对资产负债表或者财产清单作虚假记载或者在未清偿债务前分配公司财产的,由公司登记机关责令改正,对公司处以隐匿财产或者未清偿债务前分配公司财产金额5%以上10%以下的罚款;对直接负责的主管人员和其他直接责任人员处以1万元以上10万元以下的罚款。公司在清算期间开展与清算无关的经营活动的,由公司登记机关予以警告,没收违法所得。

(8)公司成立后无正当理由超过6个月未开业的,或者开业后自行停业连续6个月以上的,可以由公司登记机关吊销营业执照。

(9)外国公司违反《公司法》规定,擅自在中国境内设立分支机构的,由公司登记机关责令改正或者关闭,可以并处5万元以上20万元以下的罚款。

二、公司发起人、股东的法律责任

(1)公司的发起人、股东虚假出资,未交付或者未按期交付作为出资的货币或者非货币财产的,由公司登记机关责令改正,处以虚假出资金额5%以上15%以下的罚款。

(2)公司的发起人、股东在公司成立后,抽逃其出资的,由公司登记机关责令改正,处以所抽逃出资金额5%以上15%以下的罚款。

三、清算组的法律责任

(1)清算组不依照《公司法》规定向公司登记机关报送清算报告,或者报送的清算报告隐瞒重要事实或者有重大遗漏的,由公司登记机关责令改正。

(2)清算组成员利用职权徇私舞弊、谋取非法收入或者侵占公司财产的,由公司登记机关责令退还公司财产,没收违法所得,并可以处以违法所得1倍以上5倍以下的罚款。

(3)清算组成员从事清算事务时,违反法律、行政法规或者公司章程给公司或者债权人造成损失,应向公司或者债权人承担赔偿责任。①

四、承担资产评估、验资或者验证的机构的法律责任

(1)承担资产评估、验资或者验证的机构提供虚假材料的,由公司登记机关没收违法所得,处以违法所得1倍以上5倍以下的罚款,并可以由有关主管部门依法责令该机构停业、吊销直接责任人员的资格证书,吊销营业执照。

---

① 参见《(公司法)司法解释(二)》第二十三条。

（2）承担资产评估、验资或者验证的机构因过失提供有重大遗漏的报告的，由公司登记机关责令改正，情节较重的，处以所得收入1倍以上5倍以下的罚款，并可以由有关主管部门依法责令该机构停业、吊销直接责任人员的资格证书，吊销营业执照。

（3）承担资产评估、验资或者验证的机构因其出具的评估结果、验资或者验证证明不实，给公司债权人造成损失的，除能够证明自己没有过错外，在其评估或者证明不实的金额范围内承担赔偿责任。

五、公司登记机关的法律责任

（1）公司登记机关对不符合《公司法》规定条件的登记申请予以登记，或者对符合《公司法》规定条件的登记申请不予登记的，对直接负责的主管人员和其他直接责任人员，依法给予行政处分。

（2）公司登记机关的上级部门强令公司登记机关对不符合《公司法》规定条件的登记申请予以登记，或者对符合《公司法》规定条件的登记申请不予登记的，或者对违法登记进行包庇的，对直接负责的主管人员和其他直接责任人员依法给予行政处分。

六、其他有关法律责任

（1）未依法登记为有限责任公司或者股份有限公司，而冒用有限责任公司或者股份有限公司名义的，或者未依法登记为有限责任公司或者股份有限公司的分公司，而冒用有限责任公司或者股份有限公司的分公司名义的，由公司登记机关责令改正或者予以取缔，可以并处10万元以下的罚款。

（2）利用公司名义从事危害国家安全、社会公共利益的严重违法行为的，吊销营业执照。

（3）违反《公司法》规定，构成犯罪的，依法追究刑事责任。

（4）违反《公司法》规定，应当承担民事赔偿责任和缴纳罚款、罚金的其财产不足以支付时，先承担民事赔偿责任。

第七章　公司设立制度和公司人格制度

第一节　公司设立制度

公司设立,是指发起人依照法律规定的条件和程序,为组建公司使其取得法律人格而采取和完成的一系列法律行为的总称。这一系列法律行为包括:联系发起人,选择设立方式,筹集设立公司所需要的注册资本,制定公司章程,申请注册登记等。公司的种类不同,设立行为的内容也不尽相同。公司的设立不等于公司的成立。公司设立是始于公司创办人进行公司筹备而终于公司获得法律人格的过程;而公司成立则是公司已获得法律人格的事实状态,公司成立是公司设立活动结束的标志,是设立行为、设立过程在法律上的一种认可。

一、公司设立原则

不同的设立原则,体现了在公司发展的不同历史阶段各国立法对公司设立采取的基本态度。在公司发展的历史中,出现过自由设立、特许设立、批准设立准则设立等不同立法原则。

(一)自由设立

自由设立是指公司设立人无须履行法定程序即可自由设立公司,法律对公司的设立不予以任何条件限制。自由主义主要存在于公司制度的萌芽时期,最初对经济的发展和繁荣起到重要作用。该原则在现代社会仍继续存在,如很多国家对个人独资企业、流动摊贩等营业,免予登记。

(二)特许设立

特许设立是指公司设立须依据国家立法机关的特别立法、专门法规或行政命令,或由国家元首特许批准设立公司。该设立原则程序过于严格、手续复杂,不利于公司的正常设立,因而现已很少采用;但在现代仍有沿用,如许多国家的中央银行都是通过专门制定《中央银行法》的形式设立的,法国的国有公司也是以国家特别法形式设立的。按特许主义设立的公司通常是一些特殊性质的公司,如商业银行、保险公司等。

（三）批准设立

批准设立又称“核准设立”“审批设立”，指设立公司除须符合法律规定的条件外，还要报请行政主管机关审核批准，才能申请登记成立。我国曾长期对公司设立采取批准设立原则。对公司设立采取行政机关审批许可的模式，虽能在一定程度上防止公司滥设，但交易受政府行政行为影响大，可能产生拖延、腐败现象，不利于公司及时设立，故大多数国家和地区除对特殊种类、行业的公司设立采取此原则外，一般已经不再采取这一原则。我国 2005 年修订的《公司法》，已经取消股份有限公司设立的行政审批程序。

（四）准则设立

准则设立又称登记设立，是指法律规定设立公司的实体条件，设立人只需按这些条件设立公司并向有关部门办理登记手续即取得营业资格，无须报行政主管部门批准的设立方式。准则主义又有“单纯准则主义”和“严格准则主义”之分。一些国家为了防止过于宽松的准则主义下可能发生的滥设公司与欺诈行为，在立法中除严格规定公司设立的条件外，还规定一些限制性条款，并加重设立人的责任，被称为“严格准则主义”

目前，世界各国在公司设立上主要采取准则主义或严格准则主义原则，一方面，维持公司依法律准则设立，不经行政审批的原则；另一方面，在法律中规定公司设立的条件和设立责任，并加强行政机关、司法机关对公司设立的监督。

在《公司法》颁布之前，我国企业的设立长期以来采取核准设立原则，设立企业必须经行政机关审批，行政干预直接影响着企业设立的效率。《公司法》颁布之初，有限责任公司的设立原则上采用准则主义，除非法律有特别规定；而股份有限公司的设立，则适用核准主义。在总结实践经验的基础上，现行《公司法》采取区别对待的方法，第六条规定：“设立公司，应当依法向公司登记机关申请设立登记。符合本法规定的设立条件的，由公司登记机关分别登记有限责任公司或者股份有限公司。不符合本法规定的设立条件的，不得登记为有限责任公司或者股份有限公司。法律、行政法规规定设立公司必须报经批准的，应当在公司登记前依法办理批准手续。”由此可见，我国《公司法》对有限责任公司和股份有限公司采取了相同的规定，采取准则设立主义为主、核准设立主义为辅的设立原则。

二、公司设立的方式

公司设立的方式有发起设立与募集设立两种。我国《公司法》规定，有限责任公司属于封闭性公司，不能向社会发行股份，因此，只能采取发起设立方式设立公司。股份有限公司属于开放性公司，可以向社会发行股份，因此，既可以采取发起方式设立公司，也可以采取募集方式设立公司。

（一）发起设立

发起设立又称同时设立、共同设立、单纯设立，是指公司的全部股份或者首期发行的股份由发起人认购，不向发起人以外的任何人募集而设立公司。

发起设立方式程序简单，公司的资本无须向社会筹集，可以提高公司设立的效率，减少公司设立的费用，降低公司设立的成本，是公司设立的常见方式。但发起设立中发起人应认购全部资本，当公司设立资本需求较大时，发起人出资责任重，很难承受，会影响公司的设立，因此，发起设立是中小型公司常采取的一种设立方式。

（二）募集设立

募集设立又称募股设立、渐次设立、复杂设立，是指发起人只认购公司全部股份或首期发行股份的一部分，其余部分向社会公开募集或者向特定对象募集而设立公司。我国《公司法》将募集设立分为公开募集设立和定向募集设立两种方式。

公开募集设立是指公司发行的股份除由发起人认购外，其余股份向社会公众公开发行。定向募集设立是指公司发行的股份除由发起人认购外，其余股份可以向特定法人或特定自然人发行，但不能公开向社会发行。定向募集具有发起设立和公开募集设立所没有的优点：与一般公开募集相比，定向募集发行股份的程序简单，与发起设立相比资金筹措更容易。

各国公司法对采取募集方式设立公司时发起人认购的股份应占发行资本总额的比例有限制性的规定。我国《公司法》第八十四条规定："以募集设立方式设立股份有限公司的，发起人认购的股份不得少于公司股份总数的 35%；但是法律、行政法规另有规定的，从其规定。"这样规定，虽然加重了发起人的责任，但对于防止发起人利用设立公司进行欺诈活动，损害投资者利益具有一定意义。

三、公司设立的条件

（一）有限责任公司的设立条件

根据《公司法》第二十三条规定，设立有限责任公司，应当具备下列条件：

1. 股东符合法定人数

《公司法》第二十四条规定："有限责任公司由 50 人以下股东出资设立。"由于我国公司法确认了一人有限责任公司和国有独资公司的法律地位，因此，股东人数没有下限。《公司法》规定有限公司股东的上限，有利于增强公司的人合性和外部信誉。

2. 有符合公司章程规定的全体股东认缴的出资额

2013 年《公司法》对公司资本制度进行重大修改，对一般性的公司设立已经取消了最低资本额限制，法律法规规定的特殊类型公司除外。股东对注册资本可以自行约定数额、自行设定缴纳期限，各出资形态的比例也由股东自行约定设立公司最低资本限额的取消，降低了设立公司的门槛，极大地便利了股东的投资。但债权人保护与资本制度的衔接被大大削弱，因此，资产信用规则完善、对债权人的保护需要高度重视。

3. 股东共同制定公司章程

公司章程作为有限责任公司的重要法律文件，应由全体股东共同制定。《公司法》第二十五条规定，有限责任公司章程应当载明如下事项：①公司名称和住所；②公司经营范围；③公司注册资本；④股东的姓名或者名称；⑤股东的出资方式、出资额和出资时间；⑥公司的机构及其产生办法、职权、议事规则；⑦公司法定代表人；⑧股东会会议认为需要规定的其他事项。股东应当在公司章程上签名、盖章。

4. 有公司名称和建立符合有限责任公司要求的组织机构

公司必须有自己的名称，以区别于其他公司、企业。公司只能使用一个名称，公司名称应当由字号、行业特点或者经营特点、组织形式依次组成。公司名称前应当冠以公司所在地省（包括自治区、直辖市）、市（包括州）或县（包括市辖区）的行政区划名称。在核准登记的行政区划内，同行业公司名称不得相同或近似。公司名称可在法定范围内自由选定，其中必须标明“有限责任公司”字样。名称中不得含有下列文字和内容：有损于国家、社会公共利益的；可能对公众造成欺骗或者误解的；外国国家（地区）名称、国际组织名称；政党名称、党政军机关名称、群众组织名称、社会团体名称及部队番号；汉语拼音字母（外文名称中使用的除外）、数字；其他法律、行政法规规定禁止的。经公司登记机关核准登记的公司名称受法律保护。公司享有名称专用权，有权使用、依法转让自己的名称，禁止他人盗用或假冒。

有限责任公司还应当建立符合要求的组织机构，公司的组织机构是公司对其经营活动进行管理的核心机构，包括股东会、董事会、监事会、经理领导的经营管理机构等。

5. 有公司住所

公司的住所是其主要办事机构所在地。住所应在公司章程中载明并在公司登记机关予以登记，据以与客户进行正常的业务联系和办理其他事务，便于政府实施管理、确定诉讼管辖、确定法律文书送达的地址、确定债务履行的处所、确定登记机关等。

公司住所是公司章程的必要记载事项，也是必须登记的事项。公司变更住所，必须办理变更登记，否则不得以其变更事项对抗第三人。

（二）股份有限公司的设立条件

《公司法》第七十六条规定，设立股份有限公司，应当具备下列条件：

1. 发起人符合法定人数

《公司法》规定：设立股份有限公司，应当有 2 人以上 200 人以下为发起人，其中须有半数以上的发起人在中国境内有住所。发起人是指为设立公司而签署公司章程、向公司认购出资或者股份并履行公司设立职责，并对公司设立承担责任。在公司成立之前，发起人对外代表设立中的公司，对内履行设立公司的义务，为设立中公司的机关，对公司设立活动承担法律责任：公司不能成立时，对设立行为所产生的债务和费用负连带责任；公司不能成立时，对认股人已缴纳的股款，负返还股款并加算银行同期存款利息的连带责任；在公司设立过程中，由于发起人的过失致使公司利益受到损害的，应当对公司承担赔偿责任。

《公司法》对自然人作为发起人未明确规定条件，就公司设立行为而言，应当适用《民法总则》关于自然人权利能力和行为能力的规定。一般认为，自然人作为发起人应该具有完全行为能力，但也有学者认为，自然人作为发起人不应有行为能力的要求。

营利性法人可以作为公司发起人。非营利性法人是否能充任公司发起人的问题，在理论上存在争论，《公司法》未做明确规定。有的国家公司法采取绝对禁止主义，禁止非营利性组织参与任何具有商业目的的活动或商业活动，以菲律宾为代表，其目的是确保公司“目的的单纯性”。有的国家和地区采取原则禁止主义，即原则上禁止非营利性法人参与商业活动，但为实现非营利性组织的生存或设立目的的除外，如新加坡、我国台湾地区。还有的国家采取附条件许可主义，规定非营利性组织设立公司时，在实体上不得影响或应当更有利于实现其公益目的；在程序上应当经过特定的审批程序，如获得相关政府的批准：设立公司所得应用于更广泛的非营利性目标；有的国家还要求从事商业活动的支出少于 50%，澳大利亚、越南、韩国、日本、印度尼西亚等国家采取该原则。

1998 年《事业单位登记管理暂行条例》第二条规定：“本条所称事业单位，是指国家为了社会公益目的，由国家机关举办或者其他组织利用国有资产举办的，从事教育、科技、文化、卫生等活动的社会服务组织。事业单位依法举办的营利性经营组织，必须实行独立核算，依照国家有关公司、企业等经营组织的法律、法规登记管理。”1998 年《社会团体登记管理条例》第四条规定，社会团体不得从事营利性经营活动。1998 年《民办非企业单位登记管理暂行条例》第四条规定，民办非企业单位不得从事营利性经营活动。根据上述规定，事业单位、社会团体、民办非企业单位自身不得从事经营活动。1999 年《国家市场监督管理局关于企业登记管理若干问题的执行意见》第六条规定：“社会团体（含工会）、事业单位及民办非企业单位，具备法人资格的，可以作为公司股东或投资开办企业法人，但按照中共中央、国务院的规定不得经商办企业的除外。”根据该规定，非营利性组织可以作为公司的发起人，设立公司。

1993 年 10 月 9 日，中共中央办公厅、国务院办公厅转发国家经贸委《关于党政机关与所办经济实体脱钩的规定》。该规定要求，县及县以上各级党的机关人大常委会机关、审判机关、检察机关和政府机关中的公安、安全、监察、司法、审计、税务、工商行政管理、土地管理、海关、技术监督、商检等部门以及办事机构，均不得组建任何类型的经济实体，以部门名义向经济实体投资、入股，接受各类经济实体的挂靠。1992 年 6 月 26 日中共中央办公厅、国务院办公厅发出《关于党政机关兴办经济实体和党政机关干部从事经营活动问题的通知》。该通知要求，县及县以上党政机关（包括党委机关、国家权力机关、行政机关、审判机关、监察机关），要坚决执行中共中央、国务院历来的规定，不准经商、办企业。所兴办的各类经济实体，必须与党政机关在财务、名称、人事等方面彻底脱钩。严格划清党政机关管理职权与经济实体经营权的界限，凡是经济实体，必须根据国家法律和政策的规定，自主经营，自负盈亏。县及县以上党政机关在职干部一律不得经商、办企业，不得兼有党政机关干部和企业职工双重身份。之后，又多次发文，严格禁止党政机关、军队、武警部队经商办企业，自然包括禁止党政机关作为公司的发起人。

2. 有符合公司章程规定的全体发起人认购的股本总额或者募集的实收股本

总额股份有限公司采取发起设立方式设立的，注册资本为在公司登记机关登记的全体发起人认购的股本总额。在发起人认购的股份缴足前，不得向他人募集股份。股份有限公司采取募集方式设立的，注册资本为在公司登记机关登记的实收股本总额。法律、行政法规以及国务院决定对股份有限公司注册资本实缴、注册资本最低限额另有规定的，从其规定。

3. 股份发行、筹办事项符合法律规定

发起人设立股份有限公司，必须按照法律规定发行股份并进行其他筹办事项，向社会公开募集股份要报经国务院证券监督管理部门核准。

4. 发起人制定公司章程，采用募集方式设立的经创立大会通过

股份有限公司的章程由全体发起人负责制定，以发起方式设立公司的，章程由全体发起人签署。以募集方式设立的，发起人起草章程，须经创立大会讨论通过。《公司法》第八十一条规定了股份有限公司章程应当载明的事项：①公司名称和住所；②公司经营范围；③公司设立方式；④公司股份总数、每股金额和注册资本；⑤发起人的姓名或者名称、认购的股份数、出资方式和出资时间；⑥董事会的组成、职权和议事规则；⑦公司法定代表人；⑧监事会的组成职权和议事规则；⑨公司利润分配办法；⑩公司的解散事由与清算办法；⑪公司的通知和公告办法；⑫股东大会会议认为需要规定的其他事项。

5. 有公司名称,建立符合股份有限公司要求的组织机构

《公司法》第八条第二款规定:“依法设立的股份有限公司,必须在公司名称中标明股份有限公司或者股份公司的字样。”公司名称由公司发起人拟定,并且遵守公司命名的有关法律规定,然后向相应的工商行政管理机关预先办理公司名称核准登记手续。股份有限公司的组织机构包括股东大会、董事会、监事会及经理。

6. 有公司住所

公司以其主要办事机构所在地为住所。公司住所的确定,具有非常重要的法律意义。它是公司对外签订合同、履行合同的法定地点,也是司法机关送达法律文书、确定法院管辖的重要依据。

四、公司设立的程序

(一)有限责任公司的设立程序

就设立程序而言,有限责任公司与股份有限公司相比,相对简单。《公司法》和《公司登记管理条例》对有限责任公司设立程序做了明确的规定。具体的程序如下:

1. 订立发起人协议

《公司法》规定,有限责任公司的设立只能采取发起设立方式。发起人通常应签署发起设立协议或公司设立协议,对公司的投资者、各方的投资比例、公司名称等基本事项进行明确约定,以期明确发起人之间在公司设立阶段产生的权利义务关系。订立发起人协议,不是设立公司必经程序,但是为了防止发起人在设立过程中的利益冲突及可能发生的纠纷,应鼓励发起人订立设立协议,该设立协议也是将来制定公司章程的一个基础。

2. 申请名称预先核准

《公司登记管理条例》规定:设立公司应当申请名称预先核准。法律、行政法规或者国务院决定规定设立公司必须报经批准,或者公司经营范围中属于法律、行政法规或者国务院决定规定在登记前须经批准的项目的,应当在报送批准前办理公司名称预先核准,并以公司登记机关核准的公司名称报送批准。

在不违背法律禁止性规定的条件下,公司的发起人可以自由确定公司的名称。由发起人或发起人委托的代理人将拟确定的公司名称向公司登记机关办理名称核准登记。申请名称预先核准,应当提交下列文件:①全体股东签署的公司名称预先核准申请书;②全体股东指定代表或者共同委托代理人的证明;③国家工商行政管理总局规定要求提交的其他文件。

预先核准的公司名称保留期为6个月。预先核准的公司名称在保留期内,不得用于从事经营活动,不得转让。

3. 签署公司章程

公司章程应由全体股东共同制定,其内容应符合《公司法》的规定,并经投资者协商同意,由全体投资者共同签署。

4. 认缴并缴纳出资

认缴并缴纳出资是投资者取得股东资格的前提条件。有限责任公司章程应当载明公司注册资本、股东的出资方式、出资额和出资时间。股东签署公司章程是对公司及其他股东的允诺,必须按照公司章程约定的期限、金额及出资方式履行出资义务。2013 年修改后的《公司法》,虽然取消了股东缴纳出资的期限,但并未免除股东的出资义务。公司章程是规范股东出资最主要的法律文件,股东应当按期足额缴纳公司章程中规定的各自所认缴的出资额。所谓认缴,是指确认缴纳、允诺缴纳、承诺缴纳。股东以货币出资的,应当将货币出资足额存入有限责任公司在银行开设的账户;以非货币财产出资的,应当依法办理其财产权的转移手续。对作为出资的非货币财产应当评估作价,核实财产不得高估或者低估作价。法律、行政法规对评估作价有规定的,从其规定。股东如果不按照要求缴纳出资的,除应当向公司足额缴纳外,还应当向已按期足额缴纳出资的股东承担违约责任。

有限责任公司成立后,发现作为设立公司出资的非货币财产的实际价额显著低于公司章程所定价额的,应当由交付该出资的股东补足其差额;公司设立时的其他股东承担连带责任。当然,承担连带责任的股东代为承担责任后,有权向出资瑕疵的股东行使追偿权。

5. 确定公司机关及其组成人员

公司发起人在订立章程时,一般应确定公司机关及其组成人员,以便在公司成立之后尽快进入经营管理。

6. 办理行政审批手续

公司登记前的审批程序虽然已经大幅度减少,但在某些特殊领域依然还保留。《公司登记管理条例》第二十条规定,法律、行政法规或者国务院决定规定设立有限责任公司必须报经批准的,应当自批准之日起 90 日内向公司登记机关申请设立登记;逾期申请设立登记的,申请人应当报批准机关确认原批准文件的效力或者另行报批。法律、行政法规或者国务院决定规定设立有限责任公司必须报经批准的,还应当提交有关批准文件。近年来,国务院在推进工商登记制度的改革过程中,规定在部分特殊行业设立公司、企业,其经营范围中属于法律、政法规或者国务院决定规定须经批准的项目的,也可以在公司成立后申请批准,如公募基金管理公司、证券金融公司、保险资产管理公司等的设立审批实行后置审批程序。

7. 申请公司设立登记

在具备设立条件后,应由全体股东所指定的代表或者其共同委托的代理人向公司登记机关申请设立登记,并按《公司登记管理条例》第二十条规定,提交下列文件:①公司法定代表人签署的设立登记申请书;②全体股东指定代表或者共同委托代理人的证明;③公司章程;④股东的主体资格证明或者自然人身份证明;⑤载明公司董事、监事、经理的姓名、住所的文件以及有关委派选举或者聘用的证明;⑥公司法定代表人任职文件和身份证明;⑦企业名称预先核准通知书;⑧公司住所证明;⑨国家工商行政管理总局规定要求提交的其他文件。法律、行政法规或者国务院决定规定设立有限责任公司必须报经批准的,还应当提交有关批准文件。

8. 公司登记机关审查登记并颁发营业执照

公司登记机关对于公司设立登记的申请应进行审查,符合法定条件的,予以登记并颁发《企业法人营业执照》;不符合法定条件的不予登记。《公司登记管理条例》第三条规定,公司经公司登记机关依法登记,领取《企业法人营业执照》,方取得企业法人资格。

《企业法人营业执照》分为正本和副本,正本和副本具有同等法律效力。国家推行电子营业执照。电子营业执照与纸质营业执照具有同等法律效力。《企业法人营业执照》正本应当置于公司住所或者分公司营业场所的醒目位置。公司可以根据业务需要向公司登记机关申请核发营业执照若干副本。

公司登记机关应当将公司登记、备案信息通过企业信用信息公示系统向社会公示。

(二)股份有限公司发起设立的程序

发起设立,是指由发起人认购公司应发行的全部股份而设立公司。以发起设立方式设立的股份有限公司,其设立程序如下:

1. 签订发起人协议

该协议是全体发起人就公司设立过程中的权利和义务等内容所订立的协议股份有限公司发起人承担公司筹办事务。

2. 申请名称预先核准

设立股份有限公司,应当由全体发起人指定的代表或者共同委托的代理人向公司登记机关申请名称预先核准。申请名称预先核准,应当提交下列文件:①全体发起人签署的公司名称预先核准申请书;②全体发起人指定代表或者共同委托代理人的证明;③国家工商行政管理总局规定要求提交的其他文件预先核准的公司名称保留期为6个月。预先核准的公司名称在保留期内,不得用于从事经营活动,不得转让。

3. 发起人制定公司章程

股份有限公司的章程由全体发起人负责制定。以发起方式设立公司的,章程由全体发起人签署。

4. 发起人认足股份并缴纳股款

股份有限公司是采取发起设立方式设立的，注册资本为在公司登记机关登记的全体发起人认购的股本总额。2013 年修改后的《公司法》，取消了公司设立的最低注册资本额的要求，也取消了 2 年的出资期限，公司注册资本数额、出资的期限均由发起人自行决定，记载于公司章程，但法律、行政法规以及国务院决定对股份有限公司注册资本实缴、注册资本最低限额另有规定的，从其规定。以发起设立方式设立股份有限公司的，发起人应当书面认足公司章程规定其认购的全部股份，并按照公司章程规定缴纳出资。在发起人认购的股份缴足前，不得向他人募集股份。以非货币财产出资的，应当依法办理其财产权的转移手续。发起人不依照公司章程规定缴纳出资的，应当按照发起人协议承担违约责任。

5. 选举董事会和监事会

发起人认足公司章程规定的出资后，应当选举董事会和监事会。

6. 办理登记前置的行政审批

公司登记前的审批程序虽然已经大幅度减少，但在某些特殊领域依然还保留。《公司登记管理条例》第二十条规定，法律、行政法规或者国务院决定规定设立有限责任公司必须报经批准的，还应当提交有关批准文件。国务院规定在部分特殊行业设立公司、企业，其经营范围中属于法律、行政法规或者国务院决定规定实行后置审批项目的，可以在公司成立后申请批准。

7. 申请设立登记

《公司法》规定，由董事会向公司登记机关报送公司章程以及法律、行政法规规定的其他文件，申请股份有限公司设立登记。申请设立股份有限公司，应当向公司登记机关提交下列文件：①公司法定代表人签署的设立登记申请书；②董事会指定代表或者共同委托代理人的证明；③公司章程；④发起人的主体资格证明或者自然人身份证明；⑤载明公司董事、监事、经理姓名、住所的文件以及有关委派、选举或者聘用的证明；⑥公司法定代表人任职文件和身份证明；⑦企业名称预先核准通知书；⑧公司住所证明；⑨国家工商行政管理总局规定要求提交的其他文件。法律、行政法规或者国务院决定规定设立有限责任公司必须报经批准的，还应当提交有关批准文件或者在公司成立后申请批准。

8. 公司登记机关审查登记并颁发营业执照

公司登记机关对于公司设立登记的申请应进行审查，符合法定条件的，予以登记并颁发《企业法人营业执照》；不符合法定条件的则不予登记。《公司登记管理条例》第三条规定，公司经公司登记机关依法登记，领取《企业法人营业执照》，方取得企业法人资格。

公司登记机关应当将公司登记、备案信息通过企业信用信息公示系统向社会公示。

(三)募集设立股份有限公司的程序

募集设立,是指由发起人认购公司应发行股份的一部分,其余部分向社会公开募集或者向特定对象募集而设立的公司。募集设立分为公开募集设立和定向募集设立两种。二者的共同点是发起人只认购公司发行股份总数的一部分,其余部分要向他人募集;不同点是募集股份的对象及程序上存在差别。鉴于两种程序基本相同,以下将两种设立程序一并阐述。募集设立方式设立的股份有限公司的程序如下:

1. 签订发起人协议

与发起设立方式相同,《公司法》第七十九条要求募集设立股份有限公司的发起人应当签订发起人协议,明确各自在公司设立过程中的权利和义务。鉴于发起人公开募集股份时要面对成千上万不特定的社会公众,要求发起人签署发起人协议非常必要。

2. 申请名称预先核准

申请名称预先核准程序与发起设立股份有限公司申请名称预先核准程序相同。这里不再赘述。

3. 发起人制定公司章程

募集设立股份有限公司时,发起人仅认购公司发行股份的一部分,因此,发起人仅有公司章程的起草权;发起人制定并签署的公司章程,不是立即生效,须经创立大会通过后才生效。

4. 发起人认购股份并缴纳股款

股份有限公司采取募集方式设立的,注册资本为在公司登记机关登记的实收股本总额。全体发起人书面认购公司章程确定的股份总数的35%以上,并须全额实际缴付。由此可见,《公司法》对募集设立方式设立的股份有限公司,仍然实行实缴资本制。发起人可以通过货币出资,也可以用实物、知识产权、土地使用权等可以用货币估价并可以依法转让的非货币财产作价出资。以非货币财产出资的,应当依法办理其财产权的转移手续。发起人认购的股款到位后,应先行聘请依法设立的验资机构进行验资,并取得验资证明文件。《公司法》之所以对募集设立发起人认购股份数量及实际缴纳这样规定,主要是要遏制发起人的欺诈行为,保护社会投资者的利益。发起人认购一定数量股份并实际缴纳,也是其取得股东资格的对价,一定程度上显示自己投资设立公司的自信,从而更多地吸引社会投资。

股份有限公司成立后,发起人未按照公司章程的规定缴足出资的,应当补缴;其他发起人承担连带责任。公司成立后,发现作为设立公司出资的非货币财产的实际价额显著低于公司章程所定价额的,应当由交付该出资的发起人补足其差额;其他发起人承担连带责任。

5. 对外募集股份

对外募股又分为向特定对象募集股份和向社会公众公开募集股份。向特定对象募集股份，称为定向募集。向社会公众募集股份，称为公开募集。

发起人向累计不超过200人(即含发起人人数)的特定对象筹集股份的，是定向募集，又称为私募。由于私募行为不涉及社会公众持股，因此，不必经由国务院证券监督管理机构核准。为了避免打着定向募集的幌子变相公开募集股份、欺诈投资者，《证券法》规定：非公开发行证券，不得采用广告、公开劝诱和变相公开方式。定向募集股份的，由发起人制作招股说明书、认股书，投资者认购股份，缴纳股款。发行股份的股款缴足后，必须经依法设立的验资机构验资并出具证明。

发起人向社会公众或者向不特定对象或向特定对象累计超过200人募集股份的，属于公开募集，又称公募。发起人向社会公开发行股份直接关系到社会投资者的利益，为了防止发起人以募股为名非法集资或从事欺诈行为，保护投资者利益，《公司法》《证券法》均采取严格的程序对其进行控制。一般来说，公开募集股份的程序如下：

(1)报请核准。《证券法》第十条规定，公开发行证券，必须符合法律、行政法规规定的条件，并依法报经国务院证券监督管理机构或者国务院授权的部门核准；未经依法核准，任何单位和个人不得公开发行证券。第十二条规定，设立股份有限公司公开发行股票，应当向国务院证券监督管理机构报送募股申请和下列文件：公司章程；发起人协议；发起人姓名或者名称，发起人认购的股份数出资种类及验资证明；招股说明书；代收股款银行的名称及地址；承销机构名称及有关的协议。依照《证券法》规定聘请保荐人的，还应当报送保荐人出具的发行保荐书。法律、行政法规规定设立公司必须报经批准的，还应当提交相应的批准文件。

(2)信息披露。为了使投资者能够及早、全面地了解股份筹集情况，《证券法》第二十一条规定："发行人申请首次公开发行股票的，在提交申请文件后，应当按照国务院证券监督管理机构的规定预先披露有关申请文件。"

(3)等待核准。国务院证券监督管理机构设发行审核委员会，依法审核股票发行申请。发行审核委员会由国务院证券监督管理机构的专业人员和所聘请的该机构外的有关专家组成，以投票方式对股票发行申请进行表决，提出审核意见。国务院证券监督管理机构依照法定条件负责核准股票发行申请。核准程序应当公开，依法接受监督。参与审核和核准股票发行申请的人员，不得与发行申请人有利害关系，不得直接或者间接接受发行申请人的馈赠，不得持有所核准的发行申请的股票，不得私下与发行申请人进行接触。①

国务院证券监督管理机构或者国务院授权的部门应当自受理证券发行申请文

① 参见《证券法》第二十二条、二十三条。

件之日起3个月内,依照法定条件和法定程序做出予以核准或者不予核准的决定,发行人根据要求补充、修改发行申请文件的时间不计算在内;不予核准的应当说明理由。

国务院证券监督管理机构或者国务院授权的部门对已做出的核准证券发行的决定,发现不符合法定条件或者法定程序,尚未发行证券的,应当予以撤销,停止发行。已经发行尚未上市的,撤销发行核准决定,发行人应当按照发行价并加算银行同期存款利息返还证券持有人;保荐人应当与发行人承担连带责任,但是能够证明自己没有过错的除外;发行人的控股股东、实际控制人有过错的,应当与发行人承担连带责任。

(4)公告招股说明书。《公司法》第八十五条和《证券法》第二十五条规定,证券发行申请经核准,在证券公开发行前,必须公告招股说明书,并将该文件置备于指定场所供公众查阅。发行证券的信息依法公开前,任何知情人不得公开或者泄露该信息。发行人不得在公告公开发行募集文件前发行证券。

《公司法》第八十六条规定,招股说明书应当附有发起人制定的公司章程,并载明下列事项:发起人认购的股份数;每股的票面金额和发行价格;无记名股票的发行总数;募集资金的用途;认股人的权利、义务;本次募股的起止期限及逾期未募足时认股人可以撤回所认股份的说明。

(5)制作认股书。这样做是为了方便投资者认购缴纳股款。发起人向社会公开募集股份在公告招股说明书同时,应制作认股书。认股书应当载明招股说明书所列事项由认股人填写认购股数、金额、住所,并签名、盖章。认股人按照所认购股数缴纳股款。如果招股说明书是要约,那么认股书则是投资者对发起人的承诺。认股人在认股书上签字时,原则上股份认购合同即生效。因此,认股人认购股份后,应按照认股书所载缴纳股款。

发起人向社会公开募集股份,应当与依法设立的证券公司承销,签订承销协议。应当同银行签订代收股款协议。代收股款的银行应当按照协议代收和保存股款,向缴纳股款的认股人出具收款单据,并负有向有关部门出具收款证明的义务。

我国《〈公司法〉司法解释(三)》第六条规定:“股份有限公司的认股人未按期缴纳所认股份的股款,经公司发起人催缴后在合理期间内仍未缴纳,公司发起人对该股份另行募集的,人民法院应当认定该募集行为有效。认股人延期缴纳股款给公司造成损失,公司请求该认股人承担赔偿责任的,人民法院应予支持。”在股份另行募集成功的情形下,未及时缴纳股款的认股人自动丧失股东资格,即使愿意补缴出资,加算同期银行利息,也无济于事。

(6)聘请验资机构验资出具验资证明。发行股份的股款缴足后,必须经依法设立的验资机构验资并出具证明。

6. 召开创立大会

发起人应当自股款缴足之日起 30 日内主持召开公司创立大会。创立大会由发起人、认股人组成。发起人应当在创立大会召开 15 日前将会议日期通知各认股人或者予以公告。创立大会应有代表股份总数过半数的发起人、认股人出席方可举行。

创立大会由发起人、认股人组成,是股东大会的前身,是设立中的公司的最高决策机构。《公司法》第九十条规定,创立大会具有下列职权:①审议发起人关于公司筹办情况的报告;②通过公司章程;③选举董事会成员;④选举监事会成员;⑤对公司的设立费用进行审核;⑥对发起人用于抵作股款的财产的作价进行审核;⑦发生不可抗力或者经营条件发生重大变化直接影响公司设立的,可以做出不设立公司的决议。创立大会对上述所列事项做出决议,必须经出席会议的认股人所持表决权过半数通过。

发行的股份超过招股说明书规定的截止期限尚未募足的,或者发行股份的股款缴足后,发起人在 30 日内未召开创立大会的,认股人可以按照所缴股款并加算银行同期存款利息,要求发起人返还。创立大会决议不设立公司,公司就不能成立。之后,由发起人处理善后事宜,向认股人返还股款并加算银行同期存款利息。创立大会决议设立公司的,在公司成立后,股东大会代替创立大会。

发起人、认股人缴纳股款或者交付抵作股款的出资后,除未按期募足股份、发起人未按期召开创立大会或者创立大会决议不设立公司的情形外,不得抽回其股本。

7. 选举董事会和监事会

募集设立公司的,由创立大会选举董事会和监事会成员。

8. 办理登记前置的行政审批程序

公司登记前的审批程序虽然已经大幅度减少,但在某些特殊领域依然还有保留。《公司登记管理条例》第二十条规定,法律、行政法规或者国务院决定规定设立有限责任公司必须报经批准的,还应当提交有关批准文件。国务院规定在部分特殊行业设立公司、企业,其经营范围中属于法律、行政法规或者国务院决定规定实行后置审批项目的,可以在公司成立后申请批准。

9. 申请设立登记

《公司法》规定,董事会应于创立大会结束后 30 日内,向公司登记机关报送公司章程以及法律、行政法规规定的其他文件,申请股份有限公司的设立登记。申请设立股份有限公司,应当向公司登记机关提交下列文件:①公司法定代表人签署的设立登记申请书;②董事会指定代表或者共同委托代理人的证明;③公司章程;④发起人的主体资格证明或者自然人身份证明;⑤载明公司董事、监事、经理姓名、住所的文件以及有关委派、选举或者聘用的证明;⑥公司法定代表人任职文件和身份证明;⑦企业名称预先核准通知书;⑧公司住所证明;⑨国家工商行政管理总局规定要求提交的其他文件以募集方式设立股份有限公司的,还应当提交创立大会的会议记录以及依法设立的验资机构出具的验资证明;以募集方式设立股份有限公司公开发行股票的,还应当提交国务院证券监督管理机构的核准文件。法律、行政法规或者国务院决定规定设立股份有限公司必须报经批准的,还应当提交有关批准文件。①

10. 公司登记机关审查登记并颁发营业执照

公司登记机关对于公司设立登记的申请应进行审查,符合法定条件的,予以登记并颁发《企业法人营业执照》;不符合法定条件的则不予登记。《公司登记管理条例》第三条规定,公司经公司登记机关依法登记,领取《企业法人营业执照》,方取得企业法人资格。②

公司登记机关应当将公司登记、备案信息通过企业信用信息公示系统向社会公示。

五、公司成立的后续事项

公司营业执照的签发之日,即为公司的成立日期。有限责任公司成立后,应当向股东签发出资证明书。出资证明书是有限责任公司股东出资的凭证,是享有股权的权利证书。出资证明书应当载明下列事项:公司名称;公司成立日期;公司注册资本;股东的姓名或者名称、缴纳的出资额和出资日期;出资证明书的编号和核发日期。出资证明书由公司盖章。

有限责任公司应当置备股东名册,记载下列事项:股东的姓名或者名称及住所;股东的出资额;出资证明书编号。记载于股东名册的股东,可以依股东名册主张行使股东权利。公司应当将股东的姓名或者名称向公司登记机关登记,登记事项发生变更的,应当办理变更登记。未经登记或者变更登记的,不得对抗第三人。

股份有限公司成立后,应向股东正式交付股票。公司成立前不得向股东交付股票。股票采用纸面形式或者国务院证券监督管理机构规定的其他形式。股票应当载明下列主要事项:公司名称;公司成立日期;股票种类、票面金额及代表的股份数;股票的编号。股票由法定代表人签名,公司盖章。发起人的股票,应当标明发起人股票字样。公司发行记名股票的,应当置备股东名册,记载下列事项:股东的姓名或者名称及住所;各股东所持股份数;各股东所持股票的编号;各股东取得股份的日期。发行无记名股票的,公司应当记载其股票数量、编号及发行日期。

---

① 参见《公司登记管理条例》第二十一条。

② 参见《公司登记管理条例》第三条。

六、公司设立无效与设立撤销

公司设立,其目的是创设公司,即在法律上创设一个新的法人实体。公司设立成功,即公司成立,取得企业法人资格。公司在设立的过程中,如果出现不符合法定条件或法定程序的行为,该如何处理?是否可以像处理民事行为一样认定公司设立无效或者撤销公司设立行为?对此,各国的公司法有两种立法形式:一是采取公司设立无效主义,二是采取公司设立可撤销主义。但无论实行无效主义还是可撤销主义,公司设立无效或者撤销与民事行为无效、撤销还是存在较大差异。

(一)公司设立无效

1. 公司设立无效的原因

(1)发起人、股东是无民事行为能力或限制行为能力人。有一些国家公司法要求股东必须具有完全民事行为能力,如果公司成立后,发现股东不具备相应资格,则会导致公司设立行为无效。

(2)发起人、股东设立公司的意思表示不真实。设立公司不是发起人、股东的真实意思表示,或者违背其真实的意思。

(3)公司设立时违反法律强制性规定。各国公司法对公司设立虽采取不同的立法原则,但均一致地规定了公司设立的程序要件和实体要件。如果公司设立行为违反公司法规定的某些强制性的"条件"或"程序",也可导致公司设立无效。

(4)公司设立的目的违法或违背社会公共利益。

(5)公司注册资本不符合法定要求。

(6)公司设立股东人数未达到法定要求。

(7)公司章程中缺乏必要记载事项。

(8)其他导致公司设立无效的情形。

2. 对公司设立无效的立法态度

公司设立无效会使公司内外关系处于不确定状态,并将危害社会经济秩序。各国商法或公司法在对待公司设立无效时一般均采取较为严格的立法态度,不轻易认定公司设立行为无效。

(1)慎重宣告公司设立无效,采取公司设立无效补正制度。《法国商事公司法》第三百六十三条规定:受理无效之诉的商事法庭,可以依职权确定一个期限以对无效的原因进行纠正。商事法庭不得在起诉状送达之日后未满2个月宣布无效《日本商法》第一百三十九条规定:在公司设立无效经判决确定的场合,如果公司设立无效的原因仅存在于某股东,由其他股东一致同意,该公司可不清算而继续存在,此时,造成公司设立无效的股东视为已退出公司。该条又被称为"设立无效公司的继续"条款。《韩国商法》规定了瑕疵弥补制度,即在设立无效之诉进行中,如果瑕疵已被弥补,而且根据公司现状和各种条件,认定设立无效或取消为不妥时,法院可以驳回其请求。

(2)宣告公司设立无效遵守严格程序。首先,提起无效之诉的诉讼当事人范围受到严格的限制,通常只允许公司内部成员,如股东、董事或监察人等公司成员提起无效之诉;而且,只能在公司成立后一定期间提起设立无效之诉。其次,给予相对人以催告权。如制度规定,公司成立后,对于因意思要件上的缺陷或一个股东的无行为能力而导致公司设立无效且可以纠正的,相关主体有权催告公司进行调整。

(3)设立无效宣告作为公司被强制撤销的原因之一。公司设立无效的法律后果是取消公司的主体资格,但该取消并不意味着公司法人资格的立即消灭。公司设立无效经法院判决确定时,公司即视同解散,并进入清算程序。只有经清算完结,公司人格才消灭。

(4)公司设立无效无溯及力。公司设立无效判决的效力及于第三人,但无溯及力不影响无效判决确定前公司、股东、第三人之间产生的权利与义务。依照民事行为无效的法理,只要设立无效判决确定,原则上应按公司一开始就不存在来处理,但是,如果那样做,判决确定之前相信公司设立有效而进行的交易都变为无效,必然会危及交易的安全,也会产生大量恢复原状、返还财产的请求等非常复杂的问题。为了防止混乱,各国商法或公司法大都规定设立无效判决的效力对判决确定以前发生的公司、股东及第三人之间的权利、义务没有影响,从而排除了无效判决的溯及力。综观此立法旨意,主要在于不致社会经济秩序和第三人的利益遭受过大的损害,尽可能体现公司维持原则。

(二)公司设立撤销

1. 公司设立撤销的原因

(1)股东在知道公司设立行为侵害债权人利益的情况下,仍设立公司的,债权人可主张撤销公司设立。

(2)公司设立时,股东无行为能力或意思表示有瑕疵,可以在公司设立后申请撤销。

(3)我国《公司法》规定的撤销原因有三种情形,即违反《公司法》规定虚报注册资本取得公司登记,提交虚假材料取得公司登记,或者采取其他欺诈手段隐瞒重要事实取得公司登记。

2. 公司设立撤销的方法

各国公司法规定,公司设立撤销应由特定主体提起,有权提起撤销的主体有债权人、利害关系人等。我国台湾地区的"公司法"规定,公司设立撤销应由法院依职权或由利害关系人申请,经法院判决确定后,由法院通知主管机关执行。

3. 公司撤销的法律后果

公司设立撤销的后果，与公司设立无效的后果基本是一致的。公司撤销的决定一经做出，对公司来说即产生判决解散的效力，应终止执行公司的契约，但无溯及力，不溯及公司与第三人之间在撤销之前的法律关系。

（三）我国《公司法》对公司设立瑕疵的规定

《公司法》立法上采用单重立法模式，对公司设立瑕疵实行撤销主义，并且有自己的特点。

1. 明确规定公司撤销的原因

《公司法》第一百九十八条规定，虚报注册资本、提交虚假材料、采取其他欺诈手段隐瞒重要事实取得公司登记的，由公司登记机关责令改正；情节严重的，撤销公司登记或吊销营业执照。与其他国家公司法规定的公司设立无效或者公司设立撤销的理由相比，我国《公司法》对公司设立撤销原因的规定过于单一，应将公司设立中严重违反强制性法律规定的行为纳入可撤销的理由中。

2. 撤销公司设立无须经诉讼程序处理，由公司登记机关依职权主动为之

登记机关原本就公司登记事项具有审查权，在经审查确认存在违反《公司法》及公司登记有关的法律、法规的行为时，有权拒绝登记。因此，若登记机关事后发现存在这种设立瑕疵，自应赋予其依职权或依申请撤销登记的权利。将公司设立撤销权规定为登记机关的职权，虽有利于公司的管理和提高行政效率，但不利于法院审判权的行使。应拓宽我国公司设立撤销处理的渠道，赋予利害关系人选择权：既可以向法院提起公司设立撤销诉讼，也可以向登记机关申请撤销。

3.《公司法》没有明确规定公司设立撤销的溯及力问题

《公司法》第一百八十条规定，公司因下列原因解散：①公司章程规定的营业期限届满或者公司章程规定的其他解散事由出现；②股东会或者股东大会决议解散；③因公司合并或者分立需要解散；④依法被吊销营业执照、责令关闭或者被撤销；⑤人民法院依照本法第一百八十二条的规定予以解散。根据上述规定，公司被撤销是公司解散的原因之一，按照解散规定进行处理，其效果与无溯及力规定是一致的。

4.《公司法》没有规定公司设立疵的补正制度

为贯彻公司维持原则并维护交易安全，《公司法》应尽可能维持瑕疵设立公司的法律人格，并明确规定公司设立瑕疵补正制度。

第二节　公司人格制度

公司独立人格与股东有限责任是公司的本质特征，是公司制度的基石。公司股东应当遵守法律、行政法规和公司章程，维持公司独立人格。在保证公司人格独立的基础上，股东可以充分享受自己的投资利益，将投资风险转嫁给债权人。公司人格制度，阻断了公司债权人和公司股东之间的关系，确立了有效的法律责任机制，排除了公司债权人直接向股东追偿债务的权利，平衡了投资者与债权人之间的利益关系。公司人格制度解决了公司、股东和债权人之间的责任划分。《公司法》在确立公司独立人格的基础上，还规定，如果公司股东滥用公司法人独立地位和股东有限责任，逃避债务，严重损害公司债权人利益，应当对公司债务承担连带责任。此规定被称作公司人格否认制度。公司人格制度是公司制度的核心，公司人格否认制度，则是对公司人格制度缺陷的必要补充。

一、公司人格的概念

（一）公司人格的含义

公司人格是指公司在法律上独立享有权利和承担义务的主体资格，简言之，公司是法律意义上的人，是法律关系的主体。公司人格是公司享有权利和承担义务的基础和前提，承认公司独立人格也就意味着承认公司的独立主体地位。

（二）公司人格的法律特征

公司人格的独立性和公司人格的平等性是公司人格具有的主要法律特征。

1. 公司人格的独立性

公司人格的独立性是公司人格最本质的特征。公司人格与组成公司的成员人格相互独立。公司一经依法成立，便在法律上获得独立人格，使公司成为一个独立的实体并与其成员的人格相互独立，这是公司人格的最基本内容。因此，公司以自己独立的名称，表征其独立的存在。为了确保公司人格的独立性，法律对公司组织设定了一些特别规定。

（1）公司财产独立。公司财产独立，是指公司拥有与其成员清晰可辨的公司财产，公司对该财产享有法人财产权，该财产由公司所有或由其独立支配，它不是其成员的财产，不属于其成员所有。公司具有的独立财产是公司人格的物质基础，也是公司人格不可或缺的要素和标志之一。公司财产虽来自成员的投资，但其成员一旦把财产投入公司，即丧失了对其出资财产的处分权，就与这些财产相分离，使这些财产成为公司财产，由公司来支配，自己转而取得了公司的股权。正是这一权利的转换，使得公司有了属于自己的财产。公司财产独立的特点使其与非法人社团划清界限，非法人社团的财产是其成员的共有财产，而公司财产不是其成员的共有财产。公司成员将其财产出资给公司后，即使将来公司成员发生变化，亦不影响公司的财产构成；而在合伙企业中成员的变化必然引起企业财产结构的变化，合伙的这一特征影响了合伙企业的独立性。

(2)公司责任独立。公司责任独立，是指公司以其财产独立地对公司债务承担责任，公司股东仅以其出资额或所持股份对公司债务负责，除此之外股东再无责任。可见，公司责任独立的后果，是其成员承担有限责任。从这个层面上看，公司责任独立，又可称为公司的有限责任，其实质是成员的有限责任。公司的债权人仅能对公司的财产主张权利，一般情况下，不得直接向公司的股东求偿。正是这种公司成员承担有限责任和公司独立地承担责任使公司人格独立得到了充分体现，被誉为现代公司制度的基石。

(3)公司存续独立。公司存续独立又称“公司的永久存续”，即公司人格的生命周期不受其成员构成和成员人格期限的影响，可以独立于其成员而存在。公司权利能力和行为能力由法律赋权，取决于其自身，不依赖其成员。公司通过公司机关为意思表示，以其代表人体现公司意志，由执行机关组织实施，其法律后果由公司承担。

(4)诉讼主体资格独立。诉讼主体资格独立是指公司作为法人，当其权利受到侵害或者违背法律义务、约定义务时，可以以自己的名义起诉、应诉，独立地参加诉讼活动。

2. 公司人格的平等性

公司人格的平等性，是指公司作为法律主体，在主体资格上与其他主体是平等的，或者说公司人格与其他法律主体之人格具有共同的性质。公司人格平等的内涵是：公司之间，公司与其他法人之间、与自然人之间、与其他具有独立人格的非法人团体之间的人格平等。公司人格平等在法律上的推论是：不论公司的行业、性质、财产的多寡，其民事主体资格一律平等，不存在任何特权，不存在任何特殊情形。公司人格平等是资格上的平等，并不是每个公司在实际法律关系中所享有的权利和承担的义务具有均等性。

二、公司的能力

公司的能力，是指公司依法享有权利、承担义务并以自己的意思取得享有权利和承担义务与责任的资格，是公司主体资格在法律上的表现。我国《公司法》第三条规定：“公司是企业法人，有独立的法人财产，享有法人财产权。公司以其全部财产对公司的债务承担责任。”作为法人，公司具有民事权利能力和民事行为能力，依法独立享有民事权利和承担民事义务。公司能力与自然人的能力在本质上虽有所不同,但在形式上依然可以从权利能力、行为能力两个方面进行分析。

(一)公司的权利能力

公司的权利能力,是指公司依法享有权利和承担义务的资格。根据《民法总则》第五十九条的规定:“法人的民事权利能力和民事行为能力,从法人成立时产生,到法人终止时消灭。”《公司法》第七条规定,依法设立的公司,由公司登记机关发给公司营业执照。公司营业执照签发日期为公司成立日期。据此,作为营利法人的公司,经工商登记机关核准登记而有效成立后即取得法人资格,便具有权利能力和行为能力。作为组织体的公司与以生命存续为基础的自然人的本质差异,决定了公司权利能力的特殊性。

1. 公司权利能力受其固有性质的限制

公司权利能力受其固有性质的限制,其不享有自然人基于其自然性质而具有的权利能力,因而公司无法取得专属于自然人的权利,如生命权、健康权、婚姻权、继承权、隐私权等。但公司可享有非专属于自然人的具有人身性质的权利,如公司可以有名称,对自己的名称享有名称权等。

2. 公司权利能力受法律上的限制

公司权利能力受法律上的限制,包括公司法和其他法律的限制。如我国现行《公司法》第一百八十六条规定:“清算期间,公司存续,但不得开展与清算无关的经营活动。”此即是对清算中的公司权利能力的限制。《证券法》规定,公司发行债券应符合发行的条件,这也是对公司权利能力的限制。

3. 公司权利能力受公司章程的限制

我国《公司法》第十二条规定:“公司的经营范围由公司章程规定,并依法登记。”公司可以通过章程限制其经营范围,但超越经营范围从事经营活动,并不一定无效。越权行为曾被认为是绝对无效的行为,由于该规则不利于维护交易安全,存在严重弊端,各国公司法逐渐对其加以修正,有的甚至已废止了这一规则。我国原《民法通则》第四十二条规定“企业法人应当在核准登记的经营范围内从事经营”,因此,相当长时间内,法人超出其经营范围从事经营活动一律被认定是无效行为。近年来,立法与实践中均已改变传统的越权无效做法,对公司超越经营范围所为的民商事行为,一般认定为相对有效的行为。依据《最高人民法院关于适用〈中华人民共和国合同法〉若干问题的解释(一)》[简称《〈合同法〉司法解释(一)》]第十条的规定:“当事人超越经营范围订立合同,人民法院不因此认定合同无效。但违反国家限制经营、特许经营以及法律、行政法规禁止经营规定的除外。”也就是说,只要不违反限制经营、特许经营以及法律、行政法规禁止经营的规定,企业法人超越经营范围签订的合同均为有效合同,这充分体现了当事人的意思自治。

(二)公司的行为能力

公司的行为能力,即公司能够以自己的意志和行为独立取得权利与承担义务的资格。公司行为能力与其权利能力在时间上具有一致性,即行为能力与其权利能力一样,均始于公司成立,终于公司消灭。公司行为能力与其权利能力在范围上具有一致性,即公司的行为能力取决于它的权利能力,原则上不能超越它的权利能力,因此,公司行为能力同样受其性质、目的及法律的限制。公司行为能力的实现是通过公司代表机关实现的。公司是一种营利法人。依《民法总则》规定,法定代表人代表法人从事民事活动,其法律后果由法人承受。我国《公司法》规定,公司法定代表人依照公司章程的规定,由董事长、执行董事或者经理担任,并依法登记。公司凭借其代表机关完成其意志与行为,依法独立从事经营活动,实现其行为能力。法人章程或者法人权力机构虽可对法定代表人的代表权进行限制,但不得对抗善意相对人。

三、公司人格否认制度

公司独立人格与股东有限责任在保护股东利益方面发挥着积极作用,与此同时,亦存在着对债权人保护不足的局限性。为矫正其不足,各国公司法规定了公司人格否认制度。

(一)公司人格否认制度的含义

公司人格否认制度,在英美法等国家中被称为"揭开公司面纱""刺穿公司的面罩",在德国被称为"直索",在日本被称为"公司人格形骸化理论"。公司法人人格否认制度,指为了阻止公司独立人格的滥用和保护债权人利益或者社会公共利益,就具体法律关系中的特定事实,否认公司与其背后的股东各自独立的人格及股东的有限责任,责令股东对公司债权人或公共利益直接负责,以实现公平、正义目标而设置的一种法律措施或一种法律制度。这是对公司股东有限责任的一种排除,或者说是股东有限责任的一个例外。如果股东滥用公司法人独立地位和股东有限责任,转移公司资产,逃避债务,规避法律或合同的义务,严重损害公司债权人的利益,则公司债权人可以追究股东的连带责任。

(二)公司人格否认制度的特征

1. 公司业已合法取得法人资格

公司人格否认以公司人格独立为前提条件,要求公司已经依法取得了法人资格,且公司的法人资格自始至终合法有效;否则,无须进行人格否认。如果公司在设立过程中,不符合法律规定,被撤销或者被宣告无效,则公司视同解散,进入清算程序,自清算完结后,公司消灭。因此,公司人格否认制度与公司设立瑕疵的无效制度、撤销制度不同。

2. 公司人格否认仅存在于具体的法律关系中

公司人格否认是一种个案否定,具有相对性、部分性,否认的效果仅涉及特定当事人和特定法律关系,不涉及公司与其他当事人之间所形成的法律关系。而公司被撤销、解散是对公司人格的根本性剥夺,永久地否认公司的人格而导致公司人格的消灭。因此,人格否认与公司被撤销、解散而全面地、永久地剥夺公司的独立人格不同。

3. 公司人格否认的直接后果是追偿股东的责任

否认公司人格的目的在于突破股东有限责任的局限,在股东与公司之间进行责任再分配,否定股东原来仅以出资额为限承担责任的原则,让股东承担连带责任。可见,公司法人人格否认制度的价值在于矫正传统的公司法人格制度,维护法人制度的本质,完善有限责任,防止欺诈,保护债权人利益,是一种事后救济措施。

【示例 7.1】甲、乙两个股东提交虚假材料,取得公司登记,情节严重,工商登记机关撤销公司登记。

【分析】此种情形下,公司被撤销,经清算后,公司消灭,不适用公司人格否认制度。

【示例 7.2】丙是丁公司的股东,以低价将公司机器出售给其亲属,给公司造成损失 20 万元。

【分析】丙股东滥用股东权利给公司或者其他股东造成损失,依法承担赔偿责任。

(三)公司人格否认适用的情形

公司人格否认制度适用的情形比较复杂,在诉讼程序上,应由法院审查并做出判决。一般认为,适用公司法人人格否认,追究股东连带责任时,要求行为人客观上实施了滥用人格的行为,并使公司、其他股东、公司债权人或公共利益受到严重损害。滥用人格的行为主要有以下情形:

(1)利用公司人格规避法律义务、逃避合同义务和其他义务。

【示例 7.3】甲是乙公司的技术员,与公司有约定,在其辞职后两年内,禁止从事与乙公司竞争的业务。后甲辞职,成立了一家公司,经营与乙竞争的业务。

【分析】甲本可以从事与乙公司竞争的业务活动,但是,甲与乙公司有合同约定,在辞职后两年内不能从事与乙公司相同的营业活动。现在,甲利用其所控制的公司,经营与乙公司相竞争的业务,就是其逃避契约的义务的虚伪掩护,其所设立的公司应视为甲的化身,应将其控制的公司人格否认,禁止甲股东及所控制的公司从事与乙公司相竞争的业务活动。

(2)公司资本显著不足。

公司资本不足并不是指低于公司法规定的法定最低资本额,而是指公司资本不足于公司经营所需,与其所从事的经营事业不匹配。判断公司人格独立的标准是,公司设立时,股东的真实投入与公司所经营的事业是否存在合理的比例关系。公司股东为保证公司的独立人格,应提供足够的资本,使公司有足够承担责任的财产,以此来换取有限责任的优惠。美国法院在审理泰勒诉标准电气石油公司案中涉诉子公司深石石油公司案中创立的深石原则,即是对资本显著不足的处理原则,该原则又称衡平居次原则。其主要内容是:在母子公司场合下,若子公司资本不足,且同时存在母公司的利益而不按常规经营者,在子公司破产或重整时,母公司对子公司债权的地位应居于子公司优先股股东利益之后。在母公司对子公司投资资本严重不足时,不仅要揭开公司面纱,让母公司直接对子公司的债权人负责,而且母公司对子公司的贷款也被视为投资之不足,不允许对子公司主张债权。但是,资本投入正常情况下,母公司可依据需要对子公司进行贷款。

由于我国公司法中人格否认制度实施时间不长,司法实践中对资本显著不足的理解不完善,以资本显著不足为由否认公司人格的案例极少。[①] 现有的司法解释对资本不足的理解基本是参照法定的最低资本数额来进行判断的。如《最高人民法院关于企业开办的其他企业被撤销或者歇业后民事责任承担问题的批复》(法复〔1994〕4号)中指出,企业开办的企业被撤销、歇业或者依照《企业法人登记管理条例》第二十二条规定视同歇业后,其债务承担问题应根据下列不同情况分别处理:①企业开办的企业领取了《企业法人营业执照》并在实际上具备企业法人条件的,根据《民法通则》第四十八条的规定,应当以其经营管理或者所有的财产独立承担民事责任。②企业开办的企业已经领取了《企业法人营业执照》,其实际投入的自有资金虽与注册资金不符,但达到了《中华人民共和国企业法人登记管理条例实施细则》第十五条第七项或者其他有关法规规定的数额,并且具备了企业法人其他条件的,应当认定其具备法人资格。但如果该企业被撤销或者歇业后,其财产不足以清偿债务的,开办企业应当在该企业实际投入的自有资金与注册资金差额范围内承担民事责任。③企业开办的企业虽然领取了《企业法人营业执照》,但实际没有投入自有资金,或者投入的自有资金达不到《企业法人登记管理条例实施细则》第十五条第七项或其他有关法规规定的数额,或者不具备企业法人其他条件的,应当认定其不具备法人资格,其民事责任由开办该企业的企业法人承担。根据以上批复,可以看出,企业法人只要达到了法定的最低资本限额,投资人承担的责任就是资本充实责任,属于有限责任的范畴;企业法人未达到法定最低资本限额

---

① 黄辉在2012年第1期《法学研究》发表了《中国公司法人格否认制度实证研究》,其研究结果显示,自2006年1月1日起到2010年12月31日止的99个公司人格否认案例中,只有1件因资本不足而否认公司法人人格的案件。

的，认定其不具备法人资格，投资者所承担的责任才会超过其出资范围，类似于否认人格，承担无限责任。根据《最高人民法院关于适用〈中华人民共和国公司法〉若干问题的规定（三）》（简称《〈公司法〉司法解释（三）》）第十三条的规定，未履行或者未全面履行出资义务的股东，应在未出资本息范围内对公司债务不能清偿的部分承担补充赔偿责任。债权人可以要求发起人承担连带责任；公司的发起人承担责任后，可以向出资瑕疵股东追偿。股东在公司增资时未履行或者未全面履行出资义务，除可向出资不足的股东要求承担责任外，还可请求未尽《公司法》第一百四十七条第1款规定的义务而使出资未缴足的董事、高级管理人员承担相应责任。

比较分析我国司法解释的相关规定与美国法院的判例，可以看出二者之间存在较大差异：判断资本是否充足，一个是以法律规定的法定最低资本限额为主要标准；一个是以所从事的经营活动的合理比例为标准。美国法院的判例值得我们进一步研究资本不足的判断标准应如何确认。

（3）公司法人与其成员的人格混同，使公司人格形骸化公司与控股股东之间存在人员、业务、财务等方面交叉或混同。

实务问题

【案例7.1】徐工集团工程机械股份有限公司诉成都川交工贸有限责任公司等买卖合同纠纷案可以比较好地诠释公司人格混同情形。[①] 本案原告徐工集团工程机械股份有限公司（以下简称徐工机械公司）诉称：成都川交工贸有限责任公司（以下简称川交工贸公司）拖欠其货款未付，而成都川交工程机械有限责任公司（以下简称川交机械公司）、四川瑞路建设工程有限公司（以下简称瑞路公司）与川交工贸公司人格混同，三个公司实际控制人王永礼以及川交工贸公司股东等人的个人资产与公司资产混同，均应承担连带清偿责任。请求判令：川交工贸公司支付所欠货款10916405.71元及利息；川交机械公司、瑞路公司及王永礼等个人对上述债务承担连带清偿责任。被告川交工贸公司、川交机械公司、瑞路公司辩称：三个公司虽有关联，但并不混同，川交机械公司、瑞路公司不应对川交工贸公司的债务承担清偿责任。王永礼等人辩称：王永礼等人的个人财产与川交工贸公司的财产并不混同，不应为川交工贸公司的债务承担清偿责任。

法院生效裁判认为：川交工贸公司与川交机械公司、瑞路公司人格混同。一是三个公司人员混同。三个公司的经理、财务负责人、出纳会计、工商手续经办人均相同，其他管理人员亦存在交叉任职的情形，川交工贸公司的人事任免存在由川交机械公司决定的情形。二是三个公司业务混同。三个公司实际经营中均涉及工程

① 具体案情参见最高人民法院第15号指导案例。

机械相关业务,经销过程中存在共用销售手册、经销协议的情形;对外进行宣传时信息混同。三是三个公司财务混同。三个公司使用共同账户,以王永礼的签字作为具体用款依据,对其中的资金及支配无法证明已作区分;三个公司与徐工机械公司之间的债权债务、业绩、账务及返利均计算在川交工贸公司名下。因此,三个公司之间表征人格的因素(人员、业务、财务等)高度混同,导致各自财产无法区分,已丧失独立人格,构成人格混同。川交机械公司、瑞路公司应当对川交工贸公司的债务承担连带清偿责任。

【分析】公司人格独立是其作为法人独立承担责任的前提。公司的独立财产是公司独立承担责任的物质保证,公司的独立人格也突出地表现在财产的独立上。当关联公司的财产无法区分,丧失独立人格时,就丧失了独立承担责任的基础。本案中,三个公司虽然在工商登记部门登记为彼此独立的企业法人,但实际上相互之间界线模糊,人员、业务、财务等方面交叉或混同,导致各自财产无法区分,丧失独立人格,构成人格混同。其中川交工贸公司承担所有关联公司的债务却无力清偿,又使其他关联公司逃避巨额债务,严重损害了债权人的利益,因此,关联公司相互之间对外部债务承担连带责任。

4. 股东对公司过度控制

股东对公司过度控制的行为,是指公司控股股东控制公司,实施不正当影响,使公司丧失独立的意思,成为股东谋取利益的工具。这种情况通常发生在一人有限责任公司、母子公司或者姐妹公司之间。股东对公司过度控制的主要表现形式有:公司控股股东利用关联交易转移财产、隐匿资产,控股股东要求公司为其债务提供担保,廉价购买公司的资产,高价向公司出售资产、借用公司的资金等,子公司在受控制的情况下做出的上述决策,严重损害子公司、子公司股东和子公司债权人的利益。

5. 股东利用公司人格实施诈害行为

这是指股东利用公司人格实施诈害公司或债权人的行为,主要表现为:①股东未经公司股东会、股东大会同意,同公司进行交易,获得不合理的利润,从而损害公司利益。②股东向债权人做虚假陈述,误导债权人与公司进行交易,实际履行义务时,公司没有足够财产支付,债权人利益受到损害。

公司的独立法人地位与股东的有限责任是公司法的核心和基石。因此,公司人格否认之适用必须慎重,不能滥用;否则,会危及公司的基本制度。

第八章　国有企业法律制度

第一节　国有企业法概述

一、国有企业

在我国，国有企业的概念随着经济体制改革的进行经历了一个演变的过程，在实行计划经济的时期，它被称为国营企业。国营企业的称谓现在在民间仍然存在，但在政府的规范性文件中已不再使用，20 世纪 80 年代中期，我国理论界和实务部门对国有国营的体制进行了深刻的反思，终于放弃这种称谓及其所代表的政府直接经营企业并对企业债务承担无限责任的制度结构，以非常立法的方式通过引用所有权与经营权相分离的理论赋予企业以法人资格，同时将企业的称谓改为全民所有制企业。

20 世纪 90 年代，我国开始确立社会主义市场经济体制，企业改革也深入财产制度方面，国有企业的称谓流行起来。这一称谓不仅简便直接，而且与国外对相关企业的称谓一致，交流方便，因而在理论界、实务部门中广泛使用。需要指出的是，国有企业的概念从严格意义上讲，有广义和狭义之分，广义的国有企业包括全民所有制企业和国家控股的股份有限公司、国家控股的有限责任公司、国有独资公司以及由其他各类国有投资机构设立的全资公司或者控股的有限责任公司和股份有限公司等；而狭义的国有企业仅指全民所有制企业、国有独资公司以及由国有投资机构设立的有限责任公司和股份有限公司。本章的内容是从狭义角度讲的，并且国有独资公司以及由国有投资机构设立的有限责任公司和股份有限公司是按照公司法的要求设立或改制完成的新类型企业，因此在本书的公司法部分中讲述。

据上，我们认为，国有企业是指企业资产所有权属于国家的，依照法定程序设立，能自主经营、自负盈亏、独立核算的商品生产者和商业经营者，是具有一定权利和义务的法人组织。国有企业的具体形式有全民所有制企业、国有独资公司、国有有限责任公司和股份有限公司等。

我国国有企业构筑了我国社会主义经济制度的物质基础，是整个国有资产中最具活力且被有效利用的核心部分。从国有企业资产的形成来看，它的原始积累主要是中华人民共和国成立初期通过人民政权的力量没收一大批旧中国官僚资本和买办资本，以及通过赎买方式改造民族资本形成的，而后期的积累则是在长期的经济建设进程中，通过企业自身的努力以及中央和地方政府的投资行为所完成的。从国家占有国有资产的形式来看，在国有企业运行的体制内，企业资产的最终所有权归国家，企业在法律上被赋予经营资格，依法占有并有效利用国有资产；企业依照特别法的规定获取法人资格，以国家授权经营管理的财产对外承担民事责任；中央和地方人民政府的国有资产监督管理机构对国有企业资产实行分级管理，一些外贸企业、金融企业、军工企业的资产则由国家授权的有关部门管理。2003 年年初，我国中央人民政府设立国有资产监督管理委员会统一管理国有资产，集中投资者和权益所有者的全部职能，除部分行业外，政府其他机构代行的资产管理职能将逐步完全剥离给国有资产监督管理委员会。

国有企业从其行业分布上来看，十分广泛。不同行业和形式的企业各有不同的特点，与其相关的法律规定也有不同，当然，既然都是国有企业，必然具有共同特点，国有企业的特征，概括起来有如下几方面：其一，企业的资产属于国家所有，国家是国有企业唯一的或是主要的投资者，国家可以将国有企业通过法律或政策交由地方政府管理，但国家不与地方政府分享国有企业的所有权。其二，国有企业无论规模大小，均有法人资格。一般来讲，国家关于法人的制度由民商事法律的一般法予以规定，其中对法人的条件和设立程序做出规定，由投资者依法申请设立，而国有企业则由国家制定特别法律强制性规定其一律具有法人资格。其三，国有企业实行所有权和经营权相分离的经营管理制度，依据我国现行法律，企业依据国家所有权主体的授权，对本企业占有的国家财产行使经营权，企业依据经营权而取得法人资格。按照我国的企业改革实践，我国在颁布《公司法》之前已经在国有企业中确立了非公司形式的法人企业制度，并确认了投资者的有限责任。由于我国的法人制度与投资人的有限责任制度直接接轨，因而国家对国有企业的债务只以投资额为限承担责任，企业对外承担民事责任的物质基础是国家授予其经营管理的全部财产。

国有企业在公司法外被确认为有法人资格的企业，在法理上是成立的，国有企业在我国的普遍性存在不可能脱离法律的规制，整体经济的市场化转型和法治社会的建构同时产生时，国家难以在短期内实现全部国有企业的公司化改制，经济转型自然导引出的国家无限责任难题需要应急的，然而又是符合法理的制度创新去破解，两权分离的理论和体制应运而生。

在我国《公司法》颁布若干年后，我们重新检讨国有企业法律制度，如果只是简单地斥之为“不规范”，实际上并不科学。在世界范围内，国有企业并不完全存在于公司法的体制下，许多国家通过颁布单行法律确认特殊行业由国有企业经营的体制结构，而这些行业不宜由民间资本经营，如日本就是这样，我国的问题是国有企业在竞争性领域存在过多，需要逐步淡出，由于国有企业经营的行业较广，企业数量相对较多,以日本式方式对国有企业立法,即给每一个国有企业单独制定特别法的做法是不现实的,笔者认为在我国现阶段仍然需要一部普遍适用的国有企业法。相比公司法而言,国有企业法更具有公法的性质,虽然其中要规定国有企业的法人资格、政府投资者的有限责任、注册资本等私法性内容,但大量的规范会涉及国有资产管理、特殊的经营范围、企业民主、企业社会责任等公法规范,因此,我国《中华人民共和国全民所有制工业企业法》应当被改造,而不是被废除,即使在国有企业大规模退出竞争领域,所保留的纯粹国有企业(即全民所有制企业)只剩数百家时,存在一部综合性的国有企业法仍是有必要的。我国国有企业在国民经济生活中起着主导力量的作用,它所创造的产值和上缴国家财政的利税约占1/3左右,且数十万亿经营性资产构成了我国社会主义经济制度的坚实基础。搞活国有企业尤其是大中型国有企业,对其中的大部分企业实施公司化改制,将是我国今后一个时期内经济体制改革的一项重要任务。

二、国有企业法概述

国有企业法是规定国有企业的设立、法律地位,组织形式、经营管理、收购与合并、监督与管治、资产保值、权利与义务以及终止等方面的法律规范的总称,国有企业法仍属于市场经济体制下的市场主体立法的范畴,是企业法律体系中的特别法。国有企业立法的目的是确定企业在社会经济生活中的法律地位,明确其权利和义务以及与政府的关系,使其能够自主经营、自负盈亏、自我发展和自我约束,从而不断壮大社会主义国有经济。

国有企业法具有如下特征:

第一,国有企业法的适用范围仅限于国有企业。国有企业的具体形态包括以特别法设立、不适用《公司法》的国有特殊企业,如国家开发银行、中国邮政集团公司、铁路总公司及其车站等全民所有制企业日本的宇宙开发事业团、政策金融公库等;国有独资公司;国有投资主体设立的全资子公司(一人公司);全部投资者均为国有投资主体联合设立的有限责任公司或股份有限公司。国有投资主体绝对控股(指持有公司发行在外的全部资本的半数以上)的有限责任公司或股份有限公司等,虽然其在经营与治理中必须要接受国有资产监督管理部门的监管与制约,但其主体法是公司法,在整体上不适用国有企业法。各类民营企业、外商投资企业、集体企业同样不适用国有企业法。

第二,国有企业法立法的基础标准体现所有制和企业法律形式的兼容性。首先,纯粹的国有企业的企业立法是以所有制为基础标准确立的。国家根据本国的具体情况可制定普遍适用的企业法,也可以对应每一个特殊的国有企业专门制定一项特别法,前者如中国的《全民所有制工业企业法》,后者如日本的《宇宙开发事业团法政策金融公库法》。其次,纯粹的国有企业虽然非依公司法设立为公司,但为了强化企业的市场地位和免除政府对企业债务的无限责任负担,无一不赋予法人资格,其中贯彻的基础标准是企业法律形式,即以公法属性很强的特别法产生出非公司的法人企业。这种情况表明,企业法律形式作为企业立法的基础标准被特殊利用。并且,法律还禁止国有企业参与设立合伙企业,从传统商法的角度考察,可以说国有企业法实质上是特殊的商法人法。

第三,国有企业法公法属性强。国家设立国有企业往往是出于贯彻某种公共政策的需要,企业的管理者多由政府委派,企业在运行中得执行政府的计划、政策和指令,这些内容在国有企业法中都有具体的规定,而其他企业法则不具备。在日本,一些学者主张将国有企业改造为"独立行政法人",以适用1999年制定的《独立行政法人通则法》国有企业法的主要内容包括如下方面:企业设立的政策性要求和宗旨;企业设立的条件;企业的法律地位与注册资本;企业的权利和义务;企业的经营范围和经营方式;经营管理制度;法人代表制;企业与政府的关系;企业的审计、监督制度;企业经营责任制度;企业的合并与分立制度及企业资本和其他事项的变更;企业资产的出让及评估制度;企业重整制度;企业解散与清算制度;企业破产制度等。此外,宪法上的一些直接规定国有企业的内容、公司法中普遍性规定的内容适用于国有企业的,同样构成国有企业法的必要规范。国有企业法贯彻的基本原则有:一是坚持国有财产神圣不可侵犯的原则。政府要依法维护国有企业的合法权益,企业经营者必须承担保护国有企业财产使其保值增值的法定义务。二是保障企业独立经营权的原则。国有企业依法成为自主经营的经济组织,独立享有全面的经营管理权,任何人不得非法侵犯,企业以其占有的全部财产对外承担民事责任。三是实行经营责任制的原则。国有企业在市场经济体制下运行,生产商品并提供商业服务,应当确立不同时期和不同内容的经营目标,调动经营者的积极性和能动性。通过实行经营责任制和健全岗位责任制,挖掘企业潜力,创造丰厚的利润,同时,要赋予企业及其经营者一定的社会责任,采用先进科技,降低能源消耗,保护环境,依法执行合同,生产合格产品以维护消费者利益和社会公共利益,维护市场经济秩序。四是实行经济民主的原则。国有企业中,职工因企业财产的公共性于制度设计上具有天经地义的民主管理权,经营者不得侵犯。企业职工参与国有企业的管理,在世界范围内具有普遍的制度要求,德国推行的职工"参与制",对其他国家的国有企业立法和公司立法产生了重大影响。职工可以通过职工代表大会、工会行使民主管理权利,也可以推选代表直接参加企业的决策和监督机构。

我国现行的国有企业立法是在企业改革的进程中逐步建立和完善的。国有企业立法的基本体系除宪法性规范外,包括《全民所有制工业企业法》(1988年)、《全民所有制工业企业转换经营机制条例》(1992年)、《国有企业监事会暂行条例》(2000年)、《国有重点金融机构监事会暂行条例》(2000年)、《企业国有资产监督管理暂行条例》(2003年)和《企业国有资产法》(2008年)等主要法律和法规;

相配套的若干法规、规章有《企业法人登记管理条例》《国有资产评估管理办法》《股份有限公司国有股权管理暂行规定》《关于出售国有小型企业产权的暂行办法》《企业国有资产产权登记管理办法》及《外国投资者并购境内企业暂行规定》《企业国有产权转让管理暂行办法》等;其他涉及国有企业运营和资产管理的法律有《中华人民共和国公司法》《中华人民共和国邮政法》《中华人民共和国铁路法》《中华人民共和国企业破产法》等,我国国有企业立法,特别是 1979 年以来的立法,对于明确国有企业的法律地位、权利义务、明确国家同企业的关系、确立"两权分离"的财产权利制度、保障企业的各项权益、发展壮大国有经济实力、深化改革、建立现代企业制度、发展社会主义市场经济起到了积极的推动作用。从 20 世纪 90 年代开始,我国政府以及学术界不断探讨国有经济的发展模式,逐步形成的认识有:①国有企业的存在形式向公司制转化,建立国有企业的现代企业制度;②适应市场经济体制的运行环境,压缩国有企业的数量,使国有企业从竞争性行业中逐步淡出。为此,经过几年的酝酿和摸索,国家在 2003 年年初组建了国务院国有资产监督管理委员会,统筹管理企业国有资产特别是国有企业资产。

第二节　国有企业的法律地位和经营权

一、国有企业的法律地位

我国《全民所有制工业企业法》第二条规定:"全民所有制工业企业是依法自主经营、自负盈亏、独立核算的社会主义商品生产和经营单位。企业的财产属于全民所有,国家依照所有权和经营权分离的原则授予企业经营管理。企业对国家授予其经营管理的财产依法享有占有、使用和处分的权利。企业依法取得法人资格,以国家授予其经营管理的财产承担民事责任。"由此可见,纯粹性的国有企业不分大小,不分行业,一律依法取得法人资格。

企业法中关于企业取得法人资格的规定反映了我国企业改革的进程和要求。我们知道,法人是自然人的对称,是承担民事义务和享有民事权利的社会组织,某一社会组织具有一定的民事权利和民事义务主体资格的事实在古代社会即已存在,如罗马法晚期的共和时期,法律允许一些团体(如国库、地方自治团体、教会组织)以自己的名义与其他民事权利主体订立合同。罗马法中曾规定:"团体的权利为其独有,与属于团体的各个人无关。"这是人类社会试图使社会团体具有区别于组成成员的独立法律人格的最初尝试,但"法人"一词的出现则是 19 世纪末叶的事情。在资本主义民事和商事立法最早形成成文法典的《法国民法典》和《商法典》中均无关于"法人"的规定,只是到了 1896 年,德国《民法典》才对法人制度作了系统的规定。我国虽然在中华人民共和国成立初期的经济立法中就已使用了法人这一概念，但在以后相当长的时期里，由于受僵化的计划经济体制模式的制约，市场经济得不到应有的重视和发展，因此，没有机会和条件从法律上进一步明确和完善法人制度。在我国实行高度集中的计划经济体制下，企业被当作国家行政机关的附属物，谈不上任何形式的企业经营自主权，国家在全国范围内实行统一的经营计划，企业只是依各级行政机关的命令组织生产产品，逐渐丧失了微观经济体的活力。伴随着一系列的政治运动，整个国民经济一度陷入混乱和瘫痪的境地，在中华人民共和国成立初期因巩固新生政权而实施的统制经济政策下做出过贡献的企业，逐步演变为吃国家大锅饭的平均主义政策的牺牲品。1979 年以后，我国有步骤地推行城市经济体制改革，在全民所有制企业领域实行扩权让利，极大地调动了企业的积极性。

到 1984 年，第二步利改税实施完毕，我国在理论和改革实践两个方面为实施企业法人制度作好了准备。党的十二届三中全会明确指出了企业改革的方向是建立企业法人制度，而建立企业法人制度的理论依据则是所有权和经营权相分离的原则。党的十二届三中全会《关于经济体制改革的决定》指出，通过改革，要使企业真正成为相对独立的经济实体，成为自主经营、自负盈亏的社会主义商品生产者和经营者，成为具有自我改造和自我发展的能力、具有一定权利和义务的法人。同时指出，按照马克思主义理论和社会主义的实践，国有企业的所有权和经营权可以适当分开，从而得以建立国有企业法人制度。正是在这一原则的正确指导下，我国通过进一步完善企业立法和推进企业深度改革，最终确立了国有企业的法人地位，这一制度的集中体现就是本节开头所引用的《全民所有制工业企业法》关于企业法律地位的规定。

法人制度的建立在人类社会经济的发展中是一种必然，起着十分重大的积极作用。资本主义社会商品经济的高度发达在宏观上产生了以下三种要求：一是最大限度地集合社会上的游离资本，以解决许多大型工程及工业对资金的庞大要求与单个或少数资本家筹资能力不足的矛盾，同时减少个别资本家投资的风险；二是明确经济组织本身的法律地位，使它们具有自我改造和自我发展的能力，形成强大的规模经济和超额利润；三是通过产生法人代表的途径建立组织高效运作的机制，从而解决合伙等机构运行中烦琐的决策累赘困境问题。于是法人制度逐渐成熟起来，成为加速社会积累的新的强有力的杠杆，在我国社会主义条件下，吸收资本主义法人制度的成功经验，对国有企业管理体制进行改革，通过国家立法赋予企业以法人地位，具有十分重要的意义。第一，可以从根本上改变企业作为国家计划的单纯执行工具的状况，改变企业吃国家大锅饭的局面，增强企业的能动性和活力，参加经济竞争，适应市场经济的现代社会体制；第二，便于我国企业在国内外经济交往中独立活动，开拓市场，同时杜绝国家财政为国有企业债务承担无限责任的现象继续发生；第三，通过确立市场活动的主体地位，可以促进社会主义市场经济的发育和发展,为国家创造更多的财富,增加积累,巩固社会主义经济基础;第四,可以促进和带动整个经济体制乃至政治体制的改革,促进政企分开,促进政府职能的转变;第五,有利于我国通过调整宏观经济政策,尤其是外贸政策,在更广阔的领域内实行对外开放,发展国际经济交往。

我国国有企业法人制度因其所有制性质与历史演变进程的不同,与资本主义国家的法人制度以及我国其他类型的企业法人制度相比,具有不同的特征,资本主义法律中的法人制度主要有以下三项特征:第一,法人组织的财产与其组成成员的财产相分离,即法人组织具有自己独立支配的财产。法人的财产是其对外承担债务责任的物质基础,对法人企业投资的股东,只对企业债务以投资额为限承担有限责任(无限公司和两合公司、股份两合公司除外);第二,法人组织具有不同于其组成成员的独立的法律人格,能以自己的名义从事法律允许的一切商业行为,享有权利并承担义务;第三,法人制度的确立依存于民法典的统一规定上述三项特征,我国国有企业和其他法人企业都一样具备。我国国有企业法人制度的特征还表现在以下方面:第一,企业占有并经营管理的全部财产归国家所有,国家是唯一的投资者,国家不与其他任何主体分享所有权,企业的财产权只表现为经营管理权,两权分离是确立国有企业法人地位的基础性原则;第二,我国除新建的小部分国有企业外,原有企业通过扩权改革以及法律确认赋予其法人地位,而企业在事实上首先占有一定量的国有财产,法人地位具有授权承认的特点;第三,法律认可企业法人地位在民法基本法做了规定的基础上,还采取了特别法确认的途径,并且赋予企业的权利和义务含有大量公共权力机关的政策性意志;第四,企业的财产与国库财产、国家投资于其他企业的财产相分离,企业以国家授予其经营管理的财产承担民事责任。

二、国有企业的经营权

(一)国有企业经营权的概念

什么是国有企业的经营权,这个问题曾经在我国法学界很大争议。企业改革开始不久,理论界即已提出企业经营权的命题,但限于当时人们的认识以及改革阶段的局限性,关于经营权的理论尚未完全成熟。直到1982年,党的十二届三中全会《关于经济体制改革的决定》明确提出通过所有权和经营权适当分离的方式建立企业法人制度的企业改革目标模式后,有关经营权的研究才真正出现了百家争鸣局面,对经营权概念本身的研究也随着《企业法》的制定和颁布日臻完善和成熟。

概括来讲,理论界的意见有以下几种:一是认为经营权是由所有权派生出来的,依附于所有权并能反映经营者利益的权利;二是认为经营权是经营者关于具体财产的占有、使用、收益和处分的权利;三是认为经营权是由所有权中分离出来的与资产经营责任相对应的权利；四是认为经营权是企业依据国家所有权主体的授权而对企业财产行使的占有、使用、收益和在授权范围内处分的权利，它与所有权相类似，是一种综合性的排他的财产权，即一种新型的物权。在企业行使经营权的状态下，国家所有权主体的权利表现为一种对企业财产和利益的最终处分权和支配权，以及在保障企业经营权的前提下，决定企业的具体经营制度，任免企业管理人员，监督企业的经营行为，获取经营成果，对于经营失败的企业决定其命运等。

上述意见中的前三种都从不同角度表述了经营权的内涵和特征，有一定程度的合理性，但又同时存在这样那样的片面性。而第四种意见则从经营权的产生依据、表现方式、本质属性三个方面相结合的角度对经营权进行了概括，充分揭示了它的内涵，因而可以说是一个更为科学、更具合理性的定义。

（二）国有企业经营权的产生根源

从广义角度看，经营权与所有权相分离的事实在古代社会即已存在，如地主把土地长期出租给佃农经营，佃农依土地租赁契约取得对土地的永佃权（永佃权制度主要存在于日本，中国自宋代以后有这样的情况），这种权利虽是以债的形式发生，但从佃农依据土地租赁契约占有并独立支配土地以耕作使用的角度来说，其是对第三人具有排斥力甚或对地主本人有对抗力的一种物权形态的权利。当然，这种对财产的占有与所有权的分离是一种最简单的形式，在法律上根本不可能形成经营权的独立法律形态，且在生产力水平相当不发达的手工工场领域，经营者与所有者往往是一致的，这是小商品经济的一个重要特征。这种较为落后的经营方式一直维持到了资本主义社会初期仍未发生根本变化。随着资本主义商品经济的大规模发展，资本的原始积累已达到促使资本的所有者自觉和不自觉地创造出管理者的历史阶段。这一过程，随着生产力日益社会化，分工的细密，科学技术的引用，管理业务的专业化和职能化而更加深刻和普及。1840 年在美国西部发生的火车相撞事件，暴露了现代企业与业主制管理体制的对立局面，导致由资本家直接管理企业已不适应高度社会化的组织形式，而由少数具有专业知识和管理水平的人员接管企业经营事务的事实的发生，“经理制”由此产生，此后，由于股份公司的大量涌现，两权分离的产业经营结构完全被确定下来。

马克思在《资本论》中不仅分析了借贷资本家与产业资本家的两权分离形式，而且对股份公司环境中资本家的所有权与公司董事及经理人员的经营权相分离的具体形式进行了明确的阐释，在前一种情况下，货币资本家把借贷资本的支配权转让给产业资本家，就是把货币作为资本的使用价值生产平均利润的能力让渡给产业资本家。产业资本家只是接受资本的使用价值，通过使用借入资本，使其实现增值。于是，资本所有权与使用权发生了分离，资本所有者用借贷方式把资本交给产业资本家，产业资本家接受借贷是为了让资本执行增值职能。对金融资本家来说，只要他的资本已经贷出去，从而作为货币的资本发生作用，就会为他带来利息，即利润的一部分，但他不能支配出借的资本，对产业资本家来讲，他取得借入资本的支配权，他在金融资本家的监督下使用借入资本，使其产生超过本金及利息的利润。随着资本主义信用事业的进一步发展，货币资本本身取得了一种社会属性，被集中于银行，银行的投资人虽有所有权，但资金的借出权逐渐归一些熟悉金融业务的经理人员行使，资本家则作为多余的人从生产经营过程中淡出了。马克思在分析股份公司两权分离的状况后认为，股份公司适应了资本主义经济膨胀发展的需要，个人资本的联合成为社会资本的基本形式，并与私人企业相对立；资本的所有权与资本生产增值过程实现了分离，资本家把资本投资于公司，其所有权能一般地表现为收益权能，把资本的占有、增值职能让渡给具有独立人格的公司；实际执行职能的资本家转化为单纯的经理，即别人的资本的管理人；股份制企业法人的使命是为联合的资本家经营管理资产，创造剩余价值。

由于同属于市场经济的范畴，这就为我国在确立国有企业法人地位时借鉴资本主义股份公司两权分离的制度提供了可能性，国家是国有企业财产的所有者，改革的目的不是动摇这一基本制度，而是在不根本变革国有企业经济性质的前提下，确立企业的法人制度，由于国有企业的最初形态是不具备法人资格的国营企业，在改革开放的初期谋求对其进行公司制改造无异于远水解近渴；而选择所有权和经营权适当分离的体制，在企业扩权的基础上公布一张"告示"就足够了。这张告示上的核心内容写道："企业依据经营权取得法人资格，企业以国家授予它经营管理的财产承担民事责任"，放弃这种选择，要么是回到旧的产品经济体制上去，要么是触动国有企业财产权制度。经过一段时期的争论，理论界和实务部门在下述问题上达成了共识：①国有企业是我国社会主义经济基础的核心部分，改革应当维护和完善其制度而不是瓦解它；②国有企业应当被赋予企业法人资格，以承认企业经营中的利益差别，对外以国家授予的经营管理的财产承担民事责任；③企业对国有财产的基本权利是经营权，而不是其他诸如占有权、法人所有权、相对所有权、委托经营权等形态，经营权来自国家所有权主体的授权，是由所有权中分离和派生出来的一种新型财产权，理论上的这些成果最终被我国《民法通则》全民所有制工业企业法《全民所有制工业企业转换经营机制条例》确认，上升为一种法律制度。

（三）国有企业经营权的性质

狭义的经营权是传统物权制度中所没有的一项权利，它是由所有权中派生出来并独立于所有权的一种权利形态。笔者认为，经营权具备物权的全部法律属性，是一种新型物权。

首先，经营权是对物的直接支配权，经营权的主体——企业，能够依据国家授权对一定的国家财产行使占有、使用、收益和依法处分权。经营权的基础是企业在事实上对国家财产的有效占有，且受法律保护，企业根据市场需要结合本企业实际，能够利用和支配国家财产，从事生产经营活动，并享有部分实现利益。

其次，经营权是一种排他性的权利，法律保护经营权主体对国家财产的合法占有和利用，禁止经营权主体以外的任何单位和个人对企业财产主张或行使与经营权相对抗的权利，包括不得向企业摊派等，国有的其他企业组织、事业单位及其他所有制性质的企业和个人，都不得妨碍企业行使经营权，国家作为所有权主体，也不能任意侵犯企业经营权。

最后，企业行使经营权，就可以享有部分物质利益。企业行使经营权，能够占有一部分所创造的利润，与国家所有权主体共享经营成果，企业的利益在行使经营权的过程中得到体现。

由于企业取得了完整意义上的经营权，企业就可以支配国家的特定财产，并以此对外承担民事责任。企业以自己的名义参与商业交往，自主经营，自负盈亏。企业为维护自己的权益可以独立参加民事、行政以及刑事诉讼。因此说，经营权是物权制度中的一项新型权利。

三、国有企业的经营责任

企业行使经营权，就要承担相应的义务或责任。企业的经营责任也称自负盈亏的责任，主要包括企业对外应承担的民事责任、企业对国家承担的经营责任、厂长及其他工作人员和职工相应的责任三大类。无论是依法律规定还是依合同的约定产生的责任，企业与有关责任人员都必须承担。

（一）企业对外的民事责任

国有企业依国家授予的经营权成为独立的企业法人，企业以国家授予其经营管理的财产承担民事责任。企业财产包括国家以各种形式对企业的投资和投资收益形成的财产，以及其他依据法律和国有资产监督管理法规、规章认定的属于国家所有、由企业经营管理的财产。除了上述实物资产外，企业行使的国有土地使用权，以企业名义取得的商标权、专利权以及版权、技术秘密权，或转让、许可使用这类权利形成的价金收入，原则上均为国有财产，这些财产是企业财产的整体，其中对土地使用权如果不是企业有偿取得并列入企业资本金的，则不能以此对外承担民事责任。

企业对其法定代表人和经法定代表人授权的工作人员的经营活动，承担民事责任。

（二）企业的经营责任

企业必须坚持工资总额增长幅度低于本企业实现利税增长幅度、职工实际平均工资增长幅度低于本企业劳动生产率(依净产值计)增长幅度的原则,企业必须根据经济效益的增减,决定职工收入增减,亏损企业的工资总额不得超过政府国有资产监督管理机构或其授权的投资管理运营机构核定的工资总额。工资总额中包括工资、奖金、津贴、补贴及其他工资性收入。企业工资、奖金的分配应当接受政府有关部门的监督,如有违反,可予以制止和纠正,职工多得的不当收入,要限期扣回。企业应当从工资总额的新增部分中每年提取10%以上的数额,作为企业工资储备基金,由企业自主使用。

企业为了完成国家订货任务或实现政府规定的社会公益目标,由于定价原因而形成的政策性亏损,应通过逐步放开价格解决,不能调价的,需经财政部门审核,给予补贴。采取上述措施后,仍然亏损的,按经营亏损处理。企业由于经营不善造成亏损的,应以留用资金抵补。

企业必须严格执行财政、税收和国有资产管理的法律法规,定期进行财产盘点和审计,做到账实相符,确保企业资产增值。企业应建立资产负债和损益考核制度,如实按期上报有关部门审核;必须核算成本,足额提取折旧费和法定公积金。企业的折旧费和法定公积金以及处置生产性固定资产的收入不得用于工资类开支和集体福利。中央企业或者地方国有企业的高管人员的薪水标准不可以由其自己决定,应当由国有资产监督管理部门核定。

国有企业向国家应当上缴(分配)利润,纳入预算管理。

(三)厂长及其他工作人员和职工的责任

厂长对企业盈亏负有直接经营责任。其他工作人员和职工依企业内部责任制,对企业盈亏负相应责任。

厂长、其他厂级领导和职工对企业的经营性亏损负各自应负的责任。企业1年亏损的,适当核减工资总额,厂长、厂级领导和其他责任人员不得领取奖金;如亏损严重,还应根据责任大小,相应降低厂长、其他厂级领导和职工的工资。企业连续两年经营亏损,亏损额继续增加的,应当核减企业的工资总额,除不得领取奖金外,并根据责任大小,适当降低厂长、其他厂级领导和职工的工资,对企业领导班子进行必要的调整,对厂级领导可以免职或降级降职。企业经营成效显著,连续三年保持盈利并实现企业资产增值的,或者亏损企业的新任厂长,在规定期限内实现扭亏增盈的,政府有关国有资产监督管理机构应当对厂长和厂级领导给予奖励,奖金由决定奖励的机构拨付。

厂长、其他工作人员和职工因渎职造成企业财产严重损失、构成犯罪的,除承担一定的经济赔偿责任外,还应承担刑事责任。

第三节　国有企业法人治理结构

一、国有企业法人治理结构的特性

国有企业的法人治理结构与公司制企业的法人治理结构有所不同。公司制企业自始至终都是在市场经济体制内运行和发展的,其法人治理结构方面有数百年运作的模式可循,但国有企业产生于计划经济体制中,其法人治理结构带有经济体制转型时期的深刻印记。首先,由于确立以所有权和经营权相分离的原则切分国家与企业的关系,企业虽有法人资格但其财产的所有权属于国家,这样的体制如能有效运行,国家作为所有权主体自然享有对企业经营活动的全部股东权利,包括收益权、管理人员任免权、重大事项决策权、监督权、资产处置权等。在企业改革的早期,国家的这些权利被安排在企业法人的体制外,由企业的所谓上级主管部门行使,企业内并未建立所有者权力机关和监督机关。其次,制度的选择确实离不开社会环境所能给予的条件。在20世纪80年代初期,国营企业的低效率干扰中国的经济发展是企业改革面临的主要问题,对国营企业进行现代企业制度的改造存在诸多的理论疑惑以及巨大的立法和实际运行的成本障碍,厂长(经理)负责制模式通过比较被认为最能满足政府对国营企业改革的预期,因而被法律予以选择。到了20世纪90年代初,尽管国家确立了对国有企业的公司化改制方向,但某些“换汤不换药”的做法以及巨大的改制成本引发的诸如“下岗”“圈钱”“一股独大”“国有资产流失”等问题反而影响了国企改革的成果显现。加之,从理论层面上进行的某种比较研究说明不可能把所有的国有企业改制为公司,国有企业的原有形态及其法人治理结构模式还会长期存在,这不仅仅因为我们奉行社会主义,而是市场经济体制中的普遍现象。因此,公司制以外的纯粹国有企业的经营管理制度也即法人治理制度与其母体将会被长期适用,当然也会不断地被改造和完善,1994年后国家对大中型国有企业委派监事、稽查特派员就是这种情况。

纯粹性国有企业的法人治理结构中,投资者行使所有权职能的机构不在企业内部而在企业外部,这种情况和公司制企业明显有别。根据我国于2003年成立的新一届政府的机构设置情况看,国务院国有资产监督管理委员会将代表国家行使这一职能,具体权能有:投资决策权、企业章程制定权或章程内容变更批准权、厂长(经理)及公司制企业的董事的任免权和推荐权、委派监事的权力、收益权、企业资产处置权(应受债权人利益保护的限制)等。这些权利在公司制企业中是属于股东会或股东的,可以说在国有企业体制下,“股东会”被移植于企业主体之外了。在公司制企业中,董事长虽然是公司的法人代表,但公司的法人机关是董事会,董事会集中或是由董事个别地行使公司的决策权和经营管理权。国有企业的经营权(包括决策权和经营管理权)集中由厂长(经理)行使,企业奉行“首长”个人负责的领导体制,厂长(经理)是国有企业的法定代表人,也是国有企业的法人机关。对国有企业的监督工作由国家外派的监事承担,监事由国有资产监督管理机构直接委任进入国有企业,成为国有企业法人治理结构中的必要组成部分。监事有权查阅企业财务账册,有义务向国有资产监督管理机构报告企业的经营状况,监事在特定情况下可代表国有企业履行特殊职责,如代表国有企业向厂长(经理)提起诉讼,有权委托专业机构调查企业的资金流向情况等。国有企业的职工代表大会依法行使民主管理的权力。中国共产党在国有企业中的基层组织依据党章的规定开展活动。

二、国有企业决策与经营管理制度

(一)国有企业决策与经营管理制度的沿革

我国国有企业的决策与经营管理制度在传统上被称为企业内部领导制度,直到现在也未改变。其原因在于改革以前企业只是执行国家计划的生产单位,不具有独立经营的资格和能力,企业的厂长一般只是企业生产活动的“指挥官”,受政府行政体制的长期影响,把这种管理体制在法律上称为国企内部领导制度当然是顺理成章的事情。国有企业后来的改革中,虽然赋予企业以法人资格,自行开展经营活动也是其必要的权能内容,但“内部领导制度”这种称谓仍然被法律保留下来沿用至今。国有企业内部管理制度的早期雏形可追溯到第一次国内革命战争时期,企业的内部领导体制通过推行民主管理,使得职工的积极性和责任心能够发挥出来,树立与企业在商品生产大潮中共存亡的意识。此外,企业进行民主管理,也可以保障厂长负责制的正确贯彻和落实,防止厂长个人独断专行,损害国家利益、企业利益和职工利益。

(二)企业职工代表大会

1. 企业职工代表大会的性质和地位

按照我国《中华人民共和国全民所有制工业企业法》第五十一条的规定,企业职工代表大会是企业实行民主管理的基本形式,是职工行使民主管理权利的机构。由此可见,企业民主管理应当通过一些形式实现,而职工代表大会则是基本形式。职工代表大会在企业内部是一个组织,国家赋予企业的经营权,其中有一部分由它行使。职工代表大会是企业进行民主管理的基本机构,而非企业的权力机构,也不是隶属于厂长之下的经营管理机构或咨询参谋机构,职工代表大会对外不能代表企业,其职权范围由法律加以规定。

2. 职工代表大会的职权

依据我国《全民所有制工业企业法》第五十二条的规定，职工代表大会行使的职权有：

第一，听取和审议厂长（经理）关于企业的经营方针、长远规划、年度计划、基本建设方案、重大技术改造方案、职工培训计划、留用资金分配和使用方案、承包和租赁经营责任制方案的报告，提出意见和建议。

第二，审查同意或者否决企业的工资调整方案、奖金分配方案、劳动保护措施、奖惩办法及其他重要的规章制度。

第三，审议决定职工福利基金使用方案和其他有关职工生活福利的重大事项。

第四，评议、监督企业各级行政管理人员，提出奖惩和任免的建议。

第五，根据政府国有资产管理部门或授权投资的机构的决定选举厂长（经理），报政府批准。

3. 职工代表大会的工作制度

职工代表大会集中行使民主管理的权利，应具备其本身的组织管理工作制度。这主要包括：第一，职工代表大会的会议制度。职工代表大会由企业工会负责组织企业职工选举产生，每半年应召开一次会议，每次会议应由 2/3 以上的职工代表出席，遇有重大问题，可临时召开会议。开会时，由主席团主持会议，代表可就企业的任何问题发言，就有关问题提出议案或建议。大会应听取企业厂长（经理）的工作报告和工会主席的工作报告，审议厂长、工会主席的报告并做出相应的决议。大会进行选举和做出决议，应由全体代表过半数通过。第二，职工代表大会设立各种专门小组（或专门委员会），完成职代会交办的各种任务，各专门小组向职工代表大会负责。第三，职代会闭会期间，对临时问题的解决由工会委员会召集职工代表团（组）长和专门小组负责人联席会议协商处理，并向下次职代会报告。联席会议可邀请企业负责人和其他人员参加。第四，职工代表大会向企业管理委员会选派代表，并监督他们的工作，听取汇报。

（三）企业工会委员会

根据我国《全民所有制工业企业法》第五十一条的规定，职工代表大会的工作机构是企业的工会委员会。工会委员会负责职工代表大会的日常工作。工会委员会承担的工作主要是组织职工选举职工代表；提出职工代表大会讨论的议题；主持职工代表大会的筹备工作和会议的组织工作；主持职工代表团（组）长、职工代表大会专门小组负责人联席会议；组织各专门小组开展工作并向职代会汇报，带领职工落实职代会决议；向职工进行民主管理的教育，组织职工代表学习政策、业务和管理知识，提高职工代表的素质；接受和处理职工的申诉和建议，维护职工的合法权益；举办好企业的文体活动，丰富职工文化生活；组织好企业民主管理的其他工作。

第九章　公司股东、公司财务与会计制度

第一节　公司股东

一、公司股东的概念和特征

(一)公司股东的概念

股东是公司作为法人组织存在的基础和核心要素,没有股东,就不可能有公司。股东是指向公司出资或持有公司股份并对公司享有权利和承担义务的人。公司的股东既可以是自然人也可以是法人,还可以是其他组织;既可以是本国人也可以是外国人。国家在一定条件下,以其所有的国有资产进行投资,也可以成为公司的股东。

公司的类型不同,投资人向公司出资的时间不同、取得股权的方式不同,对股东的表述就不尽相同。有限责任公司的股东,是指在公司成立时向公司投入资金的人,或者是在公司存续期间依法继受取得股权的人,无论是成立时投资的人还是存续期间取得股权的人,其姓名或名称均登记在股东名册和公司登记机关的登记簿上。股份有限公司的股东,是在公司成立时认购股份的人,或者是在公司成立后合法取得公司股份的人,作为记名股份的持有人,其姓名或名称、住所记载于股东名册。

我国《公司法》针对股份有限公司,还使用了“发起人”这个概念。发起人和股东既有联系又有区别。发起人,是指为设立公司而签署公司章程、向公司认购出资或者股份并履行公司设立职责的人。公司成立后,发起人是公司的当然股东,但股东不一定是发起人,发起人只是公司股东中的一部分。发起人在公司设立过程中,代表着设立中的公司,从事公司设立行为,设立失败时,承担设立失败的后果。而作为一般的股东,不从事公司设立行为,也无须承担设立失败的责任。

有限责任公司的首批股东一般就是公司的发起人。

(二)公司股东的特征

根据公司法对股东的规定,公司股东具有以下特征:

第一,股东是公司的投资人。作为股东的先决条件,一般要求股东必须向公司投资,股东是公司的出资人。

第二,股东享有股权。股权将自己的财产交给公司,使公司取得了作为法人的独立财产,公司对股东的出资享有法人财产权,公司对股东的这种出资行为支付的对价就是给予股东股权。

第三,股东责任有限。除少数无限股东外,多数国家公司法明确规定股东仅以其认缴的出资额或者所认购的股份为限对公司债务承担责任,股东有限责任是公司制度的基石,也是公司股东区别于其他投资人(如合伙人)的显著特征。

第四,股东地位平等。股东基于其股东资格,按其所持股份的性质和数额享受平等待遇,即股东平等原则。股东平等体现的是股份平等,同种类的股份股权相同,持有同等数量股份的股东享有同等待遇。我国《公司法》确认了同股同权、同股同利的基本原则。

二、股东资格的取得与认定

以取得股东资格的原因和时间为标准,可以将股东资格的取得分为原始取得和继受取得。在公司设立时认购公司发行的股份或出资的股东,属于原始取得。这些股东为原始股东,包括公司的发起人、在股份有限公司募集设立时认购公司股份的人。公司成立后,因受让、继承、受赠、公司合并等其他原因取得公司股份的股东,为继受取得。这些股东为继受股东,包括受让、受赠原始股东出资或股份的人,以及公司合并后存续的公司等。

股份有限公司中股东资格的认定以是否持有股票为标准,一般不会有争议。关于股东资格的认定问题,主要发生在有限责任公司中。我国《公司法》未对股东资格的认定做出明确的规定,经过多年公司法实践,最高人民法院出台的《〈公司法〉司法解释(三)》对此有较为详细的规定。取得有限责任公司股东资格一般应具备以下条件:公司章程对股东有记载,公司登记机关对股东有记载,公司的股东名册有记载,签署了公司章程,按照章程实际出资或认缴了出资,取得公司签发的出资证明,实际享有股权。如果以上条件都具备,取得股东资格完全没有问题。而实践中,由于公司设立和转让过程中的行为不规范,导致股东资格的以上要件很难同时具备,甚至相互矛盾,这就给股东资格的认定带来很多困难。要正确解决股东资格的认定问题,应针对股东资格认定涉及公司内部关系和外部关系,采取“双重标准、内外有别”的处理原则较为妥当。在处理公司内部关系引起的纠纷时,主要遵循契约自由、意思自治的原则;在处理公司外部的法律关系时,主要遵循公示主义原则,维护交易秩序和安全,保护善意第三人的利益。

(一)公司章程与股东资格取得的关系

公司章程是对公司及其成员具有约束力的关于公司组织和行为的重要法律文

件,是确定股东权利与义务最主要的法律依据。股东的姓名或名称是公司章程必备的记载事项,公司章程对股东身份的记载,是股东资格认定的最主要的形式要件,除非该形式特征与其他股东资格的特征相冲突,并经法院做出否定性的裁判,因此,股东姓名或名称记载于公司章程者,可确认其为公司股东。

公司章程的记载虽具有认定股东资格的功能,但不可将其绝对化,因为实践中会出现,公司章程的记载事项与实际不符,公司章程记载的事项与公司登记机关记载的内容不符,公司股东发生变更后,公司章程未进行及时修改等情形。对以上情形中股东资格的认定,应从公司内部关系和公司外部关系的两种情形分别考虑。当第三人以公司章程记载的股东为对象,主张其应承担未履行出资义务的继续出资以及出资作价不实的连带责任时,公司章程的记载是认定股东资格的主要依据,对第三人的主张应予以支持。公司章程记载的股东信息与登记机关记载的事项不一致的情况下,在对外关系上,应依据登记效力原理,以登记机关记载信息作为股东资格认定的标准。在处理公司对内关系时,除了依据公司章程登记机关的记载,还应参考是否实际出资、是否实际享有股权等要件,综合认定公司章程中记载的股东,不是实际出资人,且法院根据实际出资人的请求,已经认定实际出资人为股东时,则记载于公司章程中的股东不具有股东资格。

(二)出资证明书与股东资格取得的关系

出资证明书是有限责任公司成立后,向股东签发的证明股东出资的文件,是股东出资的凭证,是一种权利证书。公司除在公司成立后向原始股东签发出资证明书,还应在公司存续期间,股东股权发生变动后,如股权转让、股权被强制执行、股权被继承等,注销原股东的出资证明书,向新股东签发出资证明书,并相应修改公司章程和股东名册中有关股东及其出资额的记载。出资证明书是股东享有权利、承担义务的重要依据。出资证明书应当载明下列事项:公司名称、公司成立日期、公司注册资本、股东的姓名或者名称、缴纳的出资额和出资日期、出资证明书的编号和核发日期。出资证明书由公司盖章。在公司内部,股东持有出资证明书,即可以证明其已经合法出资,具有股东资格。出资证明书是认定股东资格的源泉证据,一旦取得了该文件,即可证明其股东的资格。

(三)股东名册与股东资格取得的关系

股东名册是记载有限公司股东及出资等事项的簿册。《公司法》第三十二条规定,有限责任公司应当置备股东名册,记载下列事项:股东的姓名或者名称及住所、股东的出资额、出资证明书编号。记载于股东名册的股东,可以依股东名册主张行使股东权利。该规定明确了股东名册的权利推定效力,一般情况下股东名册上载明的股东即应推定为公司的股东,如果要否认股东名册上记载的股东资格,就应当承担举证责任。但是,股东名册对认定股东资格的效力也只能作为形式化的证据。股东名册没有记载的股东,也非绝对没有股东资格,因为股东名册的记载是公司的法定义务,如果公司拒不履行义务——不做记载或记载错误,不能产生剥夺股东资格的法律效力。未记载于股东名册的股东,如能以其他证据如工商登记、公司章程记载、实际履行出资义务等证明其为出资人或者出资的受让人股东身份的,应认定其具有股东资格。公司不能以股东名册未记载为由对抗真正权利人具有股东资格的主张。

(四)工商登记与股东资格取得的关系

公司应当将股东的姓名或者名称及其出资额、出资方式和出资期限等向公司登记机关登记,登记事项发生变更的,应当办理变更登记。未经登记或者变更登记的,不得对抗第三人。工商登记属于一种证权登记,公司股东可以公司登记机关的登记材料作为证明股东资格的形式证据。如果工商登记中的股东信息登记存在瑕疵,按照商事外观主义原则,第三人仍可认定登记事项是真实的,并要求登记的股东按所登记的内容对外承担责任。因此,工商登记在股东资格认定时具有相对优先的效力。

(五)实际出资与股东资格取得的关系

股东出资是股东最重要的一项义务,也是判断股东资格最重要的标准。如果未能按要求履行出资义务,股东将承担未出资的法律责任或者被除名。我国《公司法》并未规定,股东未出资即不具备股东资格。要求股东实际出资,可以确保公司资本真实、充实,最大限度保护第三人的利益。而从公司内部关系来看,股东未按章程规定实际出资,公司虽可以此为由,对其行使股东权进行抗辩或者要求调整股权比例,但其仍具有股东资格,除非公司以未出资为由请求法院确认其丧失股东资格被支持。

从现在世界上大多数国家公司法理论来看,出资并非是股东资格取得的必备要素,股东出资和股东资格之间并非是一一对应的关系。我国《公司法》规定股东可以分期缴纳出资,也就意味着,法律并不要求股东出资与股东资格必然相联系,股东出资只是股东资格认定的标准之一,并不是唯一标准。实践中隐名出资人(实际出资人)与显名出资人(名义出资人)就股东资格发生争议的问题,其实质就是实际出资人是谁的问题,如果以实际出资作为股东资格认定的唯一标准的话,显名出资人将被排除于股东之外。隐名出资人由于未在公司章程、公司股东名册和公司登记机关登记在册,其完全会按照对自己是否有利提出自己的主张。在公司盈利的情况下,隐名出资人更愿意以其是实际出资人主张自己具有股东资格,分取公司的利益;在公司处于长期亏损、濒临倒闭或出现因"公司人格否认"而须由股东对公司债务承担连带责任的情况下,隐名出资人更愿意否认自己的股东资格而不去承担可能发生的法律责任。因此,隐名出资人与显名出资人究竟谁是股东,应具体加以分析。《〈公司法〉司法解释(三)》较为全面地对此做了规定,基本确定了以显名出资人为股东的规则。隐名出资人(实际出资人)与显名出资人(名义出资人)可以通过合同的方式,约定双方之间的权利义务,该合同只要不违反法律、行政法规的强制性规定,就应当被认定有效。如果合同约定由实际出资人出资并享有投资权益,以名义出资人为名义股东,实际出资人可以其实际履行了出资义务为由向名义股东主张权利,名义股东不得以公司股东名册记载、公司登记机关登记为由否认实际出资人的权利。此情形下,实际出资人并不是以股东身份主张权利,其行使的实质上是合同权利。实际出资人要想取得公司股东资格,必须履行名义出资人向其转让出资的程序,且要经公司其他股东过半数同意,才可以请求公司变更自己为股东、签发出资证明书、记载于股东名册、记载于公司章程并办理变更登记。公司债权人以登记于公司登记机关的股东未履行出资义务为由,请求其对公司债务不能清偿的部分在未出资本息范围内承担补充赔偿责任时,股东不得以其仅为名义股东而非实际出资人为由进行抗辩,名义股东承担赔偿责任后,可依据合同向实际出资人进行追偿。

三、股东的权利

股东的权利,亦称股东权、股权,是指股东因出资对公司享有的权利,包括获取经济利益和参与管理决策的权利。我国《公司法》第四条概括地规定了股东权,即公司股东依法享有资产收益、参与重大决策和选择管理者等权利。

(一)股东权利的类别

对股东权进行合理的分类,可以正确理解股东权的性质、内容及行使股东权的条件。按照股权的内容不同、表现形式不同,学理上对股东权进行了分类。对股东权的分类主要有:

1. 共益权和自益权

以权利行使的目的和内容为标准,可以将股东权分为共益权和自益权。共益权是指股东以自己的利益并兼顾公司的利益为目的而行使的权利,主要包括参加股东会会议的权利、表决权、选举管理者的权利、提起派生诉讼的权利、查阅公司账簿的权利等。共益权主要是公司事务的参与权,多属于管理性的权能。自益权是指股东以从公司获得经济利益、满足自己需要为目的而行使的权利,主要包括盈余分配请求权、剩余财产分配请求权、转让股东权、新股优先认购权等。自益权主要是财产权,多属于财产性权能。共益权和自益权的内容不同、性质不同,二者相辅相成,构成了股东所享有的完整股东权。

2. 单独股东权和少数股东权

按是否需要持有一定数量的股份才能行使股权为标准,可以将股权分为单独股东权和少数股东权。单独股东权是指不论股东持有股份数额的多少都可以单独行使的权利,如盈余分配请求权、表决权、股东会、股东大会出席权等。行使单独股东权,只要持有股份,不论多寡,哪怕只有一个股份,都可以行使。少数股东权是指持有一定比例以上的股份才能行使的权利,如派生诉讼提起权、股东提案权、股东会、股东大会召集请求权等。股东的自益权一般属于单独股东权;股东的共益权中既有单独股东权(如表决权),也有少数股东权(如股东会召集请求权)。公司法对某些权利要求持有一定比例以上股份的股东才能行使,主要为了防止少数股东滥用股东权,妨碍公司的正常运营。

3. 固有权和非固有权

以股东权是否能通过章程或股东会决议加以剥夺或限制为标准,可以将股权分为固有权和非固有权。固有权是指如未经享有该项权利的股东的个别同意,章程或股东会决议不得剥夺或限制的权利,如表决权等。非固有权是指通过章程或股东会决议予以限制或剥夺的权利。2005 年我国《公司法》修改时,赋予了公司很大的自治权,将股东权按照这种划分方法进行分类,可以进一步明确股东的哪些权利可以通过公司章程或股东会决议予以限制,哪些权利不得以公司章程或股东会决议予以限制,以确保股东享有的股东权。凡是对股东权固有权部分进行限制或剥夺的,均为违法行为,股东可采取救济方法,请求宣告限制或剥夺行为无效维护自己的权利。

4. 一般股东权与特别股东权

以行使股权的主体为标准,可以将股权分为一般股东权与特别股东权。股东因持有股份类别不同(普通股与特别股),而享有的股东权利也不同。一般股东权,是指持有普通股的股东行使的权利;相应的,特别股东权,是指持有特别股的股东行使的权利。特别股权专属于特定的股东,如优先股股东、劣后股股东享有的权利就是特别股东权。

(二)股东权利的内容

股东权利是一种综合性的权利:既有实体方面的权利,也有程序方面的权利;既有财产方面的权利,也有管理方面的权利。其具体权利主要有:

1. 股东会会议的参加权和对公司重大决策问题的讨论权

参加股东会会议、对公司重大决策问题的讨论权是股东基于出资而获得的基本权利,是股东参与公司管理的基本形式。公司章程或者股东决议不可以对这些权利予以禁止、限制;公司不得妨碍股东参加股东会会议,不得妨碍股东对公司重大问题发表意见、提出建议。

2. 表决权

表决权是保证股东参与公司事务的一项重要权利,是股东对股东会、股东大会所议议案的议决权。股东的表决权属于共益权、单独股东权、固有权,公司章程或者股东会议决议不可以做出禁止、限制、妨碍股东行使表决权的规定。2005 年我国《公司法》修改时,赋予有限公司对股东行使表决权的规则享有自治权。《公司法》第四十二条规定,有限责任公司股东会会议由股东按照出资比例行使表决权,但是,公司章程另有规定的除外。这里需要特别注意的是,《公司法》仅允许公司可以通过章程,对表决权行使的方式自行约定,但不得通过公司章程剥夺、限制股东的表决权。股份有限公司的股东出席股东大会会议,严格按照所持每一股份有一表决权的规则。① 公司的经营管理已交由公司的董事会,股东直接享有的仅是一种有限的参与权,这种参与公司经营决策和选任管理者的权利主要是通过表决权实现的。原则上,普通股的表决权不受限制,除非法律另有规定或者法律允许公司章程予以特别规定,如《公司法》规定公司持有自己股份不享有表决权,特别股不享有表决权。

3. 选举权和被选举权

股东有权选举公司的董事、监事,也有权被选举为公司的董事、监事,或被董事会任命担任公司的高级管理人员,除非有《公司法》禁止担任董事、监事高级管理人员的法定情形。股东的选举权是基于出资享有的表达自己意思的权利,属于固有权,不得剥夺、限制。股东的被选举权实际上是一种可能性,是一种机会权利,能否被选举为公司的董事、监事,或被董事会任命担任公司的高级管理人员,与自身的持股情况、股东个人的资质及能力有关系。

4. 投资收益权

投资收益权又称股利分配请求权,是指股东基于出资请求分配公司盈余的权利。股东投资的目的是为了取得利润,以求资本回报,因此,投资收益权是股东最基本的权利。当然,此种权利能否得以实现,取决于公司是否有可供分配的利润以及股东会、股东大会是否做出决议将利润在股东之间进行分配。在公司有可供分配利润的情况下,利润分配方案由股东会、股东大会做出决议。实践中,股东红利分配权被侵犯的情况时有发生,大股东常利用自己持股比例高的优势,不同意公司利润分配方案,压榨小股东的利益。鉴于此,我国《公司法》在 2005 年修改时规定,在公司 5 年连续盈利,并且符合《公司法》规定的分配利润条件,连续 5 年不向股东分配利润的情况下,股东可以请求公司按照合理的价格收购其持有的股权。

如果公司章程没有限制向股东进行分配,股东已经缴付全部的认缴出资,在公司有盈利符合法定分配条件时,如果股东会决议不进行分配,股东可以请求法院判

① 参见《公司法》第一百零三条。

决分配,法院应该予以支持。如果公司章程对股东分配利润有限制的,限制的合理期限应该以不超过5年为宜,在公司成立后5年连续有盈利,且符合法定分配利润的条件时,如果股东会决议不分配利润,股东可以请求法院判决分配,法院应该予以支持。公司利润分配的基本原则是按股东的出资比例或所持股份进行分配。这里的出资一般是指实际出资。由于公司利润分配不涉及第三人利益,不影响债权人利益的实现,所以,如何进行分配,允许公司自治。《公司法》第三十四条规定,有限责任公司全体股东可以约定不按照出资比例分取红利。如果公司决议不按出资比例进行分配,一定要全体股东一致同意。

5. 知情权

知情权是指公司股东知晓公司经营管理等重要信息的权利。股东要参与公司重大事项的决策,必须掌握公司的经营状况、财务状况、其他与股东利益有密切关系的公司情况。股东知情权属于固有权,不能以公司章程加以限制或剥夺《〈公司法〉司法解释(四)》确认了股东知情权的固有权属性,第9条规定:"公司章程、股东之间的协议等实质性剥夺股东依据《公司法》第三十三条、第九十七条规定查阅或者复制公司文件材料的权利,公司以此为由拒绝股东查阅或者复制的,人民法院不予支持。"

股东的知情权主要表现为查阅权,即查阅公司文件和账簿等资料。我国《公司法》第三十三条对有限责任公司股东的知情权做了如下规定:"股东有权查阅、复制公司章程、股东会会议记录、董事会会议决议、监事会会议决议和财务会计报告。股东可以要求查阅公司会计账簿。股东要求查阅公司会计账簿的,应当向公司提出书面请求,说明目的。公司有合理根据认为股东查阅会计账簿有不正当目的,可能损害公司合法利益的,可以拒绝提供查阅,并应当自股东提出书面请求之日起15日内书面答复股东并说明理由。公司拒绝提供查阅的,股东可以请求人民法院要求公司提供查阅。"《公司法》第九十七条对股份有限公司股东的知情权亦有原则性规定:"股东有权查阅公司章程、股东名册、公司债券存根、股东大会会议记录、董事会会议决议、监事会会议决议、财务会计报告,对公司的经营提出建议或者质询。"如果股东依据《公司法》第三十三条、第九十七条或者公司章程的规定,要求查阅或者复制公司特定文件材料,遭公司拒绝的,股东可以向法院起诉,人民法院应当依法予以受理。公司有证据证明要求查阅或者复制公司特定文件材料的股东在起诉时不具有公司股东资格的,人民法院应当驳回起诉,但原告有初步证据证明在持股期间其合法权益受到损害,请求依法查阅或者复制其持股期间的公司特定文件材料的除外。①

为了避免股东滥用查阅权,影响公司的正常经营活动,或者损害公司的利益,

① 《〈公司法〉司法解释(四)》第七条。

《公司法》明确规定了查阅文件应有正当目的,如果股东查阅文件有不正当目的,可能损害公司合法利益的,公司可以拒绝提供查阅。《〈公司法〉司法解释(四)》第八条规定,有限责任公司有证据证明股东存在下列情形之一的,人民法院应当认定股东有《公司法》第三十三条第二款规定的"不正当目的":①股东自营或者为他人经营与公司主营业务有实质性竞争关系业务的,但公司章程另有规定或者全体股东另有约定的除外;②股东为了向他人通报有关信息查阅公司会计账簿,可能损害公司合法利益的;③股东在向公司提出查阅请求之日前的 3 年内,曾通过查阅公司会计账簿,向他人通报有关信息损害公司合法利益的;④股东有不正当目的的其他情形。

人民法院审理股东请求查阅或者复制公司特定文件材料的案件,对原告诉讼请求予以支持的,应当在判决中明确查阅或者复制公司特定文件材料的时间、地点和特定文件材料的名录。股东依据人民法院生效判决查阅公司文件材料的,在该股东在场的情况下,可以由会计师、律师等依法或者依据执业行为规范负有保密义务的中介机构执业人员辅助进行。[①]

股东行使知情权不得损害公司的利益,泄露公司的商业秘密。如果股东行使知情权后泄露公司商业秘密,导致公司合法利益受到损害,该股东应向公司赔偿相关损失。根据规定,辅助股东查阅公司文件材料的会计师、律师等泄露公司商业秘密导致公司合法利益受到损害的,也应向公司赔偿相关损失。

公司董事、高级管理人员等未依法履行职责,导致公司未依法制作或者保存《公司法》规定的公司文件材料,给股东造成损失的,负有相应责任的公司董事高级管理人员应向股东依法承担民事赔偿责任。

6. 股东会临时会议召集请求权和自行召集权

股东会会议有临时会议和定期会议。临时会议的召开必须具备法定情形或者公司章程规定的情形。《公司法》要求提议召开临时股东会时,提议的股东必须持有 1/10 以上表决权,单独或者合计持有公司 10%以上股份的股东可以请求召开临时股东大会。股东提议召开临时股东会、临时股东大会,董事会或者执行董事是否予以答复,是否一定要召开会议,《公司法》没有明确规定。根据现行《公司法》的规定,行使股东会临时会议召集请求权的结果会引致股东行使股东会自行召集权。

股东会会议、股东大会会议由董事会召集,董事长主持。但是在某些情况下,由于董事会控制权属争议,董事会故意不召集、主持股东会会议,影响公司正常经营活动。2005 年《公司法》修改时针对类似现象做出了专门的回应,规定定期会议应当依照公司章程的规定按时召开。代表 1/10 以上表决权的股东,1/3 以上的董事、监事会或者不设监事会的公司的监事提议召开临时会议的,应当召开临时会

---

① 参见《〈公司法〉司法解释(四)》第十条。

议。有限责任公司董事会或执行董事不能履行或不履行召集股东会会议职责的，且监事会或者不设监事会的公司的监事也不召集或主持的，代表 1/10 以上表决权的股东可以自行召集和主持。股份有限公司的股东同样可以依据《公司法》的规定，在董事会不能履行或者不履行召集股东大会会议职责，且监事会也不履行召集股东大会会议职责的情况下，连续 90 日以上单独或合计持有公司 10%以上股份的股东可以自行召集和主持股东大会会议。

7. 提案权

股东有向公司提出提案的权利，股东提案权一般为少数股东权。

我国《公司法》对有限公司股东提案权的行使没有明确的规定，一般可以理解为，只要公司章程不加以限制，有限公司的任何股东在股东会会议举行期间至闭会前，均可以提出提案。《公司法》要求提议召开临时股东会时，提议的股东必须持有 1/10 以上表决权，且行使召集请求权引起股东会会议召开，是需要准备提案的，否则，召集会议没有意义。据此，如果是在股东会会议期以外的时间，股东行使提案权是有持股比例要求的，即须持有 1/10 以上表决权。

《公司法》对股份有限公司的股东提案权的行使则明确规定了持股比例，第一百零二条第二款规定："单独或合计持有公司 3%以上股份的股东，可以在股东大会召开 10 日前提出临时提案并书面提交董事会；董事会应当在收到提案后 2 日内通知其他股东，并将该临时提案提交股东大会审议。临时提案的内容应当属于股东大会职权范围，并有明确议题和具体决议事项。"股份有限公司的股东同样可以依据公司法的规定，提议召开临时股东大会，提议的股东必须单独或者合计持有公司 10%以上的股份，且提议召开股东大会会议，自然是需要准备提案的。

8. 股份或出资的转让权

股份或出资的转让权简称转股权，是指公司的股东将自己持有的股份转让给他人，使自己丧失部分或全部股份，使他人成为股东而自己获得金钱或其他对价的权利。各国公司法在禁止股东抽逃出资的同时，一般都规定，股东可以通过转让其出资或持有的股份来转移风险。股权具有财产权属性，股东可以处理自己的股份，有限责任公司的闭合性特点，使得股东转让股权时受到一定的限制，我国《公司法》对有限责任公司、股份有限公司的股权转让分别有专章规定。① 对此，在本章将做专门介绍。

9. 新股的优先认购权

公司的股东在公司发行新股或增加资本时，有优先于其他人认购公司股份或出资的权利。各国对股东是否享有新股的优先认购权，有不同的立法原则：有的国家采用法定主义立法例，直接以立法的形式赋予股东该项权利，股东的该项优先权

① 《公司法》第三章专门规定了有限责任公司的股权转让，第五章第二节专门规定了股份有限公司的股份转让。

除法定情形外，不得以公司章程或股东会会议决议剥夺或限制；有的国家则采用任意主义立法例，将股东是否享有新股优先认购权交由公司章程或公司权力机关决定。我国《公司法》第三十四条规定：有限责任公司新增资本时股东有权优先按照实缴的出资比例认缴出资。但是全体股东约定不按照出资比例优先认缴出资的除外。《公司法》第一百三十三条规定："公司发行新股，股东大会应当对下列事项做出决议：①新股种类及数额；②新股发行价格；③新股发行的起始日期；④向原有股东发行新股的种类及数额。"由此可见，我国《公司法》确认了股东享有新增资本或发行新股的优先认购权。公司中的持股数量是股东在公司设立时通过协商确定的，是维持公司正常合作的股权结构安排，因此，增加资本或发行新股时，以实缴的出资确定股东对公司增加资本的认购比例，能够较好地维持公司的原有股权结构，保障股东在公司中既得的比例性利益，是《公司法》和公司对增加资本优先认购权的基本选择。但《公司法》并不排除公司对新增资本或发行新股的优先认购权做另外的安排，即行使优先认购权的方法，优先认购的方式、认购的比例和数额，可由公司全体股东或股东大会决定。

新股优先认购权仅指认购顺序上的优先，不包括价格上的优先或优惠，认购新股仍应执行同种类股份认购价格和条件相同的原则。新股的优先认购权是一种权利，而不是义务，股东有选择权，在法律允许的范围内还可以转让。

10. 剩余财产的分配请求权

公司依法进行清算时，以其全部财产向公司全体债权人清偿债务之后尚有剩余的，股东有权请求分配。我国《公司法》第一百八十六条第二款规定："公司财产在分别支付清算费用、职工的工资、社会保险费用和法定补偿金，缴纳所欠税款，清偿公司债务后的剩余财产，有限责任公司按照股东的出资比例分配，股份有限公司按照股东持有的股份比例分配。"剩余财产分配应体现股份平等原则，同股同权，同股同利，对同种类的股份按照持股比例分配剩余财产。对不同种类的股份，则按照股份发行时的规定，分配剩余财产。例如持有优先股的股东，在分配剩余财产时，应优先于普通股的股东分配剩余财产，剩余财产不足以清偿优先股股东的，优先股股东按照出资比例分配。

11. 异议股东股权回购请求权

异议股东股权回购请求权，是指在特定情形下对公司股东会、股东大会决议持反对意见的股东，享有要求公司以合理价格收购自己股份的权利。异议股东在得到补偿后，将股份交还公司，自己退出公司，因此，此项权利又简称为退股权。异议股东股权回购请求权是保障股权的实质平等性，保护少数股东利益的一个有效措施。股东会、股东大会是公司的最高权力机构，决定公司的重大事项。股东会做出决议时，尤其是股东大会做出决议时，实行资本多数决原则，决议的事项即使对少数股东不利，少数股东提出异议，决议依然因为多数表决权通过而生效。公司法通过规定异议股东股权回购请求权,可以平衡多数股东与异议股东之间的利益,提高公司的效率,保护异议股东的利益。我国《公司法》分别对有限责任公司和股份有限公司的异议股东行使股权回购请求权的法定事由做出规定。

(1)有限责任公司股东退出公司的法定条件。《公司法》第七十四条规定,有下列情形之一的,对股东会该项决议投反对票的股东可以请求公司按照合理的价格收购其股权,退出公司:一是公司连续5年不向股东分配利润,而公司该5年连续盈利,并且符合公司法规定的分配利润条件的;二是公司合并、分立、转让主要财产的;三是公司章程规定的营业期限届满或者章程规定的其他解散事由出现,股东会会议通过决议修改章程使公司存续的。根据上述规定,股东退出公司应当满足两个条件:第一,具备上述三种情形之一;第二,对上述事项决议投了反对票,投赞成票的股东不能以上述理由退出公司。

(2)有限责任公司股东退出公司的法定程序。首先,异议股东要求退出公司时,应当请求公司收购其股权。股东请求公司收购其股权时,其所要求的价格不应过高,而应当是合理的价格,这样才能既满足股东的要求,保护其要求退出公司的合法权益,又不损害公司和其他股东的利益。其次,依法向法院提起诉讼请求公司收购其股权。一般来说,股权回购请求权的核心问题是回购股份的价格问题。公司与股东可以就股份转让的价格通过协商达成一致的方式解决;如果不能达成一致意见,根据《公司法》的规定,自股东会会议决议通过之日起60日内,股东与公司不能达成股权收购协议的,股东可以自股东会会议决议通过之日起90日内向人民法院提起诉讼,启动司法程序,由专家通过评估,确定公司回购股份的价格。

(3)股份有限公司股东退出公司的条件。《公司法》第一百四十二条规定,股东因对股东大会做出的公司合并、分立决议持异议,要求公司收购其股份的公司,公司应收购股东持有的公司股份。公司收购股份后应当在6个月内转让或者注销。

12. 公司解散请求权

公司解散请求权,又称公司解散的诉讼权,是指股东因权益受到损害而依法请求法院解散公司的权利。当公司股东之间出现严重分歧,公司运营出现困境,公司经营管理发生严重困难时,继续存续会使股东利益受到重大损失,且通过其他途径不能解决的,为了保护处于劣势的股东的利益,持有公司全部股东表决权10%以上的股东,可以根据公司法规定请求人民法院解散公司。这里所说"经营管理发生严重困难"指的是公司的治理机构及治理状态,而不是指公司本身的日常经营性事务遇到了困难。公司存续期间,如果出现公司的股东会、董事会等公司治理机构完全"瘫痪",公司无法正常运转,不能有效开展正常的商事交易和经营活动,就是"公司经营管理发生严重困难"或称做出现"公司僵局"。在此种情况下,如果不能通过正常渠道解决问题,股东可以提起诉讼,要求解散公司。2008年最高人民法院出台的《〈公司法〉司法解释(二)》第一条专门规定了股东可以请求解散公司的法定情形,细化了公司解散条件,具有可操作性。规定的具体情形是:①公司持续2年以上无法召开股东会或者股东大会,公司经营管理发生严重困难的;②股东表决时无法达到法定或者公司章程规定的比例,持续2年以上不能做出有效的股东会或者股东大会决议,公司经营管理发生严重困难的;③公司董事长期冲突,且无法通过股东会或者股东大会解决,公司经营管理发生严重困难的;④经营管理发生其他严重困难,公司继续存续会使股东利益受到重大损失的情形。

司法解释强调,人民法院审理解散公司诉讼案件应注重调解,对当事人之间在不违反法律、行政法规规定下协商同意由公司或股东收购股份,或以减资等方式使公司存续的,应予支持,对不能协商一致使公司存续的,应及时判决。而股东以知情权、利润分配请求权等权益受到损害,或公司亏损、财产不足以偿还全部债务,以及公司被吊销企业法人营业执照未进行清算等为由,提起解散公司诉讼的,法院不予受理。股东提起解散公司诉讼,同时又申请法院对公司购股份的价格。

(3)股份有限公司股东退出公司的条件。《公司法》第一百四十二条规定,股东因对股东大会做出的公司合并、分立决议持异议,要求公司收购其股份的公司,公司应收购股东持有的公司股份。公司收购股份后应当在6个月内转让或者注销。

12. 公司解散请求权

公司解散请求权,又称公司解散的诉讼权,是指股东因权益受到损害而依法请求法院解散公司的权利。当公司股东之间出现严重分歧,公司运营出现困境,公司经营管理发生严重困难时,继续存续会使股东利益受到重大损失,且通过其他途径不能解决的,为了保护处于劣势的股东的利益,持有公司全部股东表决权10%以上的股东,可以根据公司法规定请求人民法院解散公司。这里所说"经营管理发生严重困难"指的是公司的治理机构及治理状态,而不是指公司本身的日常经营性事务遇到了困难。公司存续期间,如果出现公司的股东会、董事会等公司治理机构完全"瘫痪",公司无法正常运转,不能有效开展正常的商事交易和经营活动,就是"公司经营管理发生严重困难"或称做出现"公司僵局"。在此种情况下,如果不能通过正常渠道解决问题,股东可以提起诉讼,要求解散公司。2008年最高人民法院出台的《〈公司法〉司法解释(二)》第一条专门规定了股东可以请求解散公司的法定情形,细化了公司解散条件,具有可操作性。规定的具体情形是:①公司持续2年以上无法召开股东会或者股东大会,公司经营管理发生严重困难的;②股东表决时无法达到法定或者公司章程规定的比例,持续2年以上不能做出有效的股东会或者股东大会决议,公司经营管理发生严重困难的;③公司董事长期冲突,且无法通过股东会或者股东大会解决,公司经营管理发生严重困难的;④经营管理发生其他严重困难,公司继续存续会使股东利益受到重大损失的情形。

司法解释强调，人民法院审理解散公司诉讼案件应注重调解，对当事人之间在不违反法律、行政法规规定下协商同意由公司或股东收购股份，或以减资等方式使公司存续的，应予以支持，对不能协商一致使公司存续的，应及时判决。而股东以知情权、利润分配请求权等权益受到损害，或公司亏损、财产不足以偿还全部债务以及公司被吊销企业法人营业执照未进行清算等为由，提起解散公司诉讼的，法院不予受理。股东提起解散公司诉讼，同时又申请法院对公司清算的，法院对清算申请不予受理；股东提起解散公司诉讼时申请财产保全或证据保全的，在股东提供担保且不影响公司正常经营的情形下，法院可予以保全；股东提起解散公司诉讼应当以公司为被告，并应当告知其他股东，或由法院通知其参加诉讼。

13. 诉讼权

股东除享有上述实体权利外，在权利受到侵害时，还享有依法提起诉讼寻求法律救济的权利，此为股东的诉讼权。股东的诉讼权分为股东直接诉讼权和股东的派生诉讼权。股东因为自己利益而提起的诉讼，属于为直接诉讼；股东因为公司利益而提起的诉讼，属于代表诉讼或派生诉讼。

四、有限责任公司的股权转让

（一）股权转让的概念

股权转让是指股东依据法律或公司章程规定将自己持有的股份转让给他人使自己丧失部分或全部股份，使受让人取得股权成为股东的法律行为。在公司存续期间，股东不得抽回出资，但可以通过转让股权的方式退出公司。股权转让是买卖股权的行为，会引起公司股权结构的变动。畅通的股权转让通道可以有效地促进公司资本的流通，优化资源配置、完善公司治理结构、实现股东投资目的。2005 年我国《公司法》修改时，规定了较为畅通的有限责任公司股权的转让程序，较之前股权转让规定，程序更加完善，比较利于股权流通。

根据《公司法》的规定，有限责任公司的股东之间可以相互转让其全部或者部分股权。股东向股东以外的人转让股权，应当经其他股东过半数同意。不同意的股东应当购买该转让的股权；不购买的，视为同意转让。转让时，在同等条件下，其他股东有优先购买权。股权转让后，公司应当注销原股东的出资证明书，向新股东签发出资证明书，并相应修改公司章程和股东名册中有关股东及其出资额的记载。

（二）股权的内部转让

有限责任公司股权的内部转让，就是股权在股东之间相互转让。有限责任公司是具有人合性的资合公司，由于有限责任公司股权内部转让不会导致新股东的加入，对公司的人合性影响不大，因此，大多数国家和地区的公司法对于股权内部转让采取自由主义的立法原则,允许股东依意思自治原则处理内部股权转让问题。

我国《公司法》第七十一条第一款规定:“有限责任公司的股东之间可以相互转让其全部或者部分股权。”这是股东内部转让股权的核心条款,采取的是股东自由处分股权的原则。第七十一条第四款规定:“公司章程对股权转让另有规定的,从其规定。”这体现了《公司法》尊重公司和股东关于股权内部转让的意思自治。在公司章程没有对股权内部转让进行约定的情况下,按照第一款的规定,股东之间可以自由进行股权转让。如果公司章程对股权内部转让做了特别约定,则应以公司章程规定为准。

(三)股权的外部转让

有限责任公司的股权外部转让,是指股东将其所持有的公司的股份向公司股东以外的人转让的行为。由于股权转让给股东以外的人,会导致新的成员加入打破了公司原有股权结构,原股东之间的相互信赖关系受到新的挑战,因此,公司法及公司章程一般对股权外部转让规定较为严格,条件和程序会更细致。我国《公司法》第七十一条第二款、第三款、第四款对股权的外部转让规定如下:“股东向股东以外的人转让股权,应当经其他股东过半数同意。股东应就其股权转让事项书面通知其他股东征求同意,其他股东自接到书面通知之日起满 30 日未答复的,视为同意转让。其他股东半数以上不同意转让的,不同意的股东应当购买该转让的股权;不购买的,视为同意转让。经股东同意转让的股权,在同等条件下,其他股东有优先购买权。两个以上股东主张行使优先购买权的,协商确定各自的购买比例;协商不成的,按照转让时各自的出资比例行使优先购买权。公司章程对股权转让另有规定的,从其规定。”分析上述规定,可以看出公司股权外部转让需要遵循以下规则:

1. 转让同意规则

股权的外部转让行为,必须经其他股东过半数同意。

2. 征求意见规则

为了使有限责任公司股东实现向非股东转让股权的目的,提高转让股权的效率,预防转让过程中其他股东的不当阻挠,《公司法》规定了征求意见的程序。拟转让股权的股东就转让股权事项与受让人达成协议后,应就股权转让事项书面通知其他股东征求同意,其他股东自接到书面通知之日起 30 日内应予以答复,满 30 日未答复的,视为同意转让。

3. 强制收购规则

拟转让股权的股东就转让股权事项与受让人达成协议后,书面通知其他股东征求同意,其他股东自接到转让股权的书面通知后,答复不同意转让的股东人数达半数以上,则构成不同意转让。不同意转让的股东应当购买该转让的股权;不购买的,视为同意转让。不同意转让的股东购买拟转让的股权,是《公司法》规定的一项法定义务,意为给股东退出公司一个畅通的渠道。

4. 优先购买权规则

基于有限责任公司的闭合性、人合性的特征,《公司法》规定了公司股东的优先购买权,明确了优先购买权的方法:一是在同等条件下,其他股东有优先购买权。二是两个以上股东主张行使优先购买权的,协商确定各自的购买比例;协商不成的,按照转让时各自的出资比例行使优先购买权。协商确定的购买比例或按照股东的出资比例行使优先购买权,可以维持公司股东之间的继续合作和股东之间在公司的原有地位。三是公司章程对股权转让的优先购买权另有规定的,从其规定,体现了公司法尊重股东的意思自治。

5. 股东意思自治规则

《公司法》充分尊重公司和股东的意思自治,允许公司章程对股权转让另行规定;如果公司章程就股权转让另有安排,则依公司章程规定。

(四)特殊情形下的股权转让

1. 人民法院强制转让股东的股权

人民法院强制依执行程序转让股东的股权,是指人民法院依照《民事诉讼法》等法律规定的执行程序,强制执行生效的法律文书时,以拍卖、变卖或者其他方式转让有限责任公司股东的股权。《公司法》第七十二条规定,人民法院依照法律规定的强制执行程序转让股东的股权时,应当通知公司及全体股东,其他股东在同等条件下有优先购买权。其他股东自人民法院通知之日起满 20 日不行使优先购买权的,视为放弃优先购买权。根据上述规定,法院根据债权人的申请,强制执行股东股权时,应当通知公司及其他股东,强制执行股东的股权与股东对外转让股权不同,既不需要公司同意,也不需要股东同意,通知公司是为了便于强制执行后办理股权变更事宜,便于股东行使优先购买权。其他股东接到通知后,可以用购买被执行部分的股权的对价,继续维护公司人合性。

2. 异议股东的股权回购

股东对股东会的下列决议投反对票的,可以将其所持有的股权转让给公司公司必须按照合理的价格收购。股东具体可反对的公司决议是:①公司 5 年续盈利,并且符合《公司法》规定的分配利润条件,连续 5 年不向股东分配利润的决议;②公司合并、分立、转让主要财产的决议;③公司章程规定的营业期限届满或者章程规定的其他解散事由出现,股东会会议修改章程使公司存续的决议。

3. 股东资格继承

《公司法》第七十五条规定:“自然人股东死亡后,其合法继承人可以继承股东资格,但是,公司章程另有规定的除外。”在自然人股东死亡后,会出现股东资格继承问题。继承人一旦继承了股东资格,就意味着继承了股权,其实质就是股权转让问题,这属于股权转让的一种特殊情形。《公司法》第七十五条把公司股东资格的继承事项交由公司章程约定,这既体现了有限公司人合性的特点,又充分考虑到了原股东和继承人的权益,这样有限公司在处理股权继承中出现争议时,即可做到有章可循。公司章程可以排除继承人对股东资格的继承,但不允许限制继承人继承死亡股东所享有的股权的财产权益。当公司章程做出不接受继承人为新股东进入公司的安排,公司其他股东可以参考股权评估的市场价购买死亡股东的股权,继承人继承股权转让之价款。

(五)公司章程限制股权转让

我国《公司法》第七十一条在对公司股权外部转让做出规定的基础上,允许公司和股东通过公司章程对股权转让另行安排。实践中,公司章程对股权转让的规定一般有三种情形:一是与《公司法》的规定相比较,股权转让更自由,没有任何限制;二是与《公司法》的规定相比较,股权转让有更严格的限制;三是公司章程规定禁止股权转让。

公司章程对股权转让不加以限制,增强了股权的市场流动性,虽会影响到有限责任公司的人合性和封闭性,但由于是公司股东自愿约定,《公司法》应该尊重股东的意思自治。

如果公司章程对股权转让做出比《公司法》更加严格的限制条件,以防止出现有限公司内部信任的降低,只要允许股东在一定程序下可以转让股权,亦是《公司法》所认可的。

公司章程禁止股权转让的规定,值得商榷。我们认为,公司章程不可以禁止股权转让,理由如下:第一,从具体条款内容分析,第七十一条第四款是对前三款规范的补充性规定,前三款都是关于股权转让程序的规定,第四款应顺着前面的立法思路,解释为有限公司章程在允许股权转让的前提下,可以就转让的具体程序和转让条件做出不同于《公司法》的规定,如对答复的时间、通过的人数或股东优先购买权的行使条件等另行规定。第二,从股东退出机制分析,禁止股权转让,减少了股东退出公司的途径。股权退出的方式有抽回出资、行使异议股东股权回购请求权、出现僵局时行使解散公司诉权。股东抽回出资是《公司法》明令禁止的,异议股东股权回购请求权和出现僵局时解散公司诉权有严格的条件,一般情况下无法行使。如果不具备上述三种情形,股东只能通过转让股权退出公司。股东转让股权是其退出公司的一个重要法律途径。如果公司章程规定股东不能向外转让股权,那么该如何实现股权退出这一目的?2005 年《公司法》修订时完善了股东向外股权转让的规定,其基本的立法精神之一就是平衡各种利益,健全股权转让机制,改变了

1993年《公司法》对股东向外转让股权程序不完善的规定，使股权外部转让成为可能。① 如果公司章程规定股东不得向股东以外的人转让股权，显然与《公司法》修订的立法精神不符。公司章程如果规定不让股东转让股权，则给股东其他的退出渠道。如果仅允许公司章程规定股权不能对外转让。又没有股东退出的其他渠道，势必会影响股东的利益。第三，禁止股权转让，会提高公司代理成本。股权转让具有遏制公司管理者与股东之间的代理成本的功效。公司管理者利用信息不对称滥权谋权，损害股东利益，产生了传统意义上的代理成本。股权的自由转让，创造了反映公司治理水平的股权价格和公司并购市场，如果管理者滥用职权，股东将抛售股票，公司股价将直线下挫，公司将面临被收购的威胁，使现任管理者职位处于危险境地。因此，顺畅的股权转让市场有利于降低管理者的代理成本。也正是在这一意义上，股东会决议或者公司章程条款中限制或者禁止股权转让的约定，尽管符合“资本多数决”的正当性外观，但它可能伤及股东的退出权，进而削减了资本市场对董事、高级管理人员的制约力量，从而间接地推高了代理成本。因此，该约定的正当性应予以审慎考量。

（六）名义出资的股权转让

实际出资人与名义出资人之间的权利义务关系一般可以通过合同的方式进行约定。约定只要不违反法律、行政法规的强制性规定，应当被认定有效。名义出资情形下，就同一个出资存在两种形式的股东。两位股东就股权进行转让时，如何认定他们签订的转让合同的效力，将直接影响受让人的利益。名义出资情形下，股权转让一般有两种情形：

1. 名义出资人转让股权

名义出资人转让股权，是指名义出资人未经实际出资人同意，将股权转让给第三人。名义出资人虽然未实际出资，但是，股东名册、公司章程、公司登记机关的登记信息等均表明名义出资人为股东，第三人有理由相信，股东名册、公司章程、公司登记机关的登记记载的记名股东为出资股东，因此，签订股权转让合同时，如果第三人是善意的，股权转让合同应被认定有效。实际出资人以其对于股权享有实际权利为由，请求认定处分股权行为无效的，人民法院不予支持。名义股东处分股权给实际出资人造成损失，实际出资人请求名义股东承担赔偿责任的，人民法院应予以支持。

---

① 1993年《公司法》第三十五条第二款规定：“股东向股东以外的人转让其出资时，必须经全体股东过半数同意；不同意转让的股东应当购买该转让的出资，如果不购买该转让的出资，视为同意转让。”由于没有规定其他股东答复的时间，使得股东向外转让股权，几乎成为不可能，经常出现其他股东不予理睬，影响了股权外部转让的效率，不利于股权转让。

2. 实际出资人转让股权

实际出资人转让股权，是指实际出资人未经名义出资人同意，向第三人转让股权。《（公司法）司法解释（三）》确定了显名出资人为股东的规则。实际出资人可按照与名义出资人的约定，向名义股东主张权利，取得投资权益。实际出资人享有因出资而形成的财产性权益，在不违反法律、行政法规的情况下实际出资人有权转让其实际享有的股权。其向第三人转让股权的合同应被认定有效，但受让人不能因此而直接取得股东资格。受让人要想取得公司股东资格，必须履行名义出资人向其转让股权的程序，要经公司其他股东过半数同意，才可以请求公司变更股东、签发出资证明书、记载于股东名册、记载于公司章程，并向公司登记机关办理变更登记。

（七）出资瑕疵股东的股权转让

出资瑕疵的股东是否有权转让股权？出资瑕疵是指股东未出资、出资不实、未按照要求办理财产权转移手续或者出资后抽逃出资等。出资瑕疵的股东其股权的内容与足额出资的股东应有所不同，但这并不影响其股东的资格和对股权的处分。出资瑕疵的股东虽记载于公司股东名册、登记机关文件及公司章程中具有股东资格，但由于其出资有瑕疵，其享有的股权亦不完整。承认出资瑕疵的股东身份，并不意味着该股东可以免除资本充实的责任以及对其他股东承担的违约责任。

出资瑕疵的股东转让股权时，受让人的权利亦应承继瑕疵，其享有的权利不应超出转让股东的权利。这种瑕疵是否会影响股权转让协议的效力，受让人是否应承担资本充实责任，应具体分析。如果受让人明知转让人出资存在瑕疵仍受让股权，股权转让协议有效，受让人应当与转让人对出资不足的部分承担连带补交责任。如果签订股权转让合同时，转让人隐瞒出资瑕疵的事实，致使受让人不知道受让股权的瑕疵，那么受让人可以请求法院或仲裁机构撤销或变更股权转让合同，受让人不承担资本不足的补交责任。

（八）股权转让后应办理相应手续

1. 办理内部登记手续

《公司法》第七十三条规定，依照《公司法》的规定转让股权后，公司应当注销原股东的出资证明书，向新股东签发出资证明书，并相应修改公司章程和股东名册中有关股东及其出资额的记载。办理公司内部股东名册变更的直接后果是，导致股权变动，即原股东股权消灭，新股东的股权产生。

2. 办理外部登记手续

《公司法》第三十二条第三款规定："公司应当将股东的姓名或者名称向公司登记机关登记；登记事项发生变更的，应当办理变更登记。未经登记或者变更登记的，不得对抗第三人。”由于股东身份及其出资数额的变更属于公司应当公示的事项，公司应该在股权转让合同成立生效后，办理登记手续。《公司登记管理条例》第三十四条进一步规定：“有限责任公司变更股东的，应当自变更之日起30日内申请变更登记，并应当提交新股东的主体资格证明或者自然人身份证明。有限责任公司的自然人股东死亡后，其合法继承人继承股东资格的，公司应当依照规定申请变更登记。有限责任公司的股东或者股份有限公司的发起人改变姓名或者名称的，应当自改变姓名或者名称之日起30日内申请变更登记。”

五、股东诉讼权

股东诉讼权是指股东基于股东权受到侵害而享有的提起诉讼的权利。股东诉讼权是切实保障股东权益，对受到侵害的股东权进行救济的重要手段。股东诉讼权分为股东直接诉讼权和股东间接诉讼权。

（一）股东直接诉讼

股东直接诉讼，是指股东基于股东身份对公司、董事、监事、高级管理人员违反规定损害股东利益的行为提起的诉讼。我国《公司法》第二十条规定，公司股东滥用股东权利给公司或者其他股东造成损害的，应当依法承担赔偿责任。依此规定，受害股东当然得依法通过诉讼要求损害赔偿。第二十二条规定，公司股东会或者股东大会、董事会的决议内容违反法律、行政法规的无效。股东可以向法院提起诉讼，请求宣告决议无效。第一百五十二条规定，董事、高级管理人员违反法律、行政法规或者公司章程的规定，损害股东利益的，股东可以向人民法院提起诉讼。以上提起的诉讼都是股东基于自己利益受到侵害而直接依法向人民法院提起的诉讼。

股东直接诉讼权属于自益权，是股东为自己利益进行的诉讼，一般情况下对股东行使直接诉讼权应没有行使条件和程序方面的限制。对特殊的诉讼权的行使，《公司法》有特别规定：要求一定的持股数量，如提起解散公司诉讼的股东须持有10%以上表决权；或者要求在一定的期间内提起诉讼，如股东会或者股东大会、董事会的会议召集程序、表决方式违反法律、行政法规，或者公司章程，或者决议内容违反公司章程的，股东可以自决议做出之日起60日内，请求人民法院撤销。

（二）股东代表诉讼

股东代表诉讼又称“间接诉讼”或“派生诉讼”，是指当公司董事、监事、高级管理人员、控股股东、实际控制人和第三人违反法律、行政法规或者公司章程的行为给公司造成损失，公司拒绝或怠于向违法行为人请求损害赔偿时，具备法定资格的股东，代表公司对损害公司利益的违法行为人提起的诉讼。

股东代表诉讼的目的保护公司利益和股东整体的利益，而不仅仅是为了个别股东的利益。《公司法》第二十一条规定，公司的控股股东、实际控制人、董事、监事、高级管理人员不得利用其关联关系损害公司利益。违反规定，给公司造成损失的，应当承担赔偿责任。第一百四十九条规定，董事、监事、高级管理人员执行公司职务时违反法律、行政法规或者公司章程的规定，给公司造成损失的，应当承担赔偿责任。公司可以依据第二十一条、第一百四十九条向侵害公司利益的控股股东、实际控制人、董事、监事、高级管理人员等提起诉讼。如果公司对上述侵害公司利益的主体不提起诉讼，则其利益丧失或受到损失，公司股东、债权人、职工的利益亦受到影响。赋予股东代表诉讼权，可以避免公司不能独立做出追究侵害人责任的意思，公司利益、股东利益无法救济的不利局面出现时，股东可以直接以自己的名义行使诉讼权，在维护公司利益的同时，间接维护股东权益。

股东代表诉讼权属于共益权，是股东为公司利益进行的诉讼，股东行使代表诉讼权往往需要符合一定的条件，如持股时间、持股期限、持股数量、履行内部救济程序、提供诉讼费用担保等。根据侵权人身份不同，提起股东代表诉讼有以下几种不同程序。

1. 董事、监事、高级管理人员的行为给公司造成损失时，股东代表公司提起诉讼的程序

《公司法》规定，董事、监事、高级管理人员执行公司职务时违反法律、行政法规或者公司章程的规定，给公司造成损失的，应当承担赔偿责任。为了确保责任者真正承担责任，《公司法》规定了股东代表诉讼的程序：

(1)公司董事、高级管理人员执行公司职务时违反法律、行政法规或者公司章程的规定，股东通过监事会或者不设监事会的有限责任公司的监事向人民法院提起诉讼。董事、高级管理人员执行公司职务时违反法律、行政法规或者公司章程的规定，给公司造成损失的，有限责任公司的股东、股份有限公司连续 180 日以上单独或者合计持有公司 1%以上股份的股东，可以书面请求监事会或者不设监事会的有限责任公司的监事向人民法院提起诉讼。

(2)监事执行公司职务时违反法律、行政法规或者公司章程的规定，股东通过董事会或者董事向人民法院提起诉讼。监事执行公司职务时违反法律、行政法规或者公司章程的规定，给公司造成损失的，有限责任公司的股东、股份有限公司连续 180 日以上单独或者合计持有公司 1%以上股份的股东，可以书面请求董事会或者董事向人民法院提起诉讼。

(3)股东直接提起诉讼。监事会、不设监事会的有限责任公司的监事，或者董事会、执行董事收到有限责任公司的股东、股份有限公司连续 180 日以上单独或者合计持有公司 1%以上股份的股东书面请求后拒绝提起诉讼，或者自收到请求之日起 30 日内未提起诉讼，或者情况紧急、不立即提起诉讼将会使公司利益受到难以弥补的损害的，有限责任公司的股东、股份有限公司连续 180 日以上单独或者合计

持有公司1%以上股份的股东,有权为了公司的利益,以自己的名义直接向法院提起诉讼。

2. 其他人的行为给公司造成损失时,股东提起诉讼的程序

公司董事、监事、高级管理人员以外的其他人侵犯公司合法权益,给公司造成损失的,有限责任公司的股东、股份有限公司连续180日以上单独或者合计持有公司1%以上股份的股东,可以通过监事会或者监事、董事会或者董事向人民法院提起诉讼,或者直接向法院提起诉讼。提起诉讼的具体程序,与上述股东对公司董事、监事、高级管理人员给公司造成损失的行为提起诉讼的程序一致。

六、公司股东的义务

股东享有权利,同时也当然负有义务。概括来说,股东应承担以下义务。

(一)缴纳认缴的出资

缴纳认缴的出资又称出资义务,这是股东最主要、最基本的义务。出资义务是指股东按其所承诺的出资额或所认购的股份金额,向公司缴纳股款。一般来说,股东履行出资义务,是取得股东资格的前提。2013年《公司法》修改了资本制度的具体内容,将注册资本实缴登记制改为认缴登记制,虽然取消了公司设立时股东的首次出资比例,不再要求股东在两年内将认缴的出资缴足,但股东的出资义务并未免除,股东必须按照公司章程规定的认缴出资额、出资方式、出资期限等缴纳出资。有限责任公司股东不按规定缴纳出资的,除应向公司足额缴纳外,还应当向已按期足额缴纳出资的股东承担违约责任。股份有限公司发起人不按规定缴纳出资的,应当按照发起人协议承担违约责任。公司向股东主张履行出资义务不受诉讼时效的限制。

(二)以认缴的出资为限对公司承担责任

有限责任公司的股东以其认缴的出资额为限对公司承担责任;股份有限公司的股东以其认购的股份为限对公司承担责任。股东对公司承担有限责任,在履行出资义务后,除非有特殊情形外(如揭开公司面纱),股东对公司债务不再承担任何责任。

(三)遵守公司章程

公司依法制定的公司章程对股东具有约束力,股东应当按照公司章程的规定行使权利、履行义务。

(四)不得抽逃出资金

我国《公司法》实行法定资本制,要求公司在存续过程中,应维持与其资本相

当的实有财产。为此,《公司法》规定,有限责任公司成立后,股东不得抽逃出资。股份有限公司的发起人、认股人缴纳股款或者交付抵作股款的出资后,除未按期募足股份、发起人未按期召开创立大会或者创立大会决议不设立公司的情形外,不得抽回其股本。《〈公司法〉司法解释(三)》规定了股东的下列行为属于抽逃出资:(1)制作虚假财务会计报表虚增利润进行分配;(2)通过虚构债权债务关系将其出资转出;(3)利用关联交易将出资转出;(4)其他未经法定程序将出资抽回的行为。

公司股东如果虚假出资,未交付或未按期交付作为出资的货币或者非货币财立的,或者公司成立后抽逃出资的,由公司登记机关责令改正,处以虚假出资金额或所抽逃出资金额的5%以上15%以下的罚款。《〈公司法〉司法解释(三)》第十四条补充规定了抽逃出资的责任:"股东抽逃出资,公司或者其他股东请求其向公司返还出资本息、协助抽逃出资的其他股东、董事、高级管理人员或者实际控制人对此承担连带责任的,人民法院应予以支持。公司债权人请求抽逃出资的股东在抽逃出资本息范围内对公司债务不能清偿的部分承担补充赔偿责任,协助抽逃出资的其他股东、董事、高级管理人员或者实际控制人对此承担连带责任的,人民法院应予以支持;抽逃出资的股东已经承担上述责任,其他债权人提出相同请求的,人民法院不予支持。"第十五条规定:"出资人以符合法定条件的非货币财产出资后,因市场变化或者其他客观因素导致出资财产贬值,公司、其他股东或者公司债权人请求该出资人承担补足出资责任的,人民法院不予支持。但是,当事人另有约定的除外。"第十七条规定:"有限责任公司的股东未履行出资义务或者抽逃全部出资,经公司催告缴纳或者返还,其在合理期间内仍未缴纳或者返还出资,公司以股东会决议解除该股东的股东资格,该股东请求确认该解除行为无效的,人民法院不予支持。"

(五)出资差额的连带填补义务

公司股东或发起人的出资差额连带补缴义务是无错的普遍的连带责任。连带填补义务只针对公司设立时的初始股东和发起人,其他股东没有此项义务。《公司法》第三十条规定,有限责任公司成立后,发现作为设立公司出资的非货币财产的实际价额显著低于公司章程所定价额的,应当由交付该出资的股东补足其差额;公司设立时的其他股东承担连带责任。第九十三条规定:"股份有限公司成立后,发起人未按照公司章程的规定缴足出资的,应当补缴;其他发起人承担连带责任。股份有限公司成立后,发现作为设立公司出资的非货币财产的实际价额显著低于公司章程所定价额的,应当由交付该出资的发起人补足其差额;其他发起人承担连带责任。"

第二节　公司财务与会计制度

一、公司财务与会计概述

(一)公司财务、会计的作用

公司财务会计是公司经营活动中的一项基础性工作,对于加强内部管理和外部监督、保护第三人的利益和维护社会交易安全,都具有重要的意义。就公司内部管理而言,通过定期编报会计报表的方式,运用货币价值的形式全面反映公司的财务和经营状况,以此作为计算盈余、分配利润的依据,同时通过对财务会计资料的分析,及时做出或调整经营决策,服务于公司的内部管理提高其经济效益。对第三人来说,通过公司的财务会计信息,能及时了解公司的资产状况及其偿债能力,据此做出是否与其进行交易、向其投资的决策,更好地维护自己的利益。

对公司股东来说,通过公司的财务会计资料,了解公司经营状况,充分行使股权,决定如何分取股息、取回剩余财产、计算股票账面价格,是他们理性投资、维护股权的一个重要依据。对社会管理来说,公司在统一的财务、会计制度规定下筹集资金、分配利润,记录反映经济业务,有利于政府掌握情况、制定政策、实施管理。除此之外,财务会计资料是政府进行稽核审计、计算税率、资产评估等的重要依据。

对法律诉讼来说,财务会计资料是重要的证据材料之一。根据我国法律的规定,只要财务会计资料内容真实,具备证据的形式要件,就是具有法律效力的书证,具有重要的证据力。

(二)公司财务、会计的基本要求

公司作为企业的一种主要组织形式,其财务会计活动应当受到《会计法》《企业财务通则》《企业会计准则》等相关的财务会计法律、行政法规和规章的制约。《公司法》第八章对公司财务会计制度进行专门的细化规定。公司财务、会计制度是我国公司基本法律制度的组成部分。

1. 公司应当依法建立财务、会计制度

《公司法》第一百六十三条规定:“公司应当依照法律、行政法规和国务院财政部门的规定建立本公司的财务、会计制度。”

2. 公司应当依法编制财务会计报告

公司应当在每一会计年度终了时编制财务会计报告,并依法经会计师事务所审计。财务会计报告应当依照法律、行政法规和国务院财政部门的规定编制。

财务会计报告,是指企业对外提供的反映企业某一特定日期财务状况和某一会计期间经营成果、现金流量的文件。根据国务院颁布的《企业财务会计报告条例》的相关规定，企业的财务会计报告可以划分为年度、半年度、季度和月度财务会计报告。其中，年度及半年度财务会计报告应包括会计报表、会计报表附注和财务情况说明书，而会计报表应包括资产负债表、利润表、现金流量表及相关附表；季度、月度财务会计报告一般情况下只是指会计报表，而会计报表则至少应包括资产负债表和利润表。

3. 公司应当依法披露有关财务会计资料

有限责任公司应当依照公司章程规定的期限将财务会计报告送交各股东。股份有限公司的财务会计报告应当在召开股东大会年会的20日前置备于本公司供股东查阅；公开发行股票的股份有限公司必须公告其财务会计报告。

4. 公司应当依法建立账簿、开立账户

公司除法定的会计账簿外，不得另立会计账簿。对公司资产，不得以任何个人名义开立账户存储。

5. 公司应当依法聘用会计师事务所对财务会计报告

审查验证公司聘用、解聘承办公司审计业务的会计师事务所，依照公司章程的规定由股东会、股东大会或者董事会决定。公司股东会、股东大会或者董事会就解聘会计师事务所进行表决时，应当允许会计师事务所陈述意见。公司应当向聘用的会计师事务所提供真实、完整的会计凭证、会计账簿、财务会计报告及其他会计资料，不得拒绝、隐匿、谎报。

（三）公司财务会计报告

公司财务会计报告是指由公司向外部提供的定期反映公司某一特定日期财务状况和某一会计期间经营成果及现金流量的书面文件。公司财务会计报告所提供的财务会计信息资料是政府部门监督管理公司和制定宏观决策的重要手段，是投资者了解公司经营状况的关键信息来源之一。根据我国《公司法》第一百六十四条规定，公司应当在每一个会计年度终了时编制财务会计报告，并依法经会计师事务所审计。公司财务会计报告的内容主要由以下部分组成。

1. 会计报表

（1）资产负债表。

资产负债表是指反映公司在某一特定日期财务状况的报表。资产负债表的编制应按照资产、负债和所有者权益（或股东权益）分类分项进行列示。

①资产。资产是指过去的交易、事项形成并由企业拥有或者控制的资源，该资源预期会给企业带来经济利益。在资产负债表上，资产应当按照其流动性分类分项列示，包括流动资产、长期投资、固定资产、无形资产及其他资产银行、保险公司和非银行金融机构的各项资产有特殊性的，按照其性质分类分项列示。

②负债。负债是指过去的交易、事项形成的现时义务，履行该义务预期会导致经济利益流出企业。在资产负债表上，负债应当按照其流动性分类分项列示，包括流动负债、长期负债等。银行、保险公司和非银行金融机构的各项负债有特殊性的，按照其性质分类分项列示。

③所有者权益。所有者权益是指所有者在企业资产中享有的经济利益，其金额为资产减去负债后的余额。在资产负债表上，所有者权益应当按照实收资本（或者股本）、资本公积、盈余公积、未分配利润等项目分项列示。

（2）利润表。

利润表是反映公司在一定会计期间内的经营成果的报表。利润表应当按照收入、费用以及构成利润的各个项目分类分项列示。

①收入。收入是指企业在销售商品、提供劳务及让渡资产使用权等日常活动中所形成的经济利益的总流入。收入不包括为第三方或者客户代收的款项。在利润表上，收入应当按照其重要性分项列示。

②费用。费用是指企业为销售商品、提供劳务等日常活动所发生的经济利益的流出。在利润表上，费用应当按照其性质分项列示。

③利润。利润是指企业在一定会计期间的经营成果。在利润表上，利润应当按照营业利润、利润总额和净利润等项目分类分项列示。

（3）现金流量表。

现金流量表是指反映公司一定会计期间现金和现金等价物流入和流出的报表。现金流量表应当按照经营活动、投资活动及筹资活动的现金流量分类分项列示。

①经营活动。经营活动是指企业投资活动和筹资活动以外的所有交易和事项。在现金流量表上，经营活动的现金流量应当按照其经营活动的现金流入和流出的性质分项列示；银行、保险公司和非银行金融机构的经营活动按照其经营活动特点分项列示。

②投资活动。投资活动是指企业长期资产的购建和不包括在现金等价物范围内的投资及其处置活动。在现金流量表上，投资活动的现金流量应当按照其投资活动的现金流入和流出的性质分项列示。

③筹资活动。筹资活动是指导致企业资本及债务规模和构成发生变化的活动。在现金流量表上，筹资活动的现金流量应当按照其筹资活动的现金流入和流出的性质分项列示。

（4）相关附表。

相关附表是指反映公司财务状况、经营成果和现金流量的补充报表，主要包括利润分配表以及国家统一的会计制度规定的其他附表。其中，利润分配表是反映公司一定会计期间对实现净利润以及以前年度未分配利润的分配或者亏损弥补的报表。利润分配表应按照利润分配各个项目分类分项列示。

2. 会计报表附注

会计报表附注，是指为了达到便于会计报表使用者理解会计报表内容的目的，对会计报表的编制基础、编制依据、编制原则和方法及主要项目所做的解释。

会计报表附注至少应当包括以下内容：

(1)不符合基本会计假设的说明；

(2)重要会计政策和会计估计及其变更情况、变更原因及其对财务状况和经营成果的影响；

(3)或有事项和资产负债表日后事项的说明；

(4)关联方关系及其交易的说明；

(5)重要资产转让及其出售情况；

(6)公司合并、分立；

(7)重大投资、融资活动；

(8)会计报表中重要项目的明细资料；

(9)有助于理解和分析会计报表需要说明的其他事项。

3. 财务情况说明书

财务情况说明书是指对公司财务会计报表所反映的公司财务状况进行必要的说明和补充的文书。财务情况说明书应力求全面详细，主要是文字说明，必要时也可以附图表，并至少应对下列情况做出说明：①企业生产经营的基本情况；②利润实现和分配情况；③资金增减和周转情况；④对企业财务状况、经营成果和现金流量有重大影响的其他事项。

二、公司的利润分配

获取利润是股东投资的主要目的，也是公司作为营利性法人的基本特性。在公司利润分配这一问题上，存在公司债权人与股东之间的利益冲突。公司法在规范公司的利润分配行为时应协调好公司债权人与公司股东之间的利益关系，确保两者在利益上的平衡。

(一)公司利润分配的前提条件

1. 实质条件

公司资本维持原则要求，不能用公司资本进行分红，公司分配利润的资金来源只能是公司的利润。

①法定的条件。《公司法》规定，公司分配当年税后利润时，应当提取利润的10%列入公司法定公积金。公司法定公积金累计额为公司注册资本的50%以上的，可以不再提取。在依照《公司法》规定提取法定公积金之前，应当先用当年利

润弥补亏损。公司从税后利润中提取法定公积金后，经股东会或者股东大会决议，还可以从税后利润中提取任意公积金。[①] 由此可见，公司分配利润的资金来源是当年的税后利润弥补亏损、提取法定公积金和任意公积金之后的余额。

②约定的条件。公司弥补亏损和提取公积金后所余税后利润，有限责任公司按照实缴的出资比例分取红利；但全体股东约定不按照出资比例分取红利的除外。股份有限公司按照股东持有的股份比例分配，但股份有限公司章程规定不按持股比例分配的除外。公司的可分配利润一般是按照出资的比例或持股的比例进行分配，但《公司法》允许公司在分配利润时，由股东自主约定分配利润的比例，因此，在公司分配利润时，还应遵守公司章程的有关条款或专门的分配利益的合同条款。

2. 程序条件

根据《公司法》规定，董事会制定公司的利润分配方案。股东会、股东大会审议批准公司利润分配方案。

董事会应当根据公司本年度经营情况、公司的盈利以及上一年度有无亏损等经营情况，制定本年度税后利润的分配方案，并提交给股东会、股东大会审议批准。

公司利润分配因不涉及国家、债权人等外部相关利益主体，主要是面向公司股东的分配行为，属于我国《公司法》规定的公司自治范畴，应由代表股东的最高权力机关股东会、股东大会做出决定。

（二）公积金

1. 公积金的含义和类型

公积金是指公司在资本之外所保留的资金金额，又称为附加资本或准备金。公司为了增强自身财力，扩大营业范围以及预防意外亏损，从利润中提取一定比例的资金，用于扩大资本或者弥补亏损。从公积金的来源上看，其可分为资本公积金和盈余公积金。

（1）资本公积金。资本公积金是指直接由公司资本原因等形成的公积金，例如股份有限公司是以超过票面金额的发行价格发行股份所获得的溢价收入。我国《公司法》第一百六十七条规定："股份有限公司以超过股票票面金额的发行价格发行股份所得的溢价款以及国务院财政部门规定列入资本公积金的其他收入，应当列为公司资本公积金。"

（2）盈余公积金。盈余公积金是指从公司税后利润中提取的公积金。根据提取公积金是法定还是任意性的标准，盈余公积金还可划分为法定公积金和任意公积金。

①法定公积金是公司按照《公司法》的规定必须从公司当年利润中按比例提

---

① 参见《公司法》第一百六十六条。

取的资本金。法定公积金的提取是《公司法》的强制性规定,公司章程不得予以改变。《公司法》规定,公司应按照公司税后利润的10%提取法定公积金,公司法定公积金累计额为公司注册资本的50%以上的,可以不再提取。

②任意公积金是指法律没有强制性规定,由公司根据公司章程或者由股东会、股东大会决议,在法定公积金之外,自由决定所提取的储备金。根据我国《公司法》第一百六十六条规定,公司在从税后利润中提取法定公积金之后,经股东会或者股东大会决议,还可以从税后利润中提取任意公积金。任意公积金一般只能从公司盈余中提取,如果公司没有取得盈余或利润,则不能提取该项公积金。任意公积金的提取必须经股东会或者股东大会决议,或者依据公司章程规定提取。

2. 公积金的用途

公司的公积金应当按照规定的用途使用,公积金主要有以下用途:

(1)弥补公司的亏损。公司发生亏损,按照税法规定可以用缴纳所得税之前的利润弥补;超过所得税弥补期限仍未弥补的亏损,可以用公司税后利润弥补;发生特大亏损的,可以用公司的公积金弥补。但是,资本公积金不得用于弥补公司的亏损。

(2)扩大公司的生产经营。公司可以根据生产经营所需,用公司的公积金扩大生产经营规模,增强公司实力。

(3)转为增加公司资本。公司为了增加资本的目的,可以将公积金的一部分转为资本。《公司法》对用法定公积金转为资本有限制性规定,即将法定公积金转为资本时,所留存的该项公积金不得少于转增前公司注册资本的25%。对用任意公积金转增为资本没有限制。

(三)公司利润分配的顺序

根据《公司法》及《中华人民共和国税法》等相关法律的规定,公司应当按照以下顺序分配利润。

1. 弥补亏损

我国《公司法》第一百六十六条规定:公司的法定公积金不足以弥补以前年度亏损的,在依照《公司法》规定提取法定公积金之前,应当先用当年利润弥补亏损。“没有盈利不分配”是公司利润分配的基本原则之一。在公司出现亏损而法定公积金又不足以弥补以前年度亏损时,公司的利润应首先弥补公司的亏损,只有在公司亏损得以补足而公司仍有盈余的情况下,才允许向公司的股东分配利润。《公司法》的这一规定,也是为了确保公司资本充实,避免公司资本虚空。这是公司资本维持原则的体现,是为了保护公司债权人利益。

税前利润弥补以前年度的亏损,不得超过税法规定的弥补期限。根据《企业所得税法》规定,企业纳税年度发生的亏损,准予向以后年度结转,用以后年度的所得弥补,但结转年限最长不得超过5年。

2. 缴纳所得税

公司应当按照《企业所得税法》的规定缴纳企业所得税。

3. 弥补税前利润未弥补的亏损

《企业所得税法》规定,公司用税前利润弥补亏损的年限为5年,5年内不足以弥补的,应当用税后利润弥补。

4. 提取法定公积金

公司分配当年税后利润时,应当提取利润的10%列入公司法定公积金。公司法定公积金累计额为公司注册资本的50%以上的,可以不再提取。

5. 提取任意公积金

公司从税后利润中提取法定公积金后,经股东会或者股东大会决议,还可以从税后利润中提取任意公积金。

6. 向股东分配利润

公司弥补亏损和提取公积金后所余税后利润,有限责任公司股东按照实缴的出资比例分取红利,但是,全体股东约定不按照出资比例分取红利的除外。股份有限公司按照股东持有的股份比例分配利润,但股份有限公司章程规定不按持股比例分配的除外。①

在一般情况下,股东对公司的出资额或其所持股份的数额是其取得利润的主要依据。因此,《公司法》规定的股东分配股利的标准即为:有限责任公司股东按照实缴的出资比例(而非认缴的出资比例)分取红利;股份有限公司按照股东持有的股份比例分配。

公司持有的本公司的股份不得分配利润。

股东会、股东大会或者董事会违反《公司法》规定,在公司弥补亏损和提取法定公积金之前向股东分配利润的,股东必须将违反规定分配的利润退还公司。

---

① 参见《公司法》第三十四条、第一百六十六条。

第十章　公司的合并、分立和终止制度

第一节　公司的合并与分立

一、公司合并

公司合并可以扩大公司规模,提高公司的竞争力,统一公司的有关部门,提高生产经营效率,也可以使濒于危机的公司得到挽救。由于公司合并会导致股权结构、资产状态、经营范围和经营管理等事项的变化,而这些变化又关乎股东和债权人的利益,因此,《公司法》对公司合并行为做了一定的规定。

(一)公司合并的概念

公司合并是指两个或者两个以上的公司,订立合同,依《公司法》的规定归并为一个公司的法律行为。公司合并与公司收购不尽相同:公司收购可能导致被收购的公司并入收购公司,也可能不并入收购公司,收购公司只是为了取得控制权;而公司合并会导致至少一个原有公司的消亡、公司人格的丧失。

(二)公司合并的类型

1. 吸收合并

吸引合并又称接收合并或吞并式合并,是指一个公司吸收其他公司加入本公司,被吸收的公司解散。吸收合并中被吸收的公司因合并而解散,其公司人格消灭,主体资格丧失,但这种消灭不需要进行清算程序,因其权利义务由接收的公司承继。而接收公司不是新设的公司,其在合并之前是存在的,合并后继续存在,主体资格没有发生变化,但其资产数量、股权结构、股东数量等因合并而发生变化,其在合并完成后,应办理变更登记手续。

2. 新设合并

新设合并又称创设合并或新建合并,是指两个或两个以上公司合并设立一个新的公司,合并各方解散。新设合并是由各加入公司共同组建的,在合并前并不存在,合并成功后,创建了一个新的公司。各个加入的公司合并的目的就是组建一个新的公司,合并新设的公司成立与加入的公司解散同时发生,各个加入公司的资产全部并入新设的公司,各个加入公司的债权债务也一并由新设公司承继,因此,各加入公司的解散不必进行清算程序。

(三)公司合并的程序

公司的合并属于重要法律行为,《公司法》对合并程序有严格要求,具体如下:

1. 签订合并协议

公司合并应当由合并各方签订合并协议。合并协议的内容应当包括:合并后存续的公司或新设公司的名称、住所;合并各方的债权债务关系的处理方法;合并各方的资产状况及其处理办法等。

2. 编制资产负债表及财产清单

资产负债表是反映公司资产及负债状况和股东权益的主要会计报表。财产清单应将公司的动产、不动产、债权及其他各种形式的资产清晰地一一列明。编制资产负债表及财产清单,应真实、全面、翔实、准确,做到账实相符。

3. 做出合并决议

合并各方签订合并协议,编制资产负债表及财产清单后,合并的各公司应当就公司合并事项做出合并决议。有限责任公司的股东会对公司合并做出决议,必须经代表 2/3 以上表决权的股东通过。股份有限公司股东大会做出合并决议,必须经出席会议的股东所持表决权的 2/3 以上通过。国有独资公司合并的,必须由国有资产监督管理机构决定;其中,重要的国有独资公司合并的,应当由国有资产监督管理机构审核后,报本级人民政府批准。

4. 通知、公告债权人

公司合并决议做出后,应当自做出合并决议之日起 10 日内通知债权人,并于 30 日内在报纸上公告。债权人自接到通知书之日起 30 日内,未接到通知书的自公告之日起 45 日内,可以要求公司清偿债务或者提供相应的担保。

5. 依法办理登记手续

公司合并后,登记事项发生变更的,应当依法向公司登记机关办理变更登记手续。公司解散的,应当依法向公司登记机关办理公司注销登记手续。设立新公司的,应当依法向公司登记机关办理公司设立登记手续。

(四)公司合并的法律后果

1. 主体资格的变化

公司合并后导致主体资格的消灭、变更与新设。在吸收合并时,加入合并的各个公司中,只有一个公司继续存续,其他加入合并的公司均消灭,存续的公司因股东、资本发生变化,应当修改公司章程,办理变更登记手续,其他消灭的公司应当办理注销登记手续。在新设合并中,加入合并的各个公司均消灭,产生一个新的公司，该新公司应办理设立登记手续。

2. 所有权或经营权主体的变化

公司合并后，原公司的所有权主体或经营权主体亦随之发生变化，由合并后存续的公司或新设的公司对合并前各公司的财产享有所有权或经营权。

3. 债权、债务的变化

公司合并后，合并各方的债权、债务由合并后存续的公司或新设的公司概括承受。

4. 股东资

公司合并后，合并前公司的各股东当然成为合并后存续的公司或新设公司的股东，原持有公司的股份按照合并协议规定转换为合并后公司的股份。

(五) 异议股东的保护程序

由于公司合并影响到股东在公司中的地位及利益，股东根据合并对自己权益的影响，可能选择同意合并或者选择反对合并。为了保护反对合并的股东的利益，《公司法》赋予这些股东退股权。在有限责任公司中，对公司合并持反对意见的股东，有权请求公司按照合理的价格收购其股权。自股东会会议通过合并决议之日起60日内，股东与公司不能达成股权收购协议的，股东可以自股东会会议决议通过之日起90日内向人民法院提起诉讼。[①] 在股份有限公司中，股东对股东大会做出的公司合并决议持有异议的，也有权要求公司收购其所持有的股份，公司回购的此种股份应当在6个月内转让或者注销。[②]

二、公司分立

为了提高公司的经济效益，提升公司市场竞争力，使公司经营更加专业化合理化；或者为了使公司的各个机构成为一个新的实体，充分享有自主权；或者为了防范风险，将公司中亏损部分分离出去，卸下包袱，公司可以进行分立，将原公司的某些机构或某些部门独立出来，成立一个独立的公司。

(一) 公司分立的概念

公司分立是指公司依照法定程序分解为两个或两个以上财产、责任相互独立的公司的行为。公司分立，其财产和人员应做出相应的分割。

(二) 公司分立的类型再

公司分立有新设分立和派生分立两种形式。

---

① 参见《公司法》第七十四条。

② 参见《公司法》第一百四十二条。

1. 新设分立

新设分立也称解散分立，是指公司将其全部财产进行分割，形成两个或两个以上独立的新公司，原公司解散的行为。公司进行新设分立后，原公司法人资格消灭，其债权债务由各新设立的公司承继。

2. 派生分立

派生分立也称存续分立，是指公司将其部分财产分离出去，成立一个或者几个新公司的行为。在派生分立中，原公司继续存在，新公司也取得法人资格而独立存在；原公司的债权债务由原公司与新公司承继。

（三）公司分立的程序

公司分立会引起公司形式及规模的变化，影响股东与公司之间的关系，导致其股权数量和股权结构的变化；公司分立后，向债权人承担义务的主体发生变化，对其权益亦会有一定影响。为了保护股东和债权人利益，防止公司利用分立的方式逃避债务，《公司法》严格规定了公司分立的程序，具体如下：

1. 公司董事会拟订分立方案

董事会作为公司的决策机构、经营管理机构，可以根据市场变化、公司经营状况，拟订公司分立方案，提请股东会、股东大会进行决议。

2. 编制资产负债表及财产清单

资产负债表是反映公司资产及负债状况和股东权益的主要会计报表。财产清单，应将公司的动产、不动产、债权及其他各种形式的资产清晰地一一列明。编制资产负债表及财产清单，应真实、全面、翔实、准确，做到账实相符。

3. 股东会、股东大会做出特别决议

有限责任公司的股东会对公司分立做出决议，必须经代表 2/3 以上表决权的股东通过。股份有限公司股东大会做出分立决议，必须经出席会议的股东所持表决权的 2/3 以上通过。国有独资公司分立的，必须由国有资产监督管理机构决定；其中，重要的国有独资公司分立的，应当由国有资产监督管理机构审核后报本级人民政府批准。

4. 通知、公告债权人

公司分立决议做出后，应当自做出分立决议之日起 10 日内通知债权人，并于 30 日内在报纸上公告。债权人自接到通知书之日起 30 日内，未接到通知书的自公告之日起 45 日内，可以要求公司清偿债务或者提供相应的担保。

5. 依法办理登记手续

公司分立后，应到登记主管机关进行相应的登记，并视分立的不同情形，进行公司的设立登记、注销登记或变更登记。公司分立后，登记事项发生变更的，应当依法向公司登记机关办理变更登记手续；公司解散的，应当依法向公司登记机关办理公司注销登记手续;设立新公司的,应当依法向公司登记机关办理公司设立登记手续。

(四)公司分立的法律后果

公司分立作为一种法律行为,其主要后果如下:

1. 公司财产被分割

公司原有财产由分立后的公司取得,财产所有权主体或经营权主体发生变化。

2. 公司的规模发生变化

公司分立后,存续的公司规模发生变化,一般较分立前规模变小。如果是解散式分立,原来的公司消灭,分立后成立的新公司规模也不会超过原公司的规模。

3. 公司债务、债权的变化

公司分立前的债务由分立后的公司承担连带责任,公司与债权人达成书面协议另有约定的除外。

(五)异议股东的保护程序

由于公司分立影响到股东在公司中的地位及利益,股东根据分立对自己权益的影响,可能选择同意分立或者反对分立。为了保护反对分立的股东的利益,《公司法》赋予这些股东有退股权。在有限责任公司中,对公司分立持反对意见的股东,有权请求公司按照合理的价格收购其股权。自股东会会议分立决议通过之日起 60 日内,股东与公司不能达成股权收购协议的,股东可以自股东会会议决议通过之日起 90 日内向人民法院提起诉讼。[①] 在股份有限公司中,股东对股东大会做出的公司分立决议持有异议的,有权要求公司收购其所持有的股份,公司回购的此种股份应当在 6 个月内转让或者注销。[②]

第二节 公司终止制度

公司终止又称公司消灭,是指公司丧失民事主体资格和公司法律人格,不再具有权利能力与行为能力。公司解散和公司破产是公司终止的原因。公司清算程序是公司终止的必经程序,公司清算程序终结后,依法办理注销登记手续。注销登记手续办理完毕,公司终止,法人资格消灭。

---

① 参见《公司法》第七十四条。

② 参见《公司法》第一百四十二条。

一、公司终止的原因

(一)解散

公司解散是指因法定事由出现而导致公司解体并终止法人资格的法律制度。《公司法》第一百八十条规定,公司因下列原因解散:

1. 公司章程规定的营业期限届满或者公司章程规定的其他解散事由出现

该解散事由属于自愿解散的原因。如果公司章程对公司的经营期限做了规定,当营业期限届满时,如果没有按照法律规定或章程规定延长期限的,公司应当解散。根据公司自治原则,公司章程可以约定公司解散事由,当公司出现章程中规定的解散事由时,公司亦应解散,无须通过股东会、股东大会再行决议。如果公司章程规定的营业期限届满或者公司章程规定的其他解散事由出现,公司通过修改章程,决议延长公司期限或决议继续存在的,公司可以不解散。公司决议不解散,或者公司决议延长经营期限,可能会使股东增加投资风险,使其收回投资的预期无法实现,因此,《公司法》赋予了反对公司经营期限延长或决议继续存在的这些股东享有退股权。在有限责任公司中,对公司决议经营延长期限或决议继续存续持反对意见的股东,有权请求公司按照合理的价格收购其股权。自股东会会议决议通过之日起60日内,股东与公司不能达成股权收购协议的,股东可以自股东会会议决议通过之日起90日内向人民法院提起诉讼。[①]

2. 股东会、股东大会决议解散

公司虽未出现法律或章程规定的解散事由,但在公司存续期间,股东共同做出解散公司的意思表示,也是法律所允许的,《公司法》尊重股东解散公司的自治决定。股东做出解散的决定,可能是出于尽早收回投资,也可能是公司设立目标无法实现,或者公司设立的目标已经实现等,还可能是公司已经处于歇业状态等。《公司法》规定,对公司解散做出决议,属于特别事项,应由股东会、股东大会做出。《公司法》第四十三条规定,有限责任公司股东会会议做出解散的决议必须经代表2/3以上表决权的股东通过。第一百零三条规定,股份有限公司股东大会做出解散的决议,必须经出席会议的股东所持表决权的2/3以上通过。《公司登记管理条例》第四十二条规定,一人有限责任公司的股东可以做出解散公司的决议,不设股东会的外商投资的公司由董事会决议解散。

3. 因公司合并或者分立需要解散

公司因合并、分立而解散,导致公司终止,属于法定的终止事由。公司合并、分立后,由存续的公司概括承受所有债权、债务,所以,因合并、分立导致公司解散的,

---

① 参见《公司法》第七十四条。

无须经过清算程序，直接办理注销登记手续。

4. 依法被吊销营业执照、责令关闭或被撤销

依法被吊销营业执照、责令关闭或被撤销，是外部行为引起的解散，属于被迫解散。

吊销营业执照是工商部门对实施违法行为的企业法人给予的一种处罚。《公司法》《公司登记管理条例》等规定，对违反《公司法》等法律法规的行为可以做出吊销营业执照的处罚。被吊销营业执照后，公司应终止经营活动予以解散。以《公司法》为例，规定了可以吊销营业执照的情形有：违反《公司法》规定，虚报注册资本、提交虚假材料或者采取其他欺诈手段隐瞒重要事实取得公司登记的，情节严重的，撤销公司登记或者吊销营业执照。[①] 公司成立后无正当理由超过 6 个月未开业的，或者开业后自行停业连续 6 个月以上的，可以由公司登记机关吊销营业执照。[②]

公司被责令关闭或被撤销，是政府、行政机关对公司严重违反法律法规规定，破坏社会管理秩序行为的处罚。有权做出撤销决定的是政府、工商行政管理局。如《中华人民共和国环境保护法》第六十条规定："企业事业单位和其他生产经营者超过污染物排放标准或者超过重点污染物排放总量控制指标排放污染物的，县级以上人民政府环境保护主管部门可以责令其采取限制生产、停产整治等措施；情节严重的，报经有批准权的人民政府批准，责令停业、关闭。"对违反《环境保护法》的行为，环境保护主管部门可以责令其采取限制生产、停产整治等措施，但责令其停业或关闭，需要有批准权的人民政府批准。

工商行政管理局对违反《公司法》《公司登记管理条例》等法律法规的行为，可以做出撤销登记的决定。

5. 人民法院依照《公司法》第一百八十二条的规定予以解散

《公司法》第一百八十二条规定："公司经营管理发生严重困难，继续存续会使股东利益受到重大损失，通过其他途径不能解决的，持有公司全部股东表决权 10% 以上的股东，可以请求人民法院解散公司。"根据该条规定，法院根据股东的诉请，可以依法做出解散公司的裁判。

2008 年的《〈公司法〉司法解释（二）》专门规定了股东可以提起解散公司诉讼的法定情形，细化了司法解散条件，更具有操作性。该司法解释第一条规定，单独或者合计持有公司全部股东表决权 10% 以上的股东，以下列事由之一提起解散公司诉讼，人民法院应予受理：

（1）公司持续两年以上无法召开股东会或者股东大会，公司经营管理发生严重困难的；

（2）股东表决时无法达到法定或者公司章程规定的比例，持续两年以上不能

① 参见《公司法》第一百九十八条。

② 参见《公司法》第二百一十一条。

做出有效的股东会或者股东大会决议，公司经营管理发生严重困难的；

（3）公司董事长期冲突，且无法通过股东会或者股东大会解决，公司经营管理发生严重困难的；

（4）经营管理发生其他严重困难，公司继续存续会使股东利益受到重大损失的情形。

（二）破产

公司不能清偿到期债务，达到破产界限时，债务人或债权人可以依据《中华人民共和国企业破产法》的规定，向法院提出破产申请，自法院做出破产宣告的裁定之日起，公司应进行破产清算。

公司因其他原因解散在进行清算的过程中，清算组在清理公司财产、编制资产负债表和财产清单后，发现公司财产不足以清偿债务的，应当依法向人民法院申请宣告破产。公司经人民法院裁定宣告破产后，清算组应当将清算事务移交给人民法院。①

二、公司清算

公司解散虽不直接消灭公司的法人资格，却是公司法人主体资格消灭的原因。公司一经解散，不可避免地进入清算程序，其权利能力便受到限制。在清算期间，为实现清算的目的，由清算组代表公司处理未完结的业务，不得开展新的业务活动，公司自己不得处分公司财产。

（一）公司清算的概念与特征

公司清算是指在公司破产或解散的过程中，依法对公司财产、债权债务进行清理，终结现存的法律关系，消灭公司法人资格的一种法律行为。公司清算具有以下特征：公司解散是公司终止的原因，是公司清算的前提条件；公司终止一定要经过公司清算程序，公司清算与公司解散、公司终止密不可分。

（1）公司清算是公司终止的必经程序。

（2）公司清算必须由专门的清算组织进行清算。组织是指在公司做出终止决定后依法成立的、负责清算的机构。公司进入清算阶段后，由清算组接管公司，负责财产的保管、清理、估价以及处理和分配，该清算机构独立于债权人、债务人之外，是与公司财产没有利害关系的专门机构。清算期间，原公司的代表机关、管理机关和业务执行机关不再对外代表公司。

（3）公司清算期间，公司法人资格并未丧失。公司清算的目的是了结公司的

---

① 参见《公司法》第一百八十七条。

对内事务和对外债务,结束公司所有法律关系,终止公司。因此,在公司清算过程中,公司法人资格形式上依然存在,但清算阶段,法人的权利能力受到强制法的限制,不得从事与清算无关的经营活动,只能在清算业务范围内开始活动,行使权利、承担义务。公司清算是公司法人资格最终消灭的前置程序,公司清算的结果必然导致其法人资格从形式到实质的最终消灭。

(4)公司清算应严格按照法律规定的程序进行。公司清算程序的核心内容是清理债权债务,收回财产,清偿债务,分配剩余财产。经过清算,公司将永久性消灭,所有法律关系也将终结,因此,清算的程序是严格的。只有按照清算程序进行清理,公司才可以正常注销消亡,公司的股东也将从此从中解脱。

(二)公司清算的类型

由于清算的原因、主体等不同,法律规定了不同的公司清算类型。

1. 破产清算和非破产清算

(1)破产清算,是指公司不能清偿到期债务,被依法宣告破产时适用的清算程序。公司具备破产条件,适用《破产法》,启动破产清算程序。

(2)非破产清算,是指公司除因合并、分立或破产的原因解散外,因其他原因解散而进行的清算。非破产清算时,公司未出现破产原因,可以用全部财产清偿债务,适用《公司法》规定的清算程序。

破产清算和非破产清算虽然都是终结现存公司的法律关系、消灭公司法人资格的行为,但二者在进行债务清偿时的顺序和范围等方面有重大区别。非破产清算程序进行中,如果发现公司财产不足清偿债务的,应当依法向人民法院申请宣告破产,由非破产清算程序转入破产清算程序。

2. 法定清算和任意清算

(1)法定清算,是指必须按法律规定的程序进行的清算。法定清算主要适用于投资人承担有限责任的公司、企业。我国《公司法》规定,有限责任公司和股份有限公司在终止时,必须按照法律规定的程序进行清算,因此,公司清算属于法定清算,不是任意清算。对这类公司之所以规定严格的清算程序,主要目的是保护公司的财产不被恶意侵占,最大限度满足债权人利益的实现。因为公司清算程序结束后,债权人无法要求投资者再承担清偿责任。

(2)任意清算,是指依照全体投资者的决定或者事先达成的协议、章程进行清算,而不是按照法律规定的程序进行清算。任意清算主要适用于投资人承担无限连带责任的企业。法律之所以对这类企业不严格规定清算程序,而由投资者自行决定清算程序,主要原因是在清算程序结束后,投资人仍然要对未清偿的债务承担无限连带责任,债权人利益的实现与清算程序关系不大。

3. 普通清算和特别清算

(1)普通清算是由公司股东、董事或股东大会、股东会确定的人员组成清算组织,依法定程序自行进行的清算。

(2)特别清算是在公司因行政决定或法院裁定而解散,或者在公司自行解散情形下,未按照规定及时组织清算机构进行清算,或者在普通清算的过程中发现资产不足以清偿债务的情况下,由有关机关或法院介入所进行的清算。

普通清算和特别清算都属于法定清算,两者之间最大的区别是,清算中是公司自行组织清算机构进行清算,还是有行政机关或者法院参与清算。

(三)清算组的组成及其职权

1. 清算组的组成

清算组又叫清算人,是公司清算事务的具体执行机构。

根据我国《公司法》第一百八十三条的规定,公司除因合并、分立解散公司外,出现其他解散事由的,应当在解散事由出现之日起15日内成立清算组,开始清算。有限责任公司的清算组由股东组成,股份有限公司的清算组由董事或者股东大会确定的人员组成。逾期不成立清算组进行清算的,债权人可以申请人民法院指定有关人员组成清算组进行清算。《公司登记管理条例》第四十一条规定,公司解散依法应当清算的,清算组应当自成立之日起10日内将清算组成员、清算组负责人名单向公司登记机关备案。

《〈公司法〉司法解释(二)》进一步规定,有下列情形之一,债权人申请人民法院指定清算组进行清算的,人民法院应予受理:①公司解散逾期不成立清算组进行清算的;②虽然成立清算组但故意拖延清算的;③违法清算可能严重损害债权人或者股东利益的。

人民法院受理公司清算案件,指定的清算组成员可以从下列人员或者机构中产生:①公司股东、董事、监事、高级管理人员;②依法设立的律师事务所、会计师事务所、破产清算事务所等社会中介机构;③依法设立的律师事务所、会计师事务所、破产清算事务所等社会中介机构中具备相关专业知识并取得执业资格的人员。

2. 清算组的职权

《公司法》第一百八十四条规定,清算组在清算期间享有下列职权:①清理公司财产,分别编制资产负债表和财产清单;②通知、公告债权人;③处理与清算有关的公司未了结的业务;④清缴所欠税款以及清算过程中产生的税款;⑤清理债权、债务;⑥处理公司清偿债务后的剩余财产;⑦代表公司参与民事诉讼活动。

除此之外,还应履行下列职责:①清算组在清理公司财产、编制资产负债表和财产清单后,应当制定清算方案,并报股东会、股东大会或者人民法院确认。②清算组在清理公司财产、编制资产负债表和财产清单后,发现公司财产不足以清偿债务的，应当依法向人民法院申请宣告破产。公司经人民法院裁定宣告破产后，清算组应当将清算事务移交给人民法院。③公司清算结束后，清算组应当制作清算报告，报股东会、股东大会或者人民法院确认，并报送公司登记机关，申请注销公司登记，公告公司终止。

3. 清算组的义务

清算组与公司之间的关系，我们认为属于民法上的委任关系，清算组是受托人，依受托范围和职权开展清算工作。公司解散后、清算终结前，清算组成员应当忠于职守，依法履行清算义务。清算组成员不得利用职权收受贿赂或者获得其他非法收入，不得侵占公司财产。清算组成员因故意或者重大过失给公司或者债权人造成损失的，应当承担赔偿责任。清算组如果不依照《公司法》的规定向公司登记机关报送清算报告，或者报送清算报告时隐瞒重要事实或者有重大遗漏的由公司登记机关责令改正。清算组成员利用职权徇私舞弊、谋取非法收入或者侵占公司财产的，由公司登记机关责令退还公司财产，没收违法所得，并可以处以违法所得1倍以上5倍以下的罚款。

（四）公司清算程序

1. 确定清算组成员

清算组成员的主要工作是在公司解散后，清理公司的财产和债务，执行公司的清算事务。

2. 通知、公告债权人

清算组应当自成立之日起10日内将公司解散清算事宜书面通知全体已知债权人，并于60日内并根据公司规模和营业地域范围在全国或者公司注册登记地省级有影响的报纸上进行公告。清算组未按照上述规定履行通知和公告义务，导致债权人未及时申报债权而未获清偿，债权人主张清算组成员对因此造成的损失承担赔偿责任的，人民法院应依法予以支持。①

3. 债权人申报债权

债权人应当自接到通知书之日起30日内，未接到通知书的自公告之日起45日内，向清算组申报其债权。申报债权时，应当说明债权的有关事项，并提供证明材料。在申报债权期间，清算组不得对债权人进行清偿。债权人在规定的期限内未申报债权，在公司清算程序终结前补充申报的，清算组应予登记。公司清算程序终结，是指清算报告经股东会、股东大会或者人民法院确认完毕。②

公司清算时，债权人对清算组核定的债权有异议的，可以要求清算组重新核定。清算组不予重新核定，或者债权人对重新核定的债权仍有异议，债权人以公司

① 参见《〈公司法〉司法解释（二）》第十一条。

② 参见《〈公司法〉司法解释（二）》第十三条。

为被告向人民法院提起诉讼请求确认的,人民法院应予受理。[①]

4. 清理财产

清算组成立后,应清理公司财产,收回公司债权,编制资产负债表和财产清单,作为公司清偿债务和进行分配的依据。清算组清理公司财产、债权债务、编制资产负债表和财产清单后,发现公司财产不足以清偿债务的,应当向法院申请宣告破产。公司经法院裁定宣告破产后,清算组应当将清算事务移交给法院,由法院按破产程序组织清算。

5. 制定清算方案

清算组在清理财产的基础上,编制资产负债表和财产清单,然后制定清算方案。公司自行清算的,清算方案应当报股东会或者股东大会确认;人民法院组织清算的,清算方案应当报人民法院确认。未经确认的清算方案,清算组不得执行。执行未经确认的清算方案给公司或者债权人造成损失,公司、股东或者债权人主张清算组成员承担赔偿责任的,人民法院应依法予以支持。[②]

6. 分配财产

公司清算的核心就是分配财产。公司清算时,按照下列顺序进行财产分配:

(1)支付清算费用;

(2)支付职工的工资、社会保险费用和法定补偿金;

(3)缴纳所欠税款;

(4)清偿公司债务;

(5)向投资者分配剩余财产。有限责任公司按照股东的出资比例分配,股份冰水津团有限公司按照股东持有的股份比例分配。

7. 制作清算报告

公司清算结束后,清算组应当制作清算报告,并编制清算期间收支报表及财产账册,报股东会、股东大会或者人民法院确认,并报送公司登记机关,申请注销公司登记,公告公司终止。

清算期间,公司存续,但不得开展与清算无关的经营活动。公司财产在未按规定清偿前,不得分配给股东。

(五)公司注销登记

公司注销登记,是指当出现法律规定的公司应予以终止的情形时,在公司清算完毕后,由公司清算组向原登记机关申请办理注销登记手续,记载该公司消灭的登记注册行为。《公司登记管理条例》第 42 条规定,有下列情形之一的,公司清算组

---

① 参见《〈公司法〉司法解释(二)》第十二条。

② 参见《〈公司法〉司法解释(二)》第十五条。

应当自公司清算结束之日起30日内向原公司登记机关申请注销登记:公司被依法宣告破产,公司章程规定的营业期限届满或者公司章程规定的其他解散事由出现,但公司通过修改公司章程而存续的除外;股东会、股东大会决议解散或者一人有限责任公司的股东、外商投资的公司董事会决议解散;依法被吊销营业执照、责令关闭或者被撤销;人民法院依法予以解散;法律、行政法规规定的其他解散情形。第四十三条规定,公司申请注销登记,应当提交下列文件:公司清算组负责人签署的注销登记申请书;人民法院的破产裁定、解散裁判文书,公司依照《公司法》做出的决议或者决定,行政机关责令关闭或者公司被撤销的文件;股东会、股东大会、一人有限责任公司的股东、外商投资的公司董事会或者人民法院、公司批准机关备案、确认的清算报告;企业法人营业执照;法律、行政法规规定应当提交的其他文件。国有独资公司申请注销登记,还应当提交国有资产监督管理机构的决定,其中,国务院确定的重要的国有独资公司,还应当提交本级人民政府的批准文件。有分公司的公司申请注销登记,还应当提交分公司的注销登记证明。

公司登记机关准予注销登记后,应当收缴《营业执照》及其副本,收缴公章通知开户银行,公告公司注销的事实。经公司登记机关注销登记,公司终止。

参考文献

[1] 杨紫烜. 经济法[M]. 3 版. 北京:北京大学出版社,2008.

[2] 王保树. 中国商事法[M]. 北京:人民法院出版社,1996.

[3] 叶林. 中国公司法[M]. 北京:中国审计出版社,1997.

[4] 卞耀武. 当代外国公司法[M]. 北京:法律出版社,1995.

[5] 刘瑞复. 企业法学通论[M]. 北京:北京大学出版社,2005.

[6] 李曙峰. 商业组织法[M]. 香港:三联书店(中国香港)有限公司,1993.

[7] 朱慈蕴. 公司法人资格否认法理研究[M]. 北京:法律出版社,1998.

[8] 赵旭东. 企业与公司法纵论[M]. 北京:法律出版社,2006.

[9] 徐燕. 公司法原理[M]. 北京:法律出版社,1997.

[10] 江平. 法人制度论[M]. 北京:中国政法大学出版社,1994.

[11] 佟柔. 论国家所有权[M]. 北京:中国政法大学出版社,1987.

[12] 王利明. 民法·侵权行为法[M]. 北京:中国人民大学出版社,1993.

[13] 张建清. 战后外国在美国投资发展研究[M]. 武汉:武汉大学出版社,1995.

[14] 最高人民法院研究室. 司法文件精选[M]. 北京:经济日报出版社,1996.

[15] 周友苏. 公司法通论[M]. 成都:四川人民出版社,2002.

[16] 史际春,温烨,邓峰. 企业和公司法[M]. 北京:中国人民大学出版社,2001.

[17] 刘燕. 会计法[M]. 北京:北京大学出版社,2009.

[18] 刘俊海. 股东权法律保护概论[M]. 北京:人民法院出版社,1995.

[19] 何宝玉. 英国信托法原理与判例[M]. 北京:法律出版社,2001.

[20] 周玉华. 信托法学[M]. 北京:中国政法大学出版社,2001.

[21] 张开平. 英美公司董事法律制度研究[M]. 北京:法律出版社,1998.

[22] 何美欢. 公众公司及其股权证券[M]. 北京:北京大学出版社,1999.

[23] 棕爱国,李桂林,郭义贵. 西方法律思想史[M]. 北京:北京大学出版社,2002.

[24] 熊道伟. 现代企业控制权研究[M]. 成都:西南财经大学出版社,2004.

[25] 朱开银. 公司控制权配置论制度与效率分析[M]. 北京:经济管理出版社,2001.

[26] 罗培新. 公司法的合同解释[M]. 北京:北京大学出版社,2004.

[27] 梁能. 公司治理结构:中国的实践和美国的经验[M]. 北京:中国人民大学出版社,2000.

[28] 吴建斌. 日本公司法规范[M]. 北京:法律出版社,2003.
[29] 倪建林. 公司治理结构:法律与实践[M]. 北京:法律出版社,2001.
[30] 王晓晔. 企业合并中的反垄断问题[M]. 北京:法律出版社,1996.
[31] 苏力. 波斯纳及其他[M]. 北京:法律出版社,2004.
[32] 潘敏. 资本结构、金融契约与公司治理[M]. 北京:中国金融出版社,2002.
[33] 张文显. 法理学[M]. 北京:北京大学出版社,1999.
[34] 唐士其. 西方政治思想史[M]. 北京:北京大学出版社,2002.
[35] 吴敬班. 现代公司与企业改革[M]. 天津:天津人民出版社,1994.
[36] 张民安. 公司法上的利益平衡[M]. 北京:北京大学出版社,2003.
[37] 王红一. 公司法功能与结构:法社会学分析公司立法问题研究[M]. 北京:北京大学出版社,2002.
[38] 吴志攀,白建军. 经济的法制框架[M]. 北京:法律出版社,2004.
[39] 张晋藩. 中国法制史[M]. 北京:群众出版社,1982.
[40] 蒋大兴. 公司法律报告[M]. 北京:中信出版社,2003.
[41] 张维迎. 产权、政府与信誉[M]. 上海:上海三联书店,2001.
[42] 沈四宝. 揭开公司面纱法律原则与典型案例选评[M]. 北京:对外经济贸易大学出版社,2005.
[43] 安建. 中华人民共和国公司法释义[M]. 北京:法律出版社,2005.
[44] 赵想东. 新公司法条文释解[M]. 北京:人民法院出版社,2005.
[45] 殷召良. 公司控制权法律问题研究[M]. 北京:法律出版社,2001.
[46] 崔延花. 日本公司法典[M]. 北京:中国政法大学出版社,2006.
[47] 彭冰. 中国证券法学[M]. 北京:高等教育出版社,2005.
[48] 邓峰. 普通公司法[M]. 北京:中国人民大学出版社,2009.
[49] 周友苏. 新证券法论[M]. 北京:法律出版社,2007.
[50] 施天涛. 公司法论[M]. 北京:法律出版社,2006.
[51] 张守文. 经济法学[M]. 北京:中国人民大学出版社,2008.
[52] 王欣新. 企业和公司法[M]. 北京:中国人民大学出版社,2003.